柏林法则

欧洲与德国之道

BERLIN RULES

EUROPE AND THE GERMAN WAY

[英] 保罗·莱弗（Paul Lever）——著

邵杜罔——译

浙江人民出版社

图书在版编目（CIP）数据

柏林法则：欧洲与德国之道 /（英）保罗·莱弗著；邵杜罔译. -- 杭州：浙江人民出版社，2021.1（2021.9 重印）
ISBN 978-7-213-09871-0

Ⅰ. ①柏… Ⅱ. ①保… ②邵… Ⅲ. ①政治制度史—研究—德国 Ⅳ. ① D751.69

中国版本图书馆 CIP 数据核字（2020）第 206195 号

浙江省版权局
著作权合同登记章
图字：11-2019-340 号

柏林法则：欧洲与德国之道

［英］保罗·莱弗 著 邵杜罔 译

出版发行：浙江人民出版社（杭州市体育场路347号 邮编 310006）
市场部电话：（0571）85061682 85176516
责任编辑：诸舒鹏
特约编辑：魏 力
营销编辑：陈雯怡 赵 娜 陈芊如
责任校对：朱 妍
责任印务：刘彭年
封面设计：人马艺术设计·储平
电脑制版：北京弘文励志文化传播有限公司
印 刷：杭州丰源印刷有限公司
开 本：710毫米×1000毫米 1/16 印 张：17
字 数：200千字 插 页：4
版 次：2021年1月第1版 印 次：2021年9月第2次印刷
书 号：ISBN 978-7-213-09871-0
定 价：88.00元

在对德国处理欧洲事务时的行为进行了冷静、精妙且详尽的叙述之后，这位前英国驻德大使分析了柏林是如何在欧洲崛起并占据了主导地位的。没有任何恐慌或幻想，保罗·莱弗毫不留情地指出是法国在欧盟中的影响力下降，让默克尔女士的德国有效地控制了欧盟，而欧盟的架构也清晰地反映出了德国自身结构的痕迹。“欧盟就是放大了的德国。”但是对德国民主充满信心的保罗·莱弗认为，这种实力地位不会被滥用，因为德国对欧盟应该如何发展尚无明确的想法。欧洲的现状非常符合默克尔女士的需要，而莱弗也与目前流行的悲观且警觉的情绪相反，预测欧盟在20年内将不会发生巨大的改变。

——英国作家尼尔·安彻森

保罗·莱弗这本富有启发性的书出版得非常及时，他以权威的视角向我们说明，为什么德国对欧洲至关重要，为什么德国是欧洲的命脉所系。

——欧盟委员会贸易委员彼得·曼德尔森

保罗·莱弗与德国有着长期且密切的关系，并对德国及其领导人非常了解。在我们针对退出欧盟进行谈判的过程中，他的书是英国人的必读之作，因为我们对德国——那个对英国的脱欧行动来说最为重要的国家——一无所知。

——埃维姆·杰伊勋爵

没有人可以声称，他们对欧盟的未来、英国脱欧的决定，以及即将举行的谈判的主要参与者（尤其是德国）的优先顺序的看法，是基于长期外交生涯而形成的。保罗·莱弗在英德关系比以往任何时候都更紧密时成为“我们派往柏林的人”，他可以声称具有这样的资格，而他的见解将不会被那些在未来几年里负责规划英国和欧盟前途的政治家、外交官和谈判者们所忽略。德国成功地以自己的形象与行事风格塑造了欧盟。在世界舞台上，德国以经济优势和最小化的竞争，实现了在军事和外交影响上胜出的宏伟愿景。在未来几年里重要的是，谁将继续留在欧盟之中，欧盟的单一货币（欧元）问题，欧盟决定将来做什么以及不做什么。德国是以上所有这些决定的关键参与者。

——英国下院议员吉塞拉·斯图尔特

当英国的决策者们试图找到英国脱欧的途径，并力图理解英国与欧盟未来的关系时，保罗·莱弗的这本书对现代德国进行了通俗易读且热情洋溢的描述，并分析了指导和推动德国政治与外交政策的各种因素，应该成为他们的必读之物。对所有希望能更好地了解欧洲最重要国家的那些人来说，亦是如此。

——英国下院议员本·布拉德肖

FOREWORD | 前 言

欧洲的命脉在德国

在2016年6月23日举行的全民公投之后，英国政府在未来10年左右的首要任务，将是确保能令人满意地退出欧盟，并在欧盟之外更为广阔的世界舞台上找到自己的位置。

当英国在1961年申请加入欧洲经济共同体（当时还不叫欧盟）时，由法国来决定是否接受，以及在何种条件下允许英国加入。戴高乐总统最初说“不”时，没有遭到其他五个成员国的任何反对。后来蓬皮杜总统说“是”时，情况也是如此。

在那些谈判中，只有法国所关切的问题和与法国利益相关的事情，才会被提上议程。欧共体委员会只负责会谈本身和技术筹备工作，但是它的运作在很大程度上是由法国政府决定的。

现在我们要离开欧盟，一切都将由德国来决定了。其他27个成员国将一致同意我们进行脱欧谈判的框架，而德国将发挥决定性的作用。德国政府将有权决定，占英国出口量近 50% 的欧盟，会与英国缔结何种贸易协定。英国经济的这一命脉，将掌握在德国人手中。

客气地说，在过去的一些年里，德国行使权力的方式并不为当下的英国政府所赞赏。德国总理赫尔穆特·科尔在 1990 年与苏联总统米哈伊尔·戈尔巴乔夫就德国统一条款达成的协议，令英国首相玛格丽特·撒切尔沮丧不已，她当时曾想方设法制止这一协议的签订。1992 年，当英国被迫离开欧洲汇率机制时，德国政府拒绝干预，这激怒了撒切尔的继任者约翰·梅杰。但总体来说，迄今为止德国一直是我们的盟友和伙伴，我们分享着许多共同利益和政治共识。

对于负责带领我们从欧盟脱身的英国部长和官员们而言，将德国作为对手（因为谈判很大程度上是对抗性的），将是一种全新的经历。我们将直接面对德国在欧洲的实力体现。

我们也将在其他方面面对它。德国不仅在欧盟的经济决策过程中占据主导地位，而且在国际问题上也越来越占有主导地位。欧盟未来如何与俄罗斯和土耳其打交道，将主要由柏林决定。对于美国而言，在欧洲，德国是需要优先关注的国家，并且是欧洲最为重要的力量。对中国、印度和巴西而言，也是如此。

置身于欧盟之外的英国，将不得不适应这一新的现实。我们仍将是世界事务的重要参与者，是联合国安理会的常任理事国，与其他英语国家有着良好的关系。我们在北约中所发挥的作用，以及我们的军事能力，仍将是不可忽视的。但是我们将没有特殊的地位，也没有能力来行使如德国一样的领导权。

德国的声音，不仅将在签订英国脱离欧盟的条款时起到决定性的作用，也将决定失去英国的欧盟如何发展。欧盟的成员资格、权利和政策，将反映德国政府的选择和优先事项。而这些反过来又将是德国的历史、社会和政治结构，以及最重要的德国经济利益的产物。关于欧盟在 20 年后将会成为什么样子，任何预测都必须根植于对这些利益的认识。不仅要了解德国政客们对欧洲的看法，更要了解他们在欧盟体制中的行为与作用。

我职业生涯中的大部分时间，都在处理英国与欧洲在政治、经济领域中的关系。1972 年 1 月 22 日，英国签署加入欧洲共同体的条约时，我在布鲁塞尔。我未来的妻子也在那里，她的工作是抹去一个恼怒的英国女人（她也许可以算作英国独立党人的原型）扔在英国首相礼服上的墨水，（因为在那个女人眼里）英国首相交出了国家主权。我在 20 世纪 80 年代曾在欧共体委员会任职。在 20 世纪 90 年代，我是处理欧盟事务的英国外交部高级官员。从 1997 年到 2003 年，我担任英国驻德国大使。

在这段时间里，我一直看着德国的力量在增长。总体来说，我很欣赏德国高层政治人物使用德国力量的方式。其中有些人，例如威利·勃兰特、赫尔穆特·施密特和赫尔穆特·科尔都具有出众的人格魅力。其他人，例如安格拉·默克尔，则具有更为谦和的美德。几乎所有人都有才干并有特色。

近 40 年来，我与德国官员打交道，更像是一种享受。他们开朗、开放并尽职尽责，是一起解决常见问题的最佳同事，也是办公室以外最好的朋友，他们中的许多人最终与我私交甚笃。

令人遗憾的是，由于将来英国和德国在一起讨论的机会越来越少，我在外交部的继任者可能无法与德国同行享有同样轻松的关系。

德国的力量之所以独特，是因为它不是基于军事力量，也不是基于德国领导人引以为荣或为之欢呼的东西。尽管如此，德国的影响如此之大，依然是当今欧洲的基本现实。我希望这本书对理解以上问题能有所帮助。

CONTENTS | 目 录

不是德国要去当领导者，而是其他人选择跟随，他们选择跟随一个让人肃然起敬的国家。德国是一个自由的民主国家，在公共生活中对体面、正直和自由有着很高的要求，并伴随一套有效的公共行政和服务体系。它是一个拥有非凡的知识和文化传统的国家，向世界开放。它通过自己的努力从经济和政治的灾难中恢复过来，以其他任何国家都没有的方式应对了自己的过去。

对于民主德国人来说，统一意味着自由，但对于1990年时已步入中年的许多人来说，这也意味着他们将被排除在就业市场之外，抛弃了以前所有的国家归属感。而对于联邦德国人来说，这意味着经济上的牺牲，但同时也是值得骄傲的事情。人们感到德国终于又再次成为一个完整和正常的国家了。正如威利・勃兰特所说的那样："曾经共同拥有的东西，现在将一起成长壮大了。"

欧盟委员会与德国联邦政府相比，尽管竞争力不及，但在职能上与德国联邦政府相似。欧洲理事会与欧洲议会之间的立法责任划分，正好反映了联邦议院与联邦参议院之间的立法责任划分。欧洲议会在斯特拉斯堡会议厅的外观、程序和操作方法与柏林联邦议院相同。欧洲政治的所有标记、委员会工作的重要性、政治团体的首要地位以及对谈判和妥协的无休止诉求，也恰恰是德国政客在地方和国家政治生活中早已习惯的事情。

“回顾过去”（Vergangenheitsbewältigung，这个词已经成为专用的德语词汇）对德国公共政策产生了极为广泛的影响。它不仅导致了对纳粹时期的批判，而且导致了对德国全部历史的反省。1945 年之前发生的一切都没有任何价值，也不会得到公众的尊重。不会有任何政治、经济或社会活动，更不用说军事活动，来纪念那个时代，不会对那个时代的任何成就给予赞扬，不会热捧那个时代的任何个人。

德国人喜欢被人喜爱。几十年来，除与法国的关系外，德国欧盟政策的一个关键特征，就是决心将自己定位为较小成员国的朋友。德国总理赫尔穆特·

第八章 柏林的欧盟未来法则 / 221

20年后德国领导的欧洲会是什么样子？

只在单一层面上尝试回答这个问题，注定徒劳无功。这在很大程度上取决于曾经的英国首相哈罗德·麦克米伦曾反复抱怨的全球经济的趋势，以及成员国国内政治的发展。在20世纪80年代之前，有谁能预测到欧盟将拥有20多个成员国？1990年时，又有谁能预见2010年的欧元危机？预见英国会脱离欧盟？预见唐纳德·特朗普会当选美国总统？

第一章　柏林法则笼罩欧洲

不是德国要去当领导者，而是其他人选择跟随，他们选择跟随一个让人肃然起敬的国家。德国是一个自由的民主国家，在公共生活中对体面、正直和自由有着很高的要求，并伴随一套有效的公共行政和服务体系。它是一个拥有非凡的知识和文化传统的国家，向世界开放。它通过自己的努力从经济和政治的灾难中恢复过来，以其他任何国家都没有的方式应对了自己的过去。

1. 没有人愿意挑战德国政府

2011 年 11 月，一位在自己国家以外鲜为人知的德国政客，因为在一次演讲中吹嘘“欧洲突然开始说德语了”而获得了安迪·沃霍尔式的 15 分钟名声①。

基督教民主联盟（简称：基民盟）议会政党团体领导人沃尔克·考德明确指出，他的讲话并不只有字面上的象征意义。他说的不只是德语的使用，还有德国政府关于如何在欧元地区实现经济稳定——消除预算赤字、提高税收和减少公共支出——的观点，现在已被德国之外的所有欧洲国家认同。

他说的这两方面都没错。演讲发表几周后进行的一项调查显示，在过去的 5 年中，欧洲学校里将德语作为外语学习的学生人数急剧下降。例如在荷兰，这一比例从 86% 下降到 44%。在英国，这一数字更低，以至于一些教师开始议论，德语课是否会在英国学校的课程表中消失。2011 年 11 月，当欧元区面临最严重的金融危机时，欧盟首脑会议做出决定，开始就所谓的《财政联盟条约》进行谈判。条约中规定的正是德国政府长期以来所倡导的规则：对于平衡国家预算，以及对国债和赤字规模的严格控制，将以法律承诺的形式进行约束。人们猜测，一旦该条约生效，德国在应对危机上可能会更为开放，例如发行欧元债券，或对欧洲央行进行更多干预。但是德国政府没有对此做出任何承诺。欧盟首脑会议的决定所发出的信号非常明确：要挽救欧

① 此处化用美国艺术家安迪·沃霍尔的名言，“在明天，每个人都能成名 15 分钟。”——编者注

元，就必须按照德国所倡导的规则去办。

这个条约最终于2012年3月正式签署（由除英国和捷克共和国以外的所有欧盟成员国签署），它以具有法律约束力的形式，确立了欧元区成员国在制定其财政和预算政策时必须遵循的规则，并且规定将按条约对欧元区成员国进行监督，违反条约的国家将受到制裁。条约反映了如何组织国民经济的思路，这个思路并非德国独有，却是历届德国政府大力倡导的。从此以后，这个思路将支配整个欧元地区，而且不允许出现任何偏差。

自2012年以来，德国在欧盟政策制定方面的主导地位得到进一步加强。一系列席卷欧洲的危机——希腊破产、乌克兰问题、难民的涌入——都是由德国提供解决方案并带领实施的。同样也是德国，为重新确定英国的成员资格制定了规则。在英国决定脱离欧盟之后，德国将在欧盟提供何种脱欧协议方面，发出决定性的声音。

对于德国来说，这是显示实力的黄金时代。碰巧的是，这恰好与德国在欧洲人最关心的领域即足球上的成功相吻合。2013年，拜仁慕尼黑队和多特蒙德队这两支德国足球队在英国伦敦的温布利球场进行了欧洲冠军联赛的决赛。2014年，德国国家足球队在巴西的里约热内卢赢得了第20届足球世界杯的冠军。在那届世界杯的半决赛中，德国队遇到了东道主巴西队，这也许是对新时代特征的一次概括。两支球队此前都保持不败，人们预计比分将很接近，多数人看好巴西队。但那场比赛是巴西队的一次溃败。德国队在6分钟内攻入了4个球，半场比赛以5∶0领先，最终以7∶1获胜。谦虚而慷慨的德国国家足球队成了国家英雄，看上去好像德国统治了世界。

自1958年1月1日欧洲共同体正式成立以来，德国与法国一直是其中两个最重要的成员国。欧共体源自法德和解，并在法德两国的领导下得以发展。德国和法国的默契（通常是隐性而非明确的），是欧洲经济共同体诸多关键性决定的基础。将自由贸易和对农业的支持结合起来，就是这种默契的一个例子。赞成德国统一和承诺单一货币，是另外两个例证。

在欧盟成立的前 40 年里，法国和德国的经济规模相近。尽管德国在经济增长和人均 GDP 方面表现更好，但人们也没有对法国作为欧洲平等伙伴管理者的地位提出质疑。1990 年德国统一后，德国的数据变了。德国增加了 2000 万公民，领土面积增加了 1/3。尽管如此，在德国统一后的 20 年间，法国和德国的平等地位仍然在表面上得到了保持。德国总理安格拉·默克尔和法国总统尼古拉·萨科齐共同提出了《财政联盟条约》的提案。Merkozy① 一词曾风行一时，成了欧洲力量源泉的分母。

但实际上，当时是德国在做主。德国和法国之间已经形成了高级和初级合作伙伴的关系。德国政府会听取并设法采纳法国政府的想法和倡议，当然，都是与德国利益相吻合的部分。德国政府反对的欧盟政策，法国政府是无法推动的。

2012 年 4 月当选法国总统的弗朗索瓦·奥朗德的行为就清楚表明了这一点。奥朗德尽管在总统竞选期间批评《财政联盟条约》，但当选后并未对它进行挑战。相反，他试图通过促进增长的措施对条约进行改善。他的措施包括整个欧元区对每个成员国的国家债务承担某种形式的共同责任。在 2012 年 6 月的欧洲理事会上，他甚至与意大利总理和西班牙首相一起向德国总理施加压力，要求她也走这条路（之前的法国总统都不会以这种公开方式这样做）。曾有一段时间，德国

① Merkozy：默克尔和萨科齐名字的组合，Merkel+Sarkozy=Merkozy。——编者注

媒体报道说，安格拉·默克尔处于被动或被孤立了。

实际上，德国政府的立场有所缓和。欧洲中央银行被允许在债券市场上采取更加积极的政策，并且扩大欧洲经济稳定机制的范围。该机制建立于 2012 年，旨在为处于暂时性财务困难中的欧元区成员国提供财政援助。它本质上是为应对短期问题而建立的。即使在德国内部，人们也认识到，如果要避免欧元崩溃，就需要采取一些措施，但这将会使德国进一步暴露在金融风险前。德国政府的决心没有改变，它要确保一旦短期问题得到解决，欧元区的任何成员国都不能有不负责任的行为。为应对他人过去管理不善遗留的问题，无论准备采取何种让步措施，未来德国政府都将更加坚决地要求每个国家行为端正。

与法国的关系成了这一决心的牺牲品。坦率地说，关于奥朗德总统不愿接受货币紧缩政策的说法，以及法国经济的停滞，意味着在讨论欧洲经济治理方面，法国不再是德国的自然选择伙伴。虽然德国政界人士时不时会提及振兴法德关系的必要性，但现在看上去，两国似乎已经没有真正的共同利益或政治判断了。

在关于英国脱欧条款的谈判中，法德的差异可能愈发明显。德国政府将英国脱欧视为对欧洲经济体的重大打击，但仍想就贸易关系达成一些协议，以保留德国制造业对英国市场的出口准入（尽管其首要任务是维护欧盟基本原则的完整性，包括有关自由流动的规则）。而法国人虽然对英国脱欧表示遗憾，但更倾向于将英国的撤离视为法国获取政治和经济优势的机会。

一些欧洲国家中曾有人希望，2013 年 9 月的德国联邦大选能改变德国对欧元区的态度。一些评论家们曾乐观地预测道，由于国内政治的原因，默克尔总理坚持严格的预算规则，一旦选举形势陷入困境，她或她的继任者或将软化德国的立场。

选举确实改变了德国的政治格局。安格拉·默克尔的政党——基督教民主联盟，及其巴伐利亚的姊妹党基督教社会联盟，获得了令人印象深刻的 42% 的选票，这是该党在 1990 年德国统一后历次大选中获得的最高票数。该党在联邦议院中拥有 311 个席位，仅比绝对多数少了 5 席。这是默克尔女士个人的一次巨大胜利。

但这次选举也没能使她获得坚定的政治盟友组成联合政府。以前曾与“基民盟 + 基社盟”组成联合政府的自由民主党未能达到在联邦议院中有代表资格所需的 5% 的选票。因此，默克尔女士只能在绿党和社会民主党之间进行选择。经过双方的初步谈判，默克尔女士选择了与社会民主党组成所谓的大联盟政府，从而重复了她在 2005—2009 年担任总理时的模式。

为筹划组成大联盟政府的谈判持续了两个多月。社会民主党设法确保他们的一些选举承诺得以实现，特别是在德国首次引入全国最低工资。社会民主党在谈判中虽占有强势地位，但并未充分反映其相当成功的选举结果。它获得了 25.7% 的选票和 193 个联邦议院席位，与 2009 年的惨淡表现相比仅略有改善。但它指向一个事实，即在联邦议院中，德国的多数民众倾向于“红色—红色—绿色”的组合。社会民主党、绿党和左翼党（最左翼的党）拥有议院的 320 个席位，但是，社会民主党和绿党都不愿意与左翼党分享权力。因为在大多数德国人眼中，左翼党是德意志民主共和国共产党的直接继承者。

尽管在国内问题上，大联盟政府的政策有一些社会民主党的色彩，但在关于欧盟的政策上，大联盟政府的政策几乎没有改变。德国政府将继续反对任何将欧盟成员国债务集中处理的意图，并力促具有约束力的法律承诺来迫使各成员国遵守欧盟的预算规则。在这方面，有时被描述为“铁腕总理”（这是对德意志帝国宰相俾斯麦带有敬意的称呼）的安格拉·默克尔坚持了自己倡导的政策，并保留了与实施这项政策直接相关的财政部部长沃尔夫冈·朔伊布勒的职务。这项政策反映了德国主流的公众舆论。在德国，没有人提出应对那些陷入财务困境的欧盟国家采取更为慷慨的举措（就像在英国决定退出欧盟之后，没有人提出应慷慨对待英国一样）。事实上，公众的情绪要比政府更为强硬。

在《欧洲联盟条约》（简称《欧盟条约》，也称为《马斯特里赫特条约》）下，德国的立场看起来与其他任何成员国没有什么不同。因为，在理论上应由欧盟委员会提出建议，由欧盟理事会和欧洲议会做出决定。但是实际上，委员会在采取行动之前会先征询德国的看法，而其他政府在做出决定之前，也会先征询德国的意见。

没有德国的支持，现在几乎不可能对欧洲进行任何重大的改变。在有关 2014 年底应该由谁来接替若泽·曼努埃尔·杜朗·巴罗佐担任欧盟委员会主席的讨论中，这一点体现得尤为明显。《欧盟条约》中任命委员会新主席的程序模棱两可。过去是由欧洲理事会（即成员国政府首脑）通过彼此之间的共识做出选择。但是，根据条约的最新修订版（即 2007 年在里斯本签署的版本），理事会将以足够多数通过提名“并考虑欧洲议会选举的结果”，然后由欧洲议会的简单多数来通过或否决这一提名。

在 2014 年欧洲大选前夕，德国议会主席马丁·舒尔茨试图控制欧盟委员会主席候选人的选择。他说服了他曾担任领导人的议会中社会主义团体的成员，这些成员选择他作为该团体的首位候选人，这意味着他将是这个团体推出的下届欧盟委员会主席候选人。

当然，这正是德国大选的结果。每一个党派，或至少是主要党派，在选举前 6 个月左右就都确定了其提议担任联邦总理的人选，以及在各州的选举中提名担任州长的人选。因此，每个公民都知道他们将为谁投票。

当舒尔茨提出他的倡议时，社会主义者在许多欧洲国家的民意测试中都表现不错，看来他们将成为欧洲议会中最大的团体。但是，激励他的不仅仅是个人的政治发展前景。他想确立由欧洲议会而不是理事会来决定欧盟委员会主席候选人的原则，他认为欧盟民主合法性应来源于欧洲议会，而不是各成员国的议会或政府。

欧洲议会中的另一个大团体欧洲人民党也很快效仿，提名了卢森堡前总理让－克洛德·容克为欧盟委员会主席候选人。欧洲人民党是基督教民主党人和中间偏右的政党的集合体，像它的对手社会主义党团一样，传统上倾向于在欧盟内部实现更多的融合，最终目标是建立一个欧洲联邦国家。

这两个团体的另一个共同点是，他们都由德国人占据了主导地位。在这两个团体中，德国政党通常都是最大的国家队（尽管在 2014 年大选中，表现出色的意大利社会主义者比德国同事获得了更多的席位），他们通常都担任着团体的领导职务。这样的情形在 2014 年再次发生了。欧洲人民党团和欧洲社会党团都选举了德国人为他们的领导人。这些被选中的领导人都同意，将像他们的前任一样，在未来 5 年中共同担任欧洲议会主席。

安格拉·默克尔对让－克洛德·容克并不特别在意。她支持容克被选为欧洲人民党团的“首位候选人”，主要是为了挫败他的竞争对手、法国前专员兼外交部部长米歇尔·巴尼耶的候选人资格。巴尼耶虽然很保守，但对欧元的看法可能更多反映了法国的观点。另一方面，容克是卢森堡人，因此对德国的考虑会更加敏感，更容易接受。

然而最后的结果是欧洲人民党团获得了最多的选票（尽管比上次选举的票数要少，而且还远不足以占到多数），安格拉·默克尔显然认为容克并不拥有天然成为欧盟委员会主席的条件。在选举之前和选举之后，她都提出要重选一次。尽管欧洲议会有最后的决定权，但都必须由欧盟理事会给出最初的提名。在选举结束 5 天后的 5 月 27 日，她提出希望找到“视野宽广的”候选人，从而让欧洲理事会选择提名。

其他政府首脑也对容克的当选，以及欧洲议会通过的选举程序表示怀疑。然而，很难找到一个政府首脑能够像默克尔一样，围绕个人的优劣来论证容克能否成为胜任这份工作的最佳人选。

英国首相戴维·卡梅伦对容克的批评是最为激烈的。但是他只专注于对个人的评价，而没有提出欧盟政策应实行实质性的变革（正如一位英国外交部前常务次长所说的那样，只是对人而不是对事）。因此卡梅伦在战术上显得很无能，并让人感到英国在威胁，如果欧盟选择容克，英国将退出欧盟。而其他几个国家，例如荷兰、瑞典和匈牙利的总理都公开表示，他们认为容克不是合适的人选，据说还有其他国家在私底下表达了同样的怀疑。因此一段时间里，欧盟理事会似乎要考虑其他人选。

然而安格拉·默克尔改变了主意，她受到了党内高层成员和社会民主党的压力。他们之所以会施加压力，与容克本人没有什么特别关系。他们要确保的是在任命过程中确立欧洲议会的首要地位。社会民主党更愿意支持反对党团的“首位候选人”，而不是探索选择另一位社会主义者的可能。

出乎意料的是，容克还获得了欧洲发行量最大的报纸《图片报》（*Bild*）的支持。《图片报》发表社论表示，为了民主的目的，应该支持对容克的任命，此社论不是由报纸的编辑撰写的，而是由报纸的所有者阿克塞尔·斯普林格集团的首席执行官撰写的。这导致了从未被证实的指控，即容克曾私下做出保证，他将支持阿克塞尔·斯普林格集团对谷歌在某些领域的垄断地位提出的指控。

容克的名字和面孔在德国出版的竞选材料中从未出现，几乎没有德国人知道他是谁，这似乎无关紧要。他的竞争对手也没有在“只有当你投票支持马丁·舒尔茨和社会民主党时，德国才能成为欧盟委员会主席”的口号下，在德国进行纯粹民族主义的竞选。德国的问题已成为欧洲意识形态的问题之一，这也是德国内部政党政治的问题。德国执政联盟的两党不仅就谁应该担任欧盟委员会主席进行了谈判，而且还就谁应该担任欧洲议会主席进行了谈判。他们似乎认为这是理所当然的，他们之间达成的任何共识都将决定最终结果。鉴于德国在欧盟理事会和欧洲议会中的主导影响力，其他 27 个成员国都将与柏林做出的决定保持一致。

一旦德国政府明确表示支持容克，并且对讨论任何其他可能的候选人都不感兴趣之后，人们对容克的反对就消失了。一些国家，例如法国和意大利，以前曾持骑墙态度，现在转而试图通过对《财政联盟条约》的解释作为提供支持的交换条件，来达成私下的交易。其他表示反对的国家，例如瑞典和荷兰，则表示他们现在会顺其自然，希望这有助于确保他们获得更重要的专员职位。只有英国首相和匈牙利总理保留了他们的立场并投票反对。

对戴维·卡梅伦和英国而言，表决的结果证明这是一次屈辱的失败。当欧盟委员会主席就职时，没有一个英国人为他投过票，他的候选人资格不仅受到英国政府和所有英国主要政党的反对，而且广为人知的是，也没有得到任何一位英国的欧洲议会成员的支持。

在成员国没有起而反对的情况下，从成员国到欧洲议会的重大权力转移却发生了。

这也证明了现在德国及德国总理在欧盟内部拥有的权力。只有当德国政府的立场保持开放时，讨论和辩论才能开展得生机勃勃。一旦德国政府确定了自己的立场，通常讨论就结束了。看上去，没有人愿意挑战主意已定的德国政府。

英国选民在公投中选择“离开”欧盟时，可能没怎么想让 - 克洛德·容克的任命。他们更多是关注英国国内的问题，主要是移民问题。但这也确实说明了在决定退出欧盟前，英国在欧盟中的两难境地：在欧洲议会中完全没有影响力，也没有能力去说服欧洲理事会的其他成员国抵制欧洲议会夺取权力。

2．希腊的屈辱与德国的坚持

自从任职欧盟委员会主席以来，容克没有采取任何行动来消除人们对他和对德国利益的高度敏感，而且也没有表现出任何屈从迁就的迹象。他选择了野心勃勃的德国人马丁·塞尔玛担任自己办公厅的主任。在改组委员会高级官员职位时，任命了 6 名德国人担任总干事，远多于任何其他国籍的人士。更有甚者，其他许多专员效仿容克的做法，任命了德国人担任其专属办公室的重要职位。欧盟委员会的运作原本浸润着法国人的文化，后来有一批出色的英国官员加入进来，而现在则完全是在德国人的影响之下了。欧盟委员会制定的政策和提案也是如此，特别是在容克的欧盟委员会主席任期前半部分中，占据主导地位的两个问题，一是处理希腊与欧元的关系，一是对地中海难民危机的回应。

希腊债务危机始于 2009 年底。当时欧洲有 5 个国家出现了债务危机，而希腊的状况最为严重。从那时到 2015 年，希腊从欧洲稳定机制及其前身那里获得了两次紧急财政援助。作为纾困的条件，希腊不得不接受一系列限制公共支出、增加税收和改革经济的措施。尽管勉强，两个主要的政党——社会主义的泛希腊社会主义运动党和保守的新民主主义党——都接受了欧盟提出的条件。

但是在 2015 年 1 月，希腊的激进左翼联盟赢得了希腊议会选举，该党一直反对财政紧缩措施，它的竞选口号和选举宣言具有鲜明的反德色彩。除其他事项外，它们要求希腊应在一年以内，以 1953 年免除德国债务的方式取消所有债务，或德国应为第二次世界大战期间对希腊经济造成的损害给予赔偿。组成政府之后，激进左翼联盟降低了其反德言论的调门，但仍要求对纾困条件进行实质性的改变。它辩称，除非给希腊经济以更大的增长空间，否则希腊将无法偿还债务。

年轻的不系领带的希腊新任部长们反复争辩说，对欧元区的问题应该采取不同的方法来解决。这种争辩给人一种新鲜的感觉。并不是他们的政党把希腊弄得一团糟，他们对希腊数十年来在政治和经济生活中普遍存在的腐败的谴责是真诚的。他们争论的要点是，希腊只能在其经济增长的情况下才能承诺偿还债务，而这一观点得到了许多经济学家的认可。

但希腊的年轻部长们发现，来自欧元区其他国家的回应非常有限。意大利总理马泰奥·伦齐对此表示了同情，并表示愿意支持延长偿还债务的期限。法国总统谈到了需要妥协，并暗示法国可能会在寻求妥协的过程中发挥关键作用。

但是没有人支持债务减免的想法。在安格拉·默克尔发表讲话之前，没有人针对希腊新政府的要求提出任何具体建议。

像往常一样，默克尔不急于表态。但是从一开始，她向德国财政部部长沃尔夫冈·朔伊布勒就明确表示了她的优先顺序。她强调希腊必须遵守其承诺的内部改革方案，并排除了取消希腊债务的任何可能性。不过，她确实表示愿意考虑第三次纾困方案，以帮助希腊银行重新注资。因此，德国政府暗示了任何可能的新协议的范围边界。对希腊的任何进一步财政支持都将取决于希腊经济的改革，这将确保其未来的预算平衡和统计数据的可靠性。

欧元区的其他成员国没有一个对德国的立场持有异议。除了对希腊选民的立场普遍表示同情外，他们没有提出任何其他要求。他们的立场似乎是应该由德国政府来决定提出什么样的方案。

鉴于德国纳税人必须承受希腊偿还债务条款的变化所带来的财务冲击，这种沉默是可以理解的，而且德国有充分的理由不让希腊脱身，因为其他人可能会跟着提出类似的要求。希腊的经济只有在改革其竞争力的情况下，才有可能在欧元区生存下去，并且不能允许成员国单方面背弃它们原先的承诺。

然而，法国总统奥朗德和意大利总理伦齐以及法国经济事务专员皮埃尔·莫斯科维奇都曾批评过《财政联盟条约》的条款。因此，他们的默认无疑是为一个处于深重经济灾难中的国家做出的最小让步。

随着希腊危机的加深和谈判气氛的恶化，德国人对交易条款的控制越来越明显。如果希腊人认为，濒临破产可以使德国的立场软化，或者让其他欧元区成员国公开争辩说要采取更宽松的政策，那他们就想错了。希腊总理主张对希腊债权人提出的条款进行全民公投，结果适得其反。德国政府仍然不为所动，表示已准备好在必要时离开谈判桌。沃尔夫冈·朔伊布勒提交了一份文件，首次将希腊暂时退出欧元区作为可考虑的选择。

与此同时，希腊公民每天只能从他们的账户中提取60欧元，而且看上去有些希腊银行将不得不宣布自己无力偿还债务。法国政府迫切希望希腊能继续留在欧元区内，并派出专家组前往雅典提供建议。但他们建议的是希腊为满足德国的要求而需要做的事情，这可能不是希腊政府想要听的话。

最终的结果是希腊投降。在2015年7月11日至12日举行的争论激烈的欧元区政府首脑会议上（一些与会者称其为欧盟有史以来最残忍的会议），希腊政府被迫在退出欧元区或接受紧缩措施之间做出选择。这个紧缩措施比希腊在一周前举行的全民公决中所否决的方案要严厉得多，而希腊总理最后痛苦地选择了接受紧缩措施。

随之而来的协议执行过程，更加深了希腊的屈辱。在有关救助规模和性质的任何谈判开启之前，希腊议会有义务在三天之内完成欧盟要求的主要改革的立法。没人提及希腊的其他需求，包括某些对长期债务减免的要求。

希腊政府的谈判策略惹恼了所有的伙伴。国际货币基金组织负责人克里斯蒂娜·拉加德有一次令人难忘地指出，只有在房间里有成年人的时候，讨论才能取得更大的进展。但批评得最严厉的是德国财政部部长，他毫不掩饰自己对希腊政府履行承诺的不信任，因此需要首先制定立法。

法国总统奥朗德在整个决定过程中一直强调希腊应留在欧元区内。他试图在私下里说服默克尔总理缓和她的立场。在峰会召开之前和召开期间，他们在一起度过了很长时间，他们也与希腊总理举行了多次联席会议。但是，几乎没有迹象表明法国对德国产生了多大影响。法国的立场是希腊必须不惜一切代价留在欧元区中。对于德国政府而言，在7月11日至12日的会议召开之前，希腊的成员国资格已经出问题了。德国人并未试图迫使希腊人退出，但他们明确表示，如果希腊人选择离开，德国将不会试图阻止他们。如果希腊人想留下，就必须接受德国规定的条件。

可以说，奥朗德总统从未公开批评过德国的立场，法国也没有在最后时刻提出解决僵局的建议。不管他个人有什么顾忌，奥朗德总统似乎得出了结论，附和德国的要求总比冒险去进行政治抗衡要好。其他人的态度也是如此，哪怕希腊曾希望从其获得更多谅解的意大利总理也不例外。他们都意识到，如果德国不改变立场，他们都不会去改变它。

与希腊政府的谈判是由欧元区各国财政部部长在荷兰财政部部长杰伦·迪塞尔布洛姆的带领下，在欧洲中央银行和国际货币基金组织的参与下进行的。迪塞尔布洛姆的本能感觉与德国政府相似，他对希腊部长们的表现也感到非常沮丧。但是在关键时刻，德国财政部部长沃尔夫冈·朔伊布勒的声音才是权威的。

相比之下，欧盟委员会根本没有发挥多少作用。让-克洛德·容克对找到解决方案的必要性做了一些概括性的陈述，但他并未就解决方案提出任何具体的建议。他的这种做法无意间暗示了该由德国政府做出决定。他的幕僚长在推特上发表评论说希腊政府的反应令人鼓舞，立即就在公开场合遭到朔伊布勒的责难，并被要求闭嘴少说。

作为德国总理，安格拉·默克尔在决定德国对希腊的政策时发挥着决定性的作用。她的政党，尤其是她的财政部部长，本来希望采取更强硬的政策。随着危机的持续，朔伊布勒在德国政客受欢迎程度的民意测验中，排名首次超过了安格拉·默克尔。在德国联邦议院就授权与希腊的第三轮纾困方案谈判进行投票表决时，她的政党有 50 多名成员投了反对票。

3．难民们，德国欢迎你

安格拉·默克尔对希腊的态度代表了德国主流的公众舆论，并且始终如一。但在处理 2015 年夏季的难民危机时，她的掌控就远不是那么确定了。当她宣布希望欧盟去做的事情之后，欧盟委员会提出了相应的建议。尽管中欧和东欧有 4 个国家强烈反对，然而德国人还是占据了主导地位。

跨越地中海进入欧盟国家（主要是希腊、意大利和西班牙）的非法移民，多年来一直是一个令欧盟头疼的问题。2015 年初，非法移民的人数达到了空前水平。受尽人口贩子盘剥的成千上万难民挤在小船上，冒着生命危险逃往欧洲，其中好几千人在途中溺水淹死。

欧盟内部先前商定的处理难民问题的行政安排，很快就变得难以应对并超负荷运行了。根据 2002 年的《都柏林协议》，难民进入的第一个欧盟国家将负起责任，在该国的领土上对难民进行登记和指纹识别，并处理所有的庇护申请。但是，希腊和意大利根本无法应付那么多的人。难民们自己也不想留在那里，所以他们继续向北走，其中许多人最终来到了德国。

很多难民来自叙利亚、伊拉克、阿富汗或厄立特里亚等饱受战争蹂躏的国家，因此有资格获得庇护。其他则是寻求更好生活的经济移民，大多数是身体健康的年轻人。在进入欧盟之前，几乎所有人都曾在如土耳其、黎巴嫩或约旦等相对安全的地方逗留过。

欧盟的边境保护机构“欧洲边境和海岸警卫局”成立于 2004 年，

旨在帮助控制申根地区的边界。在该边界内，无论是否为欧盟公民，所有人都可以在各个国家之间自由移动。欧洲边境和海岸警卫局基本上是一个咨询机构，缺乏在地中海进行巡逻警卫的能力。尽管后来特设了海军提供援助，但它所能做的也只是在海上营救难民并将他们运送到欧盟国家的安全地带。

整个欧洲都在为正在发生的事情感到震惊，一张土耳其警察把一个死去的孩子抬上岸的照片尤其令人伤感。在德国，人们普遍对难民的困境表示同情。部分是出于人道主义的关怀，还有部分是因为德国人仍然记得，在第二次世界大战后，大约有 1200 万到 1500 万德国人被迫逃离位于欧洲其他地方的家园。

到 2015 年 6 月时，已有 40 万难民到达德国。德国政府警告说，那一年的难民总数可能会达到 80 万。并非所有新来的人都来自遭受战争蹂躏或暴政压迫的国家，有近一半的人来自巴尔干西部地区的国家，阿尔巴尼亚、科索沃、波黑、马其顿或塞尔维亚。这些国家渴望加入欧盟，而它们的公民不太可能有资格获得庇护。正是由于德国未能鉴别出那些经济移民，才使流入德国的难民人数变得如此之高。但是安格拉·默克尔并没有采取措施来减少难民的流入，而是出乎人们意料地宣布，由于《都柏林协议》不起作用，德国将自动允许所有来自叙利亚的难民入境。

这个决定受到了人道主义组织的欢迎，却让德国的欧盟伙伴们感到震惊，尤其是那些前往德国的难民必然会途经的国家。人们认为，这个决定鼓励了更多的人让自己落入人口贩子的手中，从而使问题变得更为复杂。在德国内部，公众对这个决定的反应是参差不齐的。在民间，有许多人自发组织活动欢迎难民，同时也发生了一些孤立、敌视难民的事件。有人担心这将会使更多难民涌向德国，也有人批评政府没有与欧盟伙伴进行任何协调就做出了这样的决定。

在德国境外，局面一片混乱。匈牙利在与塞尔维亚和克罗地亚接壤的边界上修建了围墙，以将难民拒之门外。其他巴尔干国家则设法让难民尽快流向奥地利和德国的方向。许多国家，最终包括德国自身都实行了边境管制，申根体制似乎已经开始瓦解了。

结果，政策在几周内发生了变化。德国内政部部长托马斯·德·迈齐埃开始要求所有欧盟成员国都应在收容难民方面发挥自己的作用，并提议实行强制性的配额制度，迫使所有成员国都这样做。他补充道，任何拒绝参加这个计划的国家都将在（未定义的）经济方面受到处罚。

欧盟委员会随即提出了德国所要求的那个提议（尽管没有附带经济处罚）。根据提议，所有成员国家（除了像英国那样退出了欧盟难民庇护政策的成员国之外）都应接收已经到达希腊或意大利的一定数量的难民。一共涉及 12 万难民，这是一个庞大的数字，但与整个问题的规模相比，却仍然只是沧海一粟。

中欧和东欧的国家强烈反对这个提议。它们指出，它们没有吸收来自其他文化和宗教背景的人群的经验，也没有那样做的条件。它们认为那是德国的问题，而不是欧洲的问题。它们的语气是强硬的，匈牙利总理维克托·奥尔班指责德国实行“道德帝国主义”。斯洛伐克总理罗伯特·菲科谈论着“柏林—布鲁塞尔的绝对命令”，并威胁将拒绝执行根据那个提议所做出的决定。

但这一切都无济于事。根据欧盟的规定，有关庇护问题的政策可以由足够的多数来做出决定。来自卢森堡的欧盟主席在德国的压力下提议进行投票。匈牙利、捷克、斯洛伐克和罗马尼亚投了反对票，芬兰弃权，但其他成员国都投了赞成票。此前曾与中欧伙伴国家一起反对这一提议的波兰政府软弱地解释说，由于无法阻止这项政策的通过，它们对此将继续采取合作的态度。德国内政部部长特地对它们的转变表示了谢意。

然而在此之后，德国国内的气氛发生了变化。随着越来越多的难民从奥地利涌入德国边境，为他们寻找住处变得越来越困难。德国国内也出现了类似关于欧盟内部应该如何分担负担的争论，不少州扬言应对允许进入的难民采取配额限制。巴伐利亚州在难民浪潮开始阶段首当其冲，在该州执政的基社盟历来对移民持强硬态度，因此反对的声浪最高。州长霍斯特·西霍弗对联邦政府的政策提出了严厉的批评。

大多数批评是针对安格拉·默克尔本人的。人们认为她误判了公众的意向，并在情感的左右下做出了决定，完全失去了她往日的行事风格。她的民众满意度在 2014 年时曾高达 73%，是有史以来所有德国总理的最高水平，但在 2015 年夏天时跌至 50%以下。不过在那之后有所恢复，到 2016 年底时又达到了近 60%的水平。德国人对她的移民政策仍然心怀不满，但他们似乎尊重她的选择。

4．德国的声音是决定性的

当戴维·卡梅伦试图重新协商英国的成员国条款时，他直接感受到了德国在欧盟中的影响力这一现实，那是一次令人难忘的经历。在会谈开始之前的好几个月里，人们就如何应对英国的关切，特别是对移民的担忧，公开提出了不少建议。但是涉及任何实际限制难民数字的款项时——例如通过某种紧急制动机制限制入境人数——德国的反应是负面的。安格拉·默克尔一直明确表示她不会接受任何对人口自由流动原则提出质疑的条款。最后，戴维·卡梅伦不得不接受社会保障待遇方面的一些小改动。人们普遍认为这是一次失败的尝试，他们的看法是正确的。

实际上，安格拉·默克尔预先设定了英国重新谈判的条件。英国政府只有在她接受和不接受的条款的基础上确定立场，才有可能说服其他欧盟伙伴。在英国就欧盟成员资格进行全民公投之后，有关英国与欧盟之间贸易关系的谈判也是如此。在欧盟方面，英国将与欧盟委员会进行谈判，但在决定欧盟将提出什么样的议案或如何回应英国的要求时，德国的声音仍然是决定性的。

5．默克尔的决心

安格拉·默克尔是德国政治中的主导人物。正如《福布斯》杂志所报道的，她是世界上最具影响力的女性。自 2005 年以来，她一直在政府任职，却并没有对这份工作有丝毫厌倦。2016 年 12 月，她在 2017 年联邦大选中被选为基民盟的总理候选人，并被重新任命为该党主席，这是她自 2002 年以来一直担任的职务。她没有竞争对手。在她宣布出任总理的决定之前，媒体上有传闻说，基民盟的巴伐利亚姊妹党基社盟在犹豫是不是要支持她。但是一旦她表达了自己的意图，基社盟就对她表示了坚定的支持。

当时，还不确定她在大选后是否将继续担任总理。直到 2017 年初，她在民意测验中一直处于领先地位，但被选为社民党总理候选人的马丁·舒尔茨对她造成了巨大的威胁。如果她能再次当选并连任满第四个任期，那么她将担任德国总理 16 年，与首次任命她为内阁部部长的赫尔穆特·科尔的任职时间长短相同。她现年 66 岁，仍然比康拉德·阿登纳初任总理时年轻 7 岁。

自第二次世界大战以来，没有一个德国总理是自愿离任的。有些人，例如阿登纳和威利·勃兰特是由于丑闻而被迫下台的。另一些人，例如路德维希·艾哈德和赫尔穆特·施密特则是由于在联邦议院失去了信任票而下台的。其他人，如库尔特·格奥尔格·基辛格、赫尔穆特·科尔和格哈德·施罗德是由于选举失败而下台的。安格拉·默克尔可能是第一个能自己决定何时下台的德国总理。

在那之前，她将继续在自己的国家和欧盟中纵横捭阖，在她之前，没有一位欧洲领导人接近过她所具有的影响力，而她似乎从未为达到这一境界而下过功夫。正如《时代》杂志负责外交报道的编辑在2014年6月所说的那样："欧洲政治必须牢记的第一铁律非常简单。欧洲提议，然后让安格拉·默克尔来处置。"

在德国最近的几任总理中，默克尔是上台之前面对欧盟直接经验最少的一位。她生于1954年，在民主德国长大，只是在成年后才有机会到西欧旅行。作为在第二次世界大战后出生的政治人物，她和她的前任不同，并没有在成长的过程中见证欧盟是确保和平的一个因素。

她第一次与欧盟机构建立联系是在20世纪90年代中期。当时作为内阁部部长，她偶然参加了欧盟环境委员会的会议，这也是她第一次见到英国的政客。她的英国同僚是约翰·古默，他们相处得很好。他邀请她访问他的萨福克郡选区，而她在那里遇到的大多数人都对欧盟表现出了敌意。

因此，她对欧洲的态度与大多数联邦德国政客不同，并非出于根深蒂固的假设。她并未因为被洗脑，而认为欧盟和欧元对德国是有利的，她通过自己的务实判断得出这个结论。这是由理性，而不是个人情感做出的判断。

安格拉·默克尔有时被指责没有远见。她的批评者声称，默克尔只是对发生的事件做出反应，在下决心之前要等待很长时间，并且从未设定任何长期目标。的确，她经常需要一段时间才能做出决定。有一个关于她的故事：当她还是一个小女孩时，曾在游泳课上被命令从很高的跳板上跳进游泳池。据说她在跳板上默不作声地站了半个小时，然后在下课铃声响起之前一刹那跳了下去。她的观点从本质上讲是务实的，没有可与撒切尔主义相提并论的默克尔主义，她不会暗示任何的意识形态参照点，所以也不可能将任何教义标签贴到她身上。她从不对未来发表宏伟的演说，她只是解决眼下的问题。

她倾向于隐藏自己的个性。在私底下，她是个好伴侣：有趣而带一点自嘲，长着一双洞察一切的蓝眼睛，总是带着微笑，她的笑声富有感染力。她婚姻幸福（嫁给了享誉世界的物理学家），并且兴趣广泛，包括烹饪、歌剧和散步。如果她的政治生涯突然结束，她仍将继续享受充实的生活。

但是在公共场合，她抑制了她人性方面的大部分。她不讲笑话，不表现情感，总是穿着西服正装。从某种意义上说，她给人以她所领导国家的刻板的人格印象：高效、有条理且卓有成效，但有点抑郁。

她对裤子西装的热爱并不意味着她不懂时尚。在她担任总理之前，我曾经有幸在拜罗伊特的瓦格纳歌剧节开幕之夜站在她旁边。当我们聊天时，我称赞她的长裙相当瞩目，虽然风格简单但非常优雅。她很高兴有人会注意到它，并高兴地谈论起她是在哪里买到它的，以及为什么那条长裙吸引了她。这件事使我想起了1979年玛格丽特·撒切尔作为新当选的英国首相参加在斯特拉斯堡举行的第一次欧洲理事会会议时的情景，当她从酒店房间出来参加正式晚宴时，隔壁办公室的官员们（我是其中一员）站了起来，她的私人秘书情不自禁地说道：

“天哪，首相，你看上去真不错。”她的确看上去很不错。她显然曾为自己的外表感到烦恼，因此为自己形象出色得到认可而感到高兴。

在过去，安格拉·默克尔证明她有能力采取冷酷的行动。德国的政治疆场上，散落着那些在她早期政治生涯中低估了她的中年男子的躯体。她与玛格丽特·撒切尔一样，当其他更传统的、潜在的继任者不敢那样做时，她敢于挑战现任领导人，并在党争中获胜上台。获得权力之后，她在巩固自己的地位方面机敏而坚韧。

但是，她并不喜欢国内的政治对抗，有时她会迅速屈服于短期的压力而不去评估长期的后果。在任命让-克洛德·容克以及处理移民危机时，她就是这样做的。此前，她在其他问题上也表现出同样的倾向：2011 年联合国安理会批准关于制裁利比亚的决议时，她要求德国弃权；同年，福岛核事故发生后，她突然改变了德国的核电政策，并宣布德国所有的核电厂必须比原计划提前 20 年关闭。在这两个问题上，由于不得不与公众舆论进行抗争，她做出了许多被德国人认为是错误的决定。她下决心时可能很慢，改变主意时却可能很快。

6. 只能使用德国开出的药方

安格拉·默克尔的欧洲政策并没有让德国受人喜爱。在许多欧盟同意纾困的国家中（爱尔兰也许是个例外），欧盟因为德国的坚持而附加的条件引起了大批公众的不满，画着她留着希特勒式小胡子的海报在 2014 年和 2015 年的雅典街道上比比皆是。但是安格拉·默克尔并不特别在意她在德国以外是否受欢迎，挽救欧元才是她的首要任务。

在构思和引入欧元这一单一货币时，她提出的不能让欧元崩盘的政策，得到所有欧盟成员国的认可。1991 年，在马斯特里赫特的欧盟理事会上的各国参会者最终制定了加入欧元区的标准要求。财政部部长们于1998年5月同意了预算纪律规则。每个成员国都有责任遵守这些协议，从未有人想过如何应对不遵守协议所造成的后果——他们可能会从他人的贷款或资源转移中受益。

在敦促达成一项对债务和赤字具有法律约束力的财政条款时，德国并没有提出任何新的要求。德国也拒绝了任何关于发放欧元债券或其他形式的集体债务的提议。事实上，所有的德国政客一贯明确表示，欧盟不应该成为资产转移联盟。

尽管如此，德国强硬的立场似乎令许多欧元区伙伴感到震惊。也许他们将德国政客们经常挂在嘴上的“欧洲又来了”的警告声，理解为德国将为他人的失败承担责任，也许他们以为德国自己的经济学家会在经济衰退时期质疑紧缩政策是否明智。然而不管是出于什么原因，他们都对结果感到失望。2013年12月的《欧盟协议》没有迹象显示德国政策将会改变。德国对希腊要求重新针对纾困条款进行谈判的反应表明，它的立场丝毫没有松动。

德国在经济治理方面的卓越成绩，现在已经成为欧洲社会公认的现实。欧盟委员会的历史表明，它充斥着一种在任何情况下都以德国的经济思想为基础的文化，它不可能提出任何会遭到德国反对的建议。尽管偶尔一些国家会发出抱怨，但所有其他成员国都意识到，它们必须使用德国开出的药方。

德国对欧洲的态度并不是为德国在欧盟的机构中设计出任何特殊的领导作用。至少在经济领域里，德国主张由欧盟的机构发挥更大作用。如果欧盟的整体经济框架是建立在反映德国的模式且具有法律约束力的基础上的，那德国人就愿意让欧盟委员会、欧洲议会和欧洲法院行使权力，而这些权力的范围和程度对大多数英国人来说是不可接受的。这种权力将受到限制，尽管对这种限制具有共识，但那些共识也是德国人事先设定的。

7．隧道的尽头并没有光明

在上个一千年的近一半时间里，英国外交政策的主要目标是防止欧洲大陆上出现一个占主导地位的国家。英国加入的同盟，和英国进行的战争，主要与这一目标有关。历届国王和首相都力求在欧洲维持所谓的力量平衡，总体而言这项限制取得了巨大的成功。英国获得了一千年的自由而从未被他人占领，就证明了这一点，这是其他欧洲国家没能做到的。当然，在那些年里英国所关注的力量就是军事力量，今天的德国没有那种力量。德国的武装力量强大且具备相当的能力，但并不比英国或法国的军事力量更为强大，没有欧洲国家将德国视为任何形式的军事威胁。当其他欧洲国家对德国的军事能力感到担忧的时候，它们并不是顾虑德国军队的规模，而是顾虑德国政府不愿使用它们。

尽管德国对欧洲的主导靠的是软实力而不是硬实力，但那种主导力量仍然是真实存在的。随着时间的推移，它将超出欧盟内部政策制定的范围。在整个乌克兰危机中，都是德国率先寻求政治解决方案。这发生在 2012 年基辅的示威游行之后，以及 2014 年和 2015 年乌克兰东部爆发战争之后。

安格拉·默克尔是 2015 年 2 月 12 日《明斯克协议》谈判的推动者，这项协议带来了停火并防止了冲突升级。法国总统奥朗德陪同默克尔进行了各种访问，并参加了在明斯克举行的谈判，但很显然，默克尔是领头人。在为期一周的外交活动中，她旅行了 12500 英里，访问了基辅、莫斯科、华盛顿、渥太华、慕尼黑（举行高级别跨大西洋安全会议的地方）以及布鲁塞尔、明斯克。她花在打电话给俄罗斯总统普京和美国总统奥巴马上的时间比任何其他国家领导人都多。她为亨利·基辛格那个隐晦的问题提供了答案："如果我想和欧洲说话，我该给谁打电话呢？"普鲁士军事家克劳塞维茨在1832年写道，战争是政治在其他方面的延续。现代德国表明，政治可以实现以前需要通过战争才能达到的目标。

德国在欧洲的领导地位可能是良性的，但前几代英国政治家将其崛起视为英国外交政策的失败。现在我们将要离开欧盟，我们将无力影响它的未来。

用英国权威的德国专家威廉·帕特森教授的话来说，德国是"勉为其难的霸权"。德国现在在欧洲拥有的那种权力，并不是德国政府有意识去寻求的东西，也不是德国公众舆论所欢迎的。没有哪个德国政客会梦想去使用"天生的领导者、命运的昭示、峰巅之城"那样的短语，但当美国人在讨论他们在世界上的角色时，却会轻易地把它们说出来。英国保守党大臣尼古拉斯·里德利在1990年时提出的观点导致他从英国政府中辞职，他认为经济和货币联盟是"德国人旨在接管整个欧洲的手段"。这种看法在当时乃至现在都是荒谬的。

不是德国要去当领导者，而是其他人选择跟随。

他们选择跟随一个让人肃然起敬的国家。德国是一个自由的民主国家，在公共生活中对体面、正直和自由有着很高的要求，并伴随一套有效的公共行政和服务体系。它是一个拥有非凡的知识和文化传统的国家，向世界开放。它通过自己的努力从经济和政治的灾难中恢复过来，以其他任何国家都没有的方式处理自己的过去。它对难民危机的反应可能很笨拙，但那是基于广泛而令人羡慕的公众同情心。正如我幸运地在过去 5 年中所做的那样，生活在今天的德国就是要充分体验欧洲和西方文明的美德。

即便是脱离了欧盟，英国也仍将受到欧盟发展方式的深刻影响。因此，也许值得研究一下德国为何能在欧洲获得主导地位，而且更重要的是德国力求实现的目标是什么。像任何国家一样，德国也有自己的国家利益，这使其有别于它的朋友和邻居。欧盟目前的状态很好地满足了德国的利益，这丝毫不令人奇怪，因为欧盟在很大程度上是由德国塑造的。但是除了获得对德国有利的结果这一简单愿望之外，德国在欧盟的领导地位还能为欧洲带来什么？

德国的政客们喜欢假装那里确实还有更大的前景。他们不间断地若有其事地宣称需要在欧洲建立所谓的“政治联盟”，但从未阐明这种联盟看上去是什么样，以及与当前的政治现状又有什么不同之处。他们似乎都同意的一件事是，这个联盟不应该再让德国的纳税人支付更多的金钱。

他们也倾向于看不起那些仅仅利用欧盟为自己的繁荣而谋利的人。

在德国，强调德国经济受益于内部市场、共同贸易政策、竞争规则以及尤其是共同货币，是没有多少听众的。并非因为这不是事实，而是因为在德国的政治言论中，欧盟被描绘成一个比单纯让德国经济获取成功的机制更伟大、更高尚的事物。

建立更为紧密的联盟的口号帮助维持了这样一种观念，即欧盟一直在不断自我完善。迄今为止，除英国外，德国的合作伙伴们已经准备好开始这一旅程。他们不会询问“最终目的地是哪里”那样令人尴尬的问题，总是有一个新的政府间会议或一项新倡议的前景使欧盟发展的进程继续下去，并带来即将发生变化的希望。

这样的前景看起来越来越缥缈。即使在英国决定退出欧盟之后，也没有计划对欧盟的运作或运作方式进行任何根本性的修改。的确，有人在谈论需要制定新的欧元区规则，但是对那些新规则可能采取的形式尚无共识。正如德国所倡导的那样，它们是否应在预算纪律和监督方面做出更具约束力的法律承诺，以及在税收方面采取一些统一的标准？还是像一些人所希望的那样，将欧元区国家的债务更大程度上集中起来，建立对普通借款的追索机制？由于目前这些基本问题还没有得到解决，欧盟只能以现在的状态向前走去。任何新的条约都需要好几个成员国进行全民公投来批准，英国公投的经验将让大多数政府不去冒那个险。

同时，欧盟正在逐渐失去其公民的信任。皮尤研究中心在 2016 年 6 月进行的一项调查显示，对欧盟持积极态度的受访者在法国只有 37%，在西班牙只有 47%，在德国这一数字为 50%。与 10 年前甚至 5 年前相比，下降的幅度很大。在许多成员国中，对欧盟持怀疑态度的人都在上升，似乎没有什么东西可以阻止这一趋势。

因此，随着德国在欧盟中的势力不断增强，德国的政治领导人将会承受压力，来解释他们如何看待欧盟向前发展的道路。那些在德国的坚持下采取通货紧缩政策，为留在欧元区内而紧缩预算的国家想知道可以得到哪些回报。不仅在希腊，而且在西班牙、意大利和法国，选民们也变得越来越现实了，他们要求德国解释现状将如何得到改善。

在目前的情况下，他们将不会得到任何答复。没有一个德国政党有任何计划改善欧盟伙伴的经济状况，也没有一个德国政客主张在欧盟的整体方针上做出任何改变。没有对未来的愿景，现状非常适合德国。

从最近的经济危机中复苏的欧洲，并不是它的国父们曾经设想的那个欧洲，而是德国的欧洲。不是因为德国领导人试图将统治施加于它们之上，而是因为德国的伙伴们选择以这种方式接受统治。它们钦佩和羡慕德国所取得的成就，它们希望在德国的领导下也能取得一些成功。

它们的希望可能会落空。德国当然在欧洲行使权力，并为所有的欧盟决定提供动力，但是那些决定并没有确立旨在为欧盟国家服务的目标。隧道的尽头没有光明，彩虹过后没有金矿。

简而言之，这是一股没有目标的力量。

第二章　柏林的经济法则

对于民主德国人来说，统一意味着自由，但对于1990年时已步入中年的许多人来说，这也意味着他们将被排除在就业市场之外，抛弃了以前所有的国家归属感。而对于联邦德国人来说，这意味着经济上的牺牲，但同时也是值得骄傲的事情。人们感到德国终于又再次成为一个完整和正常的国家了。正如威利·勃兰特所说的那样："曾经共同拥有的东西，现在将一起成长壮大了。"

1. 莱茵模式，不可复制

德国之所以在欧洲占据上风，根本原因不言而喻，正如比尔·克林顿在1992年与乔治·布什竞选美国总统时所证明的，经济才是真正重要的因素。

德国是欧洲最大的经济实体，它的国内生产总值为2.5万亿欧元，比法国或英国都高出约25%。德国的人口大约有8000万，也比法国或英国都高出约25%。但是，在欧盟总体的12.3万亿欧元的国内生产总值中，德国仅占20%。尽管它是最大的单一经济体，但并没有使其他成员国家经济体相形见绌。就人均GDP而言，德国的表现并不过分突出。欧盟的几个成员国，如丹麦、荷兰、奥地利甚至近期的爱尔兰等，在这方面的表现都更好一些。

德国经济的独特之处不仅在于其规模，还在于其特质。它的独特性表现在四个方面：

1. 德国经济以制造业为基础，德国生产人们想要购买的商品，人们购买德国产品的原因是其在质量、可靠性和技术创新上的优势，而不仅仅是价格多美好；

2. 德国在向包括中国、印度、俄罗斯和巴西等新兴大国的出口方面尤其成功；

3. 德国的公共财政状况良好，它的贸易顺差很高，赤字和债务水平很低；

4. 高度的社会团结与安定支持了德国经济的成功。

对于欧盟大多数其他国家来说，这是一个诱人且令人羡慕的记录。因此，它们愿意从已经取得成就的国家领导人那里汲取教益。

有时，外界会将德国的经济模式称为“莱茵模式资本主义”，而长期以来，德国人则一直自称“社会市场经济”。在学术界中，目前“秩序自由主义”似乎是一个时尚的名字，它具有许多与其他形式的自由主义相同的特征。它与美国一样，承诺市场对经济发展的主导地位；它与法国一样，国家在发挥着重要的作用；它与北欧国家一样，确保高水平的社会福利。但它是唯一到目前为止还没有在其他任何地方成功复制过的。

德国经济模式的原则是：

1. 经济活动是由所谓的社会伙伴共同进行的，也就是说，拥有企业的人和在其中工作的人将一起行动，政府并不干预他们的决定；

2. 联邦反垄断办公室是一个独立的机构，它将确保所有的经济活动都是在完备的竞争条件下进行的；

3. 一个独立的中央银行——以前是联邦银行，现在是欧洲中央银行——负责维持低通胀和货币的稳定；

4. 联邦政府控制国家收支，以确保国家收支平衡或接近平衡，并维持教育、培训和研究体系的运行，为企业提供所需的劳动力、技能和基础科学创新。

德国经济模式的关键要素是重视维护公平的竞争。在德国，联邦反垄断办公室、联邦银行和联邦宪法法院是最受人尊敬的机构。它们三个都独立于政府和议会，似乎需要强调的是它们中没有一个位于柏林。联邦反垄断办公室位于波恩，联邦银行位于法兰克福，联邦宪法法院位于卡尔斯鲁厄，甚至不是巴登 - 符腾堡州的首府。

德国经济模式基于广泛的政治共识，并有长期的知识渊源为其基础。德国经济学家在传统上是从哈耶克而不是凯恩斯那里获得他们的灵感的。

2. 独特的德国道路

在这种模式下，德国为何以及如何发展出了自己的道路？

德国的自然资源很少（煤炭是唯一的重要资源）。从历史上看，德国经济的发展取决于员工的教育和技能水平，以及工商界的活力和商业敏锐度。工业革命在德国开始的时间比在英国要晚一些，但是到19世纪末时，德国的工业生产能力已经超过了英国。德国是在大型制造商和被称为中产阶层的家族制中小型企业联合的基础上发展起来的。大型制造商中有许多是全球标志性企业（比如西门子、博世、梅赛德斯·奔驰、蒂森克虏伯），已经存在一个多世纪了。中小型企业也能在市场中找到适当的位置，并成功地利用它们。这种结合仍然是当今德国经济的重要特征。

德国成功的另一个要素是对技术技能培训的投入，这同时包括了对车间工人和高级管理人员两方面的培训。为了适应日益复杂的设备而培养一批训练有素的年轻工人，一直是德国大型公司对自己的要求之一。与英国同行相比，德国的大型公司已经承担了提供这项服务的部分责任。国家为中学以下的儿童提供良好的教育，在他们16岁时，开始为他们中不准备接受高等教育的人提供独特的工业学徒制教育。年轻的男孩和女孩将接受课堂和实践经验相结合的培训，掌握工程学和其他技术领域的关键技能。

培训由公司自己提供，这些公司承受着政府的压力，每年要提供与申请者数目一样多的此类学徒计划（它们不一定总能做到这点，但是它们承诺自己有责任根据社会市场的条件来做到）。学徒的薪水虽然不高，但在完成学业后，他们几乎可以保证在接受培训的公司中终身工作。许多学徒继续接受由公司支付费用的高等教育，并获得高级管理职位。于尔根·施伦普曾是戴姆勒·奔驰的首席执行官，并且是他那个年代最著名的德国实业家之一，他在公司 43 年的职业生涯就是从在奥芬堡的梅赛德斯工厂当学徒开始的。这一系统不仅确保德国工人技术上的优势，而且还让他们产生并始终保持对雇主的专一和忠诚。

除了这些，德国人长期以来还一直拥有勤奋工作的美德。不能轻率地把这一美德概括为民族特征，德国报刊上经常有滑雪者请病假的故事，就像在英国一样。但是在德国，从来没有出现过像 20 世纪 70 年代英国“星期五汽车”[①] 或英国印刷业由于工会组织的罢工而关闭工厂的现象。英国印刷业工会组织的罢工一直持续到 20 世纪 80 年代，直到传媒大亨鲁伯特·默多克挫败了这些活动后才停止。拥有努力且高效工作的意愿，一直是德国工人的特征。

受过训练的不仅是德国的工人，他们的经理也是如此。总的来说，大型德国公司都是由了解本公司技术的人来经营的。当然，他们中也有会计师或市场营销专家那样的高级职员，但是当需要任命首席执行官时，通常不会在这些人中寻找人选，而是在具备生产或质量控制经验的人中选择。

我曾与宝马公司的首席执行官及他的团队成员在宝马的慕尼黑总部共进午餐，我们讨论了公司高层管理者的组成。在场的 11 名成员中，有 7 名拥有机械工程博士学位，还有 3 名是慕尼黑工业大学的兼

① 星期五汽车：指的是 20 世纪 70 年代在英国流行的一种说法，汽车厂的工人在接近周末时失去了工作的兴致，从而导致生产出来的汽车质量很差。——译者注

职副教授。我对这个团队的印象是“如果你想经营宝马，你就必须有能力自己组装一辆汽车”。我怀疑英国是否有制造公司拥有如此高专业水平的高级管理团队。

这些公司的总部位于其主要生产中心：沃尔夫斯堡的大众汽车、斯图加特的梅赛德斯和博世、慕尼黑的西门子和宝马、埃森的蒂森克虏伯。它们的首席执行官和高级管理人员都在生产中心的所在地，与许多法国或英国同僚们不同，他们不待在首都的总裁行政区里。

令人好奇的是，对于一个拥有如此众多成功大型企业的国家而言，德国没有一所国际知名的商学院，在德国也很少有高级管理人员就读于商学院。其原因可能部分是过去德国大学教育的时间过长，人们往往要到 27 岁左右才毕业。在此基础上，再读几年 MBA 的计划几乎无法吸引任何人。但更主要的原因是德国的传统更珍视特定工业领域的知识，而不是通用的管理技能。

在德国知名公司工作的人都是德国的精英。德国年轻大学毕业生中最聪明、最优秀的人所渴望的是在大众汽车公司这样的公司中任职，而不是当公务员或担任律师、银行家。在德国，从未有过在英国牛津大学和剑桥大学出身的人中曾普遍存在的对制造业或私营企业不屑一顾的轻蔑态度。恰恰相反，德国制造业的高管是受人尊敬的公众人物，他们是宇宙的主人，就像汤姆·汉克斯主演的电影《虚荣的篝火》（*The Bonfine of the Vanities*）中的债券交易商一样。

他们获得了应得的地位，但是一旦进入这些知名公司以后，他们的世界就是封闭且单一的。德国没有在法国和美国常见的公共部门和私营部门人员互换的传统，也没有像法国国家行政管理局那样能够为政府官员和工业管理人员提供共同教育平台的机构，也不像英国有由已退休的大臣或公务员组成的公司董事会。

德国大公司有国际化的视野，其高级管理人员通常都有在国外工作的经验。他们都能说一口流利的英语，并能很轻松地用英语主持会议。但是在德国的制造公司中，除了偶尔有一两个奥地利人或瑞士人，可能没有非德国人主持公司业务或者担任高级管理人员。德国公司在其他国家的子公司，通常也都由德国人来领导。

对技能和培训的重视是德国工业的特征之一。另一个特征是对“共同决定”的实践，包括微观层面和宏观层面。

在微观层面上，法律要求德国公司在每个单独的生产场所中建立一个劳动委员会。这个委员会被当作一个论坛，由工人和管理层代表共同决定与当地劳工雇用有关的问题。

在宏观层面上，德国公司由两个董事会管理：一个是由高级经理组成，由首席执行官担任主席的执行理事会，负责公司的日常业务；另一个是董事会，负责做出重大的战略决策并任命执行理事会成员。董事会由员工代表和股东代表平等组成，并由有投票权的股东代表主持。员工代表是公司自己的工作委员会成员和大型工会的全国性高级官员的混合体。股东代表可以是拥有或持有公司大量股权的个人，也可以是具有相关业务或专业知识的局外人。

直到最近，它还是一个近亲繁殖的系统，在不同的场合中会出现相同的名字。例如，格哈德·克罗姆曾同时担任西门子公司和蒂森克虏伯公司的董事会主席，并且是德国最大的保险公司安联、德国最大的报纸发行商阿克塞尔·施普林格、国家航空公司汉莎航空，以及最大的能源公司意昂集团的董事会成员。强大的德国金属产业工会主席贝特霍尔德·胡伯曾担任西门子和大众汽车公司的副董事长。

现在，董事会成员的重叠程度比以前有所降低，股东的组成也更加多样化了，外国人的名字和女性的名字偶尔也会出现。但这仍然是一个相当封闭的世界，董事会主席很多是相关公司的前首席执行官。在更换董事会其他成员时，他们自然而然地转向像自己的人。

“共同决定”在德国很流行，甚至雇主组织也支持它。他们认为，这会给所有员工以归属感，并因此希望自己为之工作的企业能繁荣发展。它可以使管理人员更好地利用自己劳动队伍的创造力，并减少罢工或其他形式的产业行动的可能，因为工会参与了决策并了解工资谈判的财务背景。

我曾经去巴伐利亚的一家汽车厂，当时那里刚刚安装了一条新的生产线，一切似乎都自动化了，机器人忙着干它们的活，整个场地整洁得一尘不染，而汽车则不停地在生产线上被轻松组装完成。我对向我展示生产车间的经理表示钦佩，并评论说大概由于对所有这些技术的投资，该公司才能保持竞争优势。令我惊讶的是，他不认为这是关键因素。他说，欧洲乃至世界所有汽车制造厂现在看起来都非常相似，重要的是能够激励员工更有效地操作生产线。为此，他依靠工人们自己提出的想法，而“共同决定”给了他们这样去做的动力和机会。

这是一个行之有效的劳动力市场模型，事实证明它比批评者们的预期更具活力。在 20 世纪 90 年代末和 21 世纪初，它似乎已经成了过时的产物，并且受到太多利益冲突的影响而无法继续存在下去。一个典型的例子是在 2003 年，新成立的威尔第工会（由 3 个公共部门的工会合并而成）要求在汉莎航空工作的会员举行罢工，以抗议公司尝试引入改变部分职员雇用条款的做法。管理层认为，为了应对日益激烈的竞争，特别是来自低成本航空公司的竞争，他们需要在员工成本方面具有更大的灵活性。没有这种灵活性，公司的长期利益将受到严重损害。威尔第工会反对公司的意图，并要求工会成员举行罢工。但是与此同时，威尔第工会的全国委员会主席仍然坐在汉莎航空的董事会里。

一个对公司负有信托责任的机构组织罢工的想法，很难与英国或美国的公司治理模式相协调，在德国则不会被认为有什么反常。这是因为“共同决定”基于这样的理念：即公司的存在不仅仅是为股东谋求利益，它还必须考虑公司员工的利益。

但是，这并没有代表所有人的利益。大多数德国大公司在世界各地都设有生产工厂，例如，西门子 2/3 的员工都在德国以外的地方工作，但是其董事会里的员工代表全部是德国人。假如董事会关注的问题是在哪个工厂生产新型的汽车或安装新的设施，就几乎不可能产生客观的决策。当然，这也造成了欧盟内部同一企业中的德国员工和非德国员工的分歧。为什么当理事会选择在不来梅或在布拉迪斯拉发进行投资时，不来梅的工人有发言权，而布拉迪斯拉发的工人却没有发言权？

德国公司在英国做出的两项投资决定就充分说明了这一点。西门子于 1997 年在英格兰东北部开设了一家计算机芯片制造厂。那是一个崭新的、先进的工厂，坐落在一片绿草地上。英国的部长们对此啧啧称赞，它象征着英国开放商业应该吸引来的那种外国投资。工厂员工的生产效率很高，生产出来的产品质量也没有问题。但是不到两年它就关闭了，因为西门子得出的结论是，经济现实说明，来自低成本的亚洲制造商的竞争让该工厂永远没有生存机会。同样，宝马在 2000 年卖掉了 6 年前收购的汽车制造商罗孚。罗孚正在大出血，而宝马的董事会决定除了其 Mini 品牌外（他们保留了那个品牌并使它繁荣起来），他们要摆脱罗孚以便制止亏损。

这两项决定都有正当的商业原因，但这些决定是快速做出的，没有与相关工人进行任何协商。如果被关闭的工厂设在德国，情况将会大为不同。因为根据德国的雇佣法，公司在裁员上的支出比英国的要高得多，所以关闭工厂的经济理由可能就不会那么令人信服。即使管理层赞成关闭或出售工厂，它也必须接受理事会决定的有关条款，而理事会中有一半成员是工会会员。

令人疑惑的是，根据德国《共同决定法》，不同国籍的欧盟工人受到不同待遇，并未引起欧盟委员会和欧洲法院的注意。从表面上看，它不符合欧盟的原则。欧盟委员会过去曾做过准备，以反对德国传统工业的一些做法，例如纯净法。那是一项贸易保护主义法律，禁止不符合德国啤酒生产规定的外国啤酒品牌进入德国。

也许，可以针对理事会的组成提出质询，来挑战德国公司治理的基本原则，但那样做肯定会在德国引起极大争议。尽管自称对欧洲单一市场的理想作出了承诺，但历届德国政府始终拒绝改变本国的就业法规。提出《欧洲公司规约》的目的，原是让在多个成员国中经营的公司可以选择单一的公司标识。在欧盟立法机构中讨论规约构想时，承受着来自国内工会运动巨大压力的德国政府拼死抗争，以确保这一规约不会将任何一家德国公司变为欧洲公司，从而逃脱德国《共同决定法》的约束。

3. 盛产“百年老店”的德国

多数德国大型工业公司起初都是家族企业，但到今天，没有一家企业仍然是家族企业，虽然罗伯特·博世的后代仍然拥有公司的股份。博世公司于 1886 年成立，当时只是一家小型的电气车间，如今已是家用电器的主要生产商。匡特家族和大众汽车的皮耶希 / 保时捷家族一样，拥有汽车制造商宝马的很大份额。但是，德国工业界的名牌如今都已成为上市公司，就像世界上任何一家公司一样，受到越来越多准备充分的股东在理事会上行使权利的要求。过去，它们的许多大股东是德国银行，这些银行将自己视为长期投资者，愿意长期关注它们的利益。它们并没有被股价的日常波动所困扰，并且对未来10年而不是未来1年的发展更感兴趣。

近年来这种情况有所改变。银行自身也受到国际竞争的压力，要求为股东提供更多的价值，而在2003年引入的《资产处置征税法》的变化，使银行摆脱表现不佳股份的成本降低了。人们期望银行促进并购，成为私营公司中长期占主导部分股份的所有者。随着德国大型公司的股东基础分布越来越广泛，且国际化程度越来越高，它们似乎更容易受到短期压力的影响。

事实上，这些变化并没有像一些评论家所预计的那样剧烈。一些德国大公司发现其他机构投资者正准备采取寻求长远回报的策略，例如大众汽车最大的单一股东卡塔尔主权财富基金。其他公司则根据需求或潜在需求进行了调整，以通过处置效率较低的分支机构来提高股价表现（通常情况下不会是位于德国的分支机构）。宝马摆脱了罗孚，戴姆勒－奔驰出售了克莱斯勒和三菱。在每种情况下，公司都承受了巨大的损失，抛弃了扩张公司的梦想。但是它们的核心业务仍然完好无损，并且保持了自己的独立性。

与英国的公司不同，德国上市公司的经理们并不惧怕恶意收购。这不仅是因为他们享有特殊的法律保护（尽管大众汽车需要通过下萨克森州政府的土地黄金份额来做到这一点），而且因为公司理事会基本不可能提出这样的建议——要获得股东的支持来反对理事会的建议是极为困难的。最近，在德国只有一次恶意收购获得成功，那就是沃达丰在2000年对曼内斯曼的收购。

这次收购是在极不寻常的情况下发生的。按照德国的标准，曼内斯曼的股东非常分散，且业务已经从传统的制造工业扩展到了电信领域。20 世纪 90 年代后期，欧洲电信领域掀起了一波合并、兼并、收购和出售的浪潮。已经拥有德国 D2 移动电话网络的曼内斯曼通过收购英国沃达丰的直接竞争对手奥兰治而受益。

对于沃达丰而言，占有曼内斯曼的 D2 网络是唯一现实可行的进入德国市场的机会，它愿意为收购该公司付出高昂的代价。沃达丰当时的首席执行官、全球最熟练的交易制定者之一克里斯·根特提出了一揽子方案，而曼内斯曼的股东们，尤其是总部位于香港的和记黄埔，最终难以拒绝这些方案。

这项收购在德国引起了巨大争议，在当时数周时间里占据了经济和商业新闻中的大部分位置。对于许多人来说，曼内斯曼成立于 1890 年，是德国工业界的著名公司之一。而沃达丰是一家来自英国纽伯里的名不见经传的新贵，它可以收购像曼内斯曼那样的公司，不仅令人难以置信，某种程度上也为道义所不容。有人呼吁减少股东的权利，以免股东们违背公司管理层的建议，也有人要求政府以某种方式进行干预以确保曼内斯曼留在德国人的手中。甚至连联邦总理格哈德·施罗德最初也反对这项交易。他担任下萨克森州的州长时，还是大众汽车理事会的成员。大众汽车收购英国汽车制造业的两个标志性品牌劳斯莱斯和宾利时，他并没有感到有什么不妥。

施罗德对曼内斯曼的干预，是他极少的几次在政治本能上出错的情况之一。德国商业界知名人士都没有参加反对这项交易的运动。当被问及对交易的意见时，他们说，那将由曼内斯曼股东做决定，政府应该避免参与其中。在总体上，商业新闻的社论也遵循了这一思路。相比之下，德国的大企业可能对股东价值的短期利益不太感兴趣，对政府干预则很敏感。

在德国，能从19世纪持续经营至21世纪的，不仅有知名的制造业品牌，还有数量惊人的中小型公司。它们之所以能够繁荣发展，是因为与大公司一样，通过专注技术创新并为其产品寻找全球市场。

它们中的许多品牌仍然是家族拥有和家庭经营的。在德国，一家公司追溯四到五代相同的名字，并不罕见。所有权处置模式曾经在英国很普遍，即由祖父建立成功的公司，由儿子聘任经理并以红利为生，最后由孙子出售其所有权，德国人就很少采用这一方式。当然会有合并和收购，但是大多数德国中小型公司都以其独立性和历史为荣。它们的所有者希望扩展业务并将其更好地传承给下一代，而不是只为自己获取资本价值。

我曾经在一次晚餐时坐在一个自称是德国中小型工程公司经理的人旁边，了解到那家公司的营业额超过10亿英镑，拥有约10000名员工，并且制造从钟表到导弹等一系列产品。我问他对当时很流行的“股东价值”这个概念怎么看。他回答说：“我们都赞赏股东价值。”“我们定期召开股东大会，每个月我的兄弟和我会带父亲出去一起吃午餐。”我评论说这听起来很不寻常，我的印象是大多数中小型公司都需要与一家银行建立长期的关系，而那家银行将以借贷资金来换取股权。他反问道：“我们为什么需要借钱？”“在我们公司120年的历史中，我们从未借过一分钱，我们所有的投资都来自保留的利润。”

我继续询问他们家族的继任计划。经过四代家族式的管理，接下来会发生什么呢？他回答说这取决于能力。如果家里有人能胜任这份工作，那就很好。但是如果没有那样的人，他们将会不情愿地任命一个局外人。后来发现，他的儿子已经在德国大学获得了工程学博士学位，目前正在美国沃顿商学院攻读MBA。听起来好像这个家族还将继续对该公司负责。

我晚餐同伴的公司可能是一个例外。像大型企业一样，过去大多数中小型企业也从与当地银行的密切关系中受益。但是对于它们中的许多人来说，这家银行必须是公共银行而不是私营银行。德国大多数州都建有自己的州管银行，其原始功能是为本地的中小型公司提供支持。随着时间的流逝，这些银行的业务不断扩展，已与商业银行没有区别。一些州管银行成了 2008 年银行业危机的受害者，在针对美国房地产市场的经营活动中，暴露出与私营银行同行们相同的不负责任，但它们仍然履行其作为本地公司贷款人的基本职能。你很少会听到德国的小公司抱怨很难获得资本。

小公司们也不期待政府会帮助它们找到市场。德国政府没有负责促进出口的部门，德国驻国外使馆也没有商业部门（日本也是如此）。所有德国公司都是其本地商会的成员，德国商会协会在世界各地设有办事处，以向德国公司提供信息和建议。协会服务是由会员付费来支撑的，效率非常高。

中小型公司还是工业展览会的热情参与者，它们通过展览会跟踪各领域的技术发展，并与潜在客户保持联系。对它们来说幸运的是，许多顶级博览会都在德国举行。德国的每个大城市都有自己的商业展览中心，其中大部分是市政府部分或全部拥有的。它们的规模使英国所有的展览馆都相形见绌（伯明翰的国家展览中心是英国最大的商业展览空间，比在德国排名前五位的展览中心都要小）。在许多工业领域，每年一次或两年一次举行的德国博览会是同类活动中规模最大且最负盛名的国际盛会：法兰克福车展和书展、汉诺威的 CeBIT 博览会[①]，甚至纽伦堡的玩具博览会（德国是世界上最著名的泰迪熊生产

① CeBIT：消费电子、信息及通信博览会。——编者注

商 Steiff 的所在地）。在这些展览会上，来自世界各地的制造商、设计师、进口商和批发商汇聚一堂，大大小小的德国公司有很多。

德国经济并不仅仅限于商品制造。SAP（思爱普）是世界上最大的商业管理软件生产商，它是德国的。最大的英语书籍出版商之一贝塔斯曼和世界领先的保险公司之一安联也是德国的。世界第二大连锁超市（仅次于沃尔玛）是德国的阿尔迪。

尽管如此，德国成功的基础仍然是实体产品而不是服务。德国公司在创意产业中实力较弱。近年来德国拍了很多好电影。在柏林郊外的巴伯斯贝格有一家电影制片厂，它拍摄电影历史悠久而且口碑很好。但是德国电视的质量一般，广告的水平也很差。德意志民族的刻板形象——纪律严明、高效但缺乏想象力——在现代的德国经济结构中发出了一些回声。然而，德国经济具有高度的弹性，并且显示出了出色的适应能力。

4．从灰烬中站起来，然后走出去

现代德国是从第二次世界大战的灰烬中建设起来的。1945 年是“归零”的时刻，德国当时处于外国占领之下，整个国家的身心完全崩溃。作为最强大的占领国，美国人曾考虑实施“摩根索计划”。而根据那个计划，德国将被剥夺所有工业设施，沦为乡村农业生产者。但那没有发生，主要是因为美国人担心太弱的德国将会受到苏联的影响。取而代之的是不仅允许，而且鼓励德国人重建城市和工厂，德国人坚韧不拔地做到了这一点。

德国妇女在德国重建中发挥了关键的作用。1945 年后，德国的男性劳动力严重短缺。战争中有 500 万人丧生，有 300 万人仍是战俘，主要被关押在苏联。因此，所谓的“残骸妇女”承担了重建的责任。她们必须清理瓦砾，充当劳动力来重建被破坏的城市。

当儿童慢慢长大而战俘逐渐回国后，人口分布也变得正常了，德国劳动大军的人口结构更加均衡。返回德国的囚犯们没有太多地谈论战争，既没有谈论他们在苏联战俘营中的经历，也没有谈论他们对曾被征服、虐待和杀害的平民百姓干了些什么。

20 世纪 50 年代和 60 年代之后，在德国西部出现了所谓的经济奇迹。德国重新获得了欧洲领先的工业经济地位，德国人民开始享受由此带来的繁荣。与西欧大部分其他地区一样，德国也从“马歇尔计划”的援助中受益。在 20 世纪 40 年代后期，这对启动国家复苏进程非常重要。但是随后几十年的经济奇迹是德国人通过自己的努力实现的。可以理解的是，他们为自己感到骄傲，即便公开炫耀胜利并不是他们的风格。然而这也让他们对欧洲其他国家提出的，为使欧盟成功发展，德国应当与它们共享资源的主张产生了疑虑。那些国家的公民们似乎并不像德国人一样愿意辛勤工作，所以，德国人特别不愿把钱交给他们。

1945 年之后的重建是一次成功的尝试。在那以后，德国人还曾面临并克服了另外两次重大的经济挑战：1990 年实现统一，之后在大约 10 年的时间里失去国际竞争力。

德国的统一，对现代世界任何政府来说都是最困难的政治、经济和社会工程。它要求民主德国和联邦德国的政治领导人都具有勇气和想象力，并要求联邦德国的人们为团结和牺牲作出巨大的承诺，这是一个没有事先计划而发生的事件。德国的分裂似乎会永久持续下去，有些人期望或至少希望民主德国的生活条件有所改善，旅行、沟通和联系更方便。但是没有人想到德意志民主共和国会真正消失。

直到 1989 年，德国的统一都还只是纸上谈兵。当时如果在民主德国谈论这件事，意味着将被投入监狱。在联邦德国谈论这件事，最好情况是被视为缺乏政治头脑的现实主义，最糟的情况，是被视为右翼复仇主义。因此，德国人没有为统一进行过任何实质上的准备（有传言说，在德意志联邦共和国成立初期，负责分配车牌的办公室里有人保留了 L 和 P 两个字母，以便将来有一天可以用于莱比锡和波茨坦的车牌，其他所有单个字母都用于联邦德国各个城市的车牌上了。当然，这只是一个传说）。鉴于历史上德国人一直以其高质量的规划闻名于世，而不是即兴创作，这使得不期而至的统一成了一个巨大的挑战。

前联邦德国的公务员被要求自愿帮助在东部建立新机构，我的一位前同事就有这样的经历。她告诉我她到了波茨坦附近一座沉闷、冰冷的临时小楼，目标是从零开始为新勃兰登堡州建立省级税务机关（在此之前民主德国尚无此类机构）。那座临时小楼里没有暖气，没有人们收入或经济活动的记录，没有专业知识，也没有数据，闷闷不乐的原工作人员都以为他们将被解雇。然而在短短几年之后，新的税务系统就开始运行了。

统一不是合并，更不是平等地合并，这是一项商定的收购。德意志民主共和国投票决定解散自己，加入德意志联邦共和国。德意志联邦共和国扩大了规模，获得了六个新的州。联邦德国的机构保持不变，但民主德国的那些机构都消失了。没有任何民主德国的东西被作为共同遗产的一部分而保留下来。没有对成就的纪念，没有对个性的尊敬，没有对传统的维护，就好像那个国家从未存在过一样。

总体上看，德国的统一不是一个巨大的成功。拥有 6,000 万人口的繁荣的市场经济社会，几乎在一夜之间吸收了处于衰败和士气低落的计划经济下的2000万公民，并让他们享有了相同的经济和社会权利。1990年11月之后的德国，仍然是一个自由、宽容、实行市场经济制度的民主国家。一些像玛格丽特·撒切尔那样的人曾担心，统一后的德国会以某种方式脱离西方世界及其机构，并容易受到右翼极端主义的影响。但事实证明，他们错了（是英国，而不是德国，在2009年选了两个法西斯党派成员进入了欧洲议会）。

统一的政治成功是在付出了经济和社会的代价后才取得的。让民主德国的工业在一夜之间以联邦德国马克对民主德国马克1∶1汇率的状态暴露在西方市场力量前的决定，给前民主德国的企业带来了灾难性的后果，许多公司都破产了。为了与西方同行竞争，所有前民主德国的企业都大量裁员。在20世纪90年代初一个寒冷的日子里，被称为民主德国技术王冠上珠宝的卡尔·蔡司公司解雇了18000名工人，这可能是世界历史上最大的一次裁员。到1997年时，民主德国失去了70%在1990年前所具有的工业产能。

人们对于经济转型是否可以做得更好，或者至少以更人道的方式进行的意见不一。坚持按1∶1的比率进行兑换的依据，正如民主德国人所说的那样："要么联邦德国的马克到我们这儿来，要么我们到联邦德国去。"他们认为如果民主德国人没有在民主德国获得同等的消费能力，他们就将向西迁移，并作为德国公民在原德意志联邦共和国的地盘上领取社会保障福利。

批评者们认为，尽管可能会发生那样的迁移，但最好还是让民主德国经济体获得像波兰、捷克共和国和匈牙利所享有的那种货币竞争力，或至少应该给民主德国工业更大的自由来与其较低的工资水平竞争（民主德国地区的工资一直比西方低一些，劳动力市场也具有更大的灵活性，尽管差异相对较小）。

统一带来的调整让前民主德国公民承受了巨大的痛苦，联邦德国的同胞们也做出了巨大的牺牲。1990年后的20年间，联邦德国人必须为其收入缴纳特别的团结税，以应付重建前民主德国及社会保障的支出。他们在那样做的同时会偶尔抱怨一下民主德国人的无礼和懒惰，就像民主德国人会抱怨联邦德国人的傲慢与居高临下一样。但是总的来说，联邦德国人是愿意付出的。毕竟，他们同属于一个民族。

统一的经验，通常称为“转折点”，对德国产生了巨大的心理影响。对民主德国人来说，这意味着自由，但对1990年时已步入中年的许多人来说，这也意味着他们将被排除在就业市场之外，抛弃以前所有的国家归属感。而对联邦德国人来说，这意味着经济上的牺牲，但同时也是值得骄傲的事情。人们感到德国终于又再次成为一个完整和正常的国家了。正如威利·勃兰特所说的那样：“曾经共同拥有的东西，现在将一起成长壮大了。”

这对德国人对欧元的态度也产生了至关重要的影响。前民主德国暴露在强势货币前时，不得不承受随之而来的竞争力下降，痛苦至少持续了10年才慢慢消退下去，但那就是民主德国人想要的。就像欧元一样，统一是一项政治行动，需要付出高昂的经济代价。如果民主德国人能够承受那样的痛苦，那么在德国人眼中，希腊人、爱尔兰人和葡萄牙人也应该主动并有意识地选择放弃他们旧日的货币。

当然也可以这么说，正是由于他们拥有统一的经验，并为使国家能正常运转而必须在国内大规模地转移资源，德国人在允许那么多相对较弱的南欧经济体在1999年加入欧盟时应该更加谨慎。许多德国人会同意这样的看法并批评自己的政府，因为政府没有事先指出这方面的风险。德国对单一货币政策的主旨是不应该试图建立“资源转移联盟”，但这是从德国统一经验中延伸出来的模式，德国人愿意为自己的同胞做出经济方面的牺牲。然而对外国人，他们不可能这样做。

5. 德国需要来一次“震动”

与第二次世界大战后的复苏或实现统一相比，德国经济所表现出来的内在弹性远没有那么引人注目，但对维持德国在欧洲的主导地位，以及影响德国对欧元的态度仍然是很重要的。在 20 世纪 90 年代末时，德国经济似乎陷入低迷。它的增长速度放慢了（有几年甚至低于英国的水平），失业人数上升到 480 万（占整个劳动力数量的 9.4%），德国似乎正在努力应对新出现的全球化现象。“欧洲病夫”一词被到处滥用，只是这次针对的是德国，而不是英国。

经济开始低迷时，恰逢赫尔穆特·科尔 18 年总理任期结束。赫尔穆特·科尔是德国和欧洲历史上的一个显赫人物，他曾勇敢地面对德国统一的政治挑战，却从未对经济学表现出太大的兴趣。他曾预言联邦德国吸收民主德国是简单的事，整个国家很快就会景色如画，这显然是过于乐观了。1997—1998 年，德国的权威人士已经普遍认识到，要让德国保持国际竞争力，就需要进行根本性的改变。当时的总统罗曼·赫尔佐格在 1997 年发表的演讲（发表演讲几乎是德国总统能做的一切）中表达了这样的看法，它激起了民众的普遍情绪，都认为德国需要来一次“震动”。

人们对德国明显衰落的原因达成了广泛共识：那是德国统一的代价；前民主德国工业界灾难性的状况；工资水平过高，工资谈判的安排缺乏灵活性；雇主必须承担的非工资成本负担沉重；裁员困难且费用高昂，致使雇主不愿招聘新的员工；官僚主义和过度监管对企业的遏制；拒绝鼓励发展低工资的部门以帮助创造服务业的就业机会。问题在于总理赫尔穆特·科尔无法或不愿去说服德国的蓝领工人和工会进行改变。

科尔的继任者格哈德·施罗德为此做了努力，他对社会市场发布了他称之为“新中心”的愿景，曾在一段时期内与托尼·布莱尔提出的“第三条道路”并驾齐驱。他的基本哲学思维是，国家的作用是充当蹦床，以帮助失去工作的人重新起床，而不是让他们舒适地躺在床上。他成立了一个委员会，由大众汽车人事总监彼得·哈茨担任主席，专门审查劳动力市场的运作情况。

哈茨在大众工作期间就与工会保持着良好的关系（实际上，他们之间的关系好得过了头，因为后来他不得不由于在大众汽车理事会临时会议时提供巴西应召女郎的丑闻而被迫辞职），他成功地让工会接受了施罗德的想法。他的委员会所提议的改革得到了施罗德政府的支持，并在 2001—2005 年分四个阶段在联邦议院中被逐一通过。

这些改革并未质疑德国社会市场模型的基本原理，但为小型企业和初创企业引入了更大的灵活性，简化了福利待遇并使之合理化，还对它们的支付提出了更为严格的条件。在委员会开展工作的同时，哈茨成功地让大众汽车工会接受了一些设立兼职和临时合同工的措施。由于大众汽车是整个德国汽车行业的领头羊，因此这些变化对鼓励其他地方实行类似的灵活性措施，具有相当大的影响力。

施罗德为推动劳动力市场改革而做出的努力，从未在德国内外获得应有的荣誉，实际上其中许多措施直到他 2005 年卸任后才真正生效。而到了那时，由于为俄国的弗拉基米尔·普京进行辩护，他的声誉受到了伤害，他还被认为即将出任由俄罗斯天然气工业股份公司主导的财团主席，该财团将负责建设从俄罗斯经过波罗的海国家连接德国的天然气管道。但是，正如他的政府表现出的政治勇气让德国军队参与了北约在科索沃和阿富汗的行动（大多数观察家以前都认为这是完全不可想象的，在执行过程中也引发了联邦议院的信任投票），他个人也表现出了政治勇气，在使德国社会模式现代化的过程中对变革做出了决定性的承诺。

无论如何，与英国相比，德国在其经济的许多领域仍然具有更为慷慨的社会供给标准和更高水平的监管措施。公众的情绪偏向于保全现有工作，而不是更灵活地创造新的工作机会。但是，包括德国工会在内的德国人并没有直接反对变革。他们愿意接受能满足他们需求的改革，并为自己谈判商定了改革的方案。毫不奇怪，他们无法接受为什么在某些情况下享有更舒适社会福利的希腊人和意大利人不应该同样这么做。

6. 通货膨胀就是邪恶

以技术为基础的出口是德国经济成功的关键因素之一，健全的公共财政是另一个因素。这意味着健康、平衡的贸易顺差，经常收支账户的赤字较小，借款水平较低，稳定的增长，最重要的是低通货膨胀。几乎所有德国政治家都同意，这些应该是经济政策的目标。总的来说，在过去的 50 年里，大多数德国政府都实现了这些目标，或者至少比其他欧洲国家更胜一筹。

它们能这样做的部分原因是经过深思熟虑的政策选择，部分原因是遵循公共行为方式的结果。直到 1999 年为止，联邦银行一直采取行动将通货膨胀率保持在较低水平。在德国政府的坚持下，联邦银行的首要任务就是将通货膨胀率作为绝对优先的考虑事项，然后才是欧洲中央银行的行情及其职权范围。值得注意的是，欧洲中央银行董事会中的德国成员和该银行来自德国的常任官员，对欧洲央行抗通胀使命的解释是最为严格的，而对任何在他们看来可能会对政策措施造成曲解的主张，态度也最为强硬。

评论家们有时会断言，德国人对通货膨胀的厌恶可以追溯到20世纪20年代魏玛共和国的经历，以及民众对百万马克钞票每小时价格都在变化的记忆，这么说是有道理的。但是对于现代的德国人来说，影响更大的可能是1945—1948年（那一年货币改革引入了德国马克）。无论如何，不仅仅是老年人对历史的回忆，“通货膨胀就是邪恶”的观念已牢固地根植于德国民众的思想之中。

德国人也不愿向人借钱，他们是热情的消费者，但只做到力所能及，他们不习惯承担大量的个人债务。信用卡进入德国已经较晚了，直到今天，现金仍被大量用于各种交易。有关基民盟中政党资金的丑闻使安格拉·默克尔于2002年出任党首，丑闻涉及递交装满欧元的棕色信封而不是写几张支票。德国人不愿意分期付款，或者说从来没有使用过分期付款协议——那是英国商业行为的特征。

信贷的广告很少。德国住户不会被催促他们申办新信用卡的信件轰炸，德国的广告牌上没有贷款计划。这并不是因为有针对它们的法规，相反，这似乎反映了金融机构和客户之间的一种共同感觉，即广告牌不应该是发挥广告不光彩手艺的地方。

英国《金融时报》的一名记者在21世纪初被派往柏林，至今还记得他从德国银行获得信用卡的经历。银行在核查了他是否有固定收入来源后给他发了一张信用卡，他强调说，他不想要一张会让他陷入债务的卡，他想要一张通过每月直接借记付款来支付所有支出的卡。银行的回应是：“这没有问题，因为这是我们提供的唯一的信用卡。”

许多德国人也没有高额的贷款。拥有住房而不是租房的人口比例远低于英国，购房人的初衷往往是能够方便自由地进行装饰或改造房屋，而不是期望获得资本利润。从历史上看，德国的房屋价格一直是相对稳定的，相比租房，购房通常不会获得明显的财务收益。购房者的贷款一般只需要大约 10 年左右就能还清。

多年以来，德国法律对商店营业时间的严厉管制也阻止了任何过度消费的倾向。直到 20 世纪 90 年代后期之前，德国的商店在工作日的关门时间为傍晚 6 点，在星期六的关门时间为中午 12 点。星期日时，面包房可以在早上开放一段时间，人们可以在火车站或加油站购买食物和酒类，但出售其他所有物品的商店，包括花卉植物和花园用品的商店都关闭了。

还有其他多种限制，例如阻挠工厂直销店的开设，理由可能是带有歧视色彩的区域性规划法律，或宣称消费者会感到“困惑”，因为他们不知道自己得到的是不是上一年的产品。同样，消费者可能会感到“困惑”的依据，也被用来阻止一家邮购公司在德国开展业务，因为这家公司为其商品提供了无条件退货的政策。政府辩称，尽管这样的政策与德国法律要求的最低标准相比，对客户将更有利，但那仍然是错误的，因为它引入了与政府规定层级不同的消费者保护措施。此外，大促销也只能在一年中的特定时段进行。

尽管周日开放营业仍然是禁忌，但限制已逐渐消失或减弱了。现在，在德国的购物体验，和在其他欧洲国家或地区一样。公众要求变革的压力无疑使边境地区的状况发生了改变，一个非常简单的现实是他们可以跨过边境到另一个国家去购买本国不卖的东西。慢慢地，经济现实逐渐克服了工会和其他团体的抵制。

这可能是更有说服力的一个事实——在长达数年的关于商店营业时间的公开辩论中，完全没有早年在英国进行类似辩论中出现的论点——无论是小店主还是自由主义者，没有人问过这样一个问题：“国家有什么权力在我想从事交易的时候阻止我交易？”这也许是因为诸多德国街角店的老板来自土耳其，他们不愿参加辩论。也许是因为对德国人来说，质疑国家在调节公共行为中的作用是一件不自然的事情。

德国政府认为，德国巨大的贸易顺差余额是德国和其他地方的个人消费者做出选择的结果。从本质上讲，这是对的。如果德国出口成功，那是因为其他国家的客户决定购买德国的产品。如果进口到德国的商品比出口的要少，那是因为德国消费者们更倾向于储蓄而不是消费。

德国模式不可以在整个欧盟或欧元区进行复制，但当德国政府面对周边国家或负债累累的欧洲国家的挑战，需要回答如何去整理那些国家的经济秩序的时候，给出的答复往往会给人以复制德国模式的印象。像英国一样，德国人给出的信息是提高你们自身的竞争力，自己站起来，别指望别人会来救你。

评论家们的回应是，一个国家的盈余就是另一个国家的赤字。从统计上来说，欧盟成员国不可能都有盈余。如果德国想维持其贸易状况的平衡，就需要对给他人造成的后果承担一定的责任。因此，人们经常呼吁德国政府采取某种措施来鼓励从其他欧盟国家进口，或者至少刺激其总体的进口需求。但德国政府一直拒绝这样做，理由就像安格拉·默克尔所说的那样：“德国经济是一个负债过度、人口老龄化、以出口为导向的经济。它不能以牺牲出口为代价来增加消费。”

无论情况如何发展，要看到德国政府采取行动是不容易的。不可能用对德国出口商品征税的方法使它们在其他欧洲国家的竞争力下降。欧洲中央银行负责设定借贷利率并制定货币政策，德国市场是开放的，如果德国消费者在整体上选择购买德国产品，这不是因为人为的贸易壁垒或贸易保护主义措施。向德国出口的非德国公司不会抱怨受到歧视，也不会抱怨难以找到经销店或分销商。相反，它们中的许多人在打入德国市场方面都取得了巨大成功。但就总体而言，德国的出口商们更为成功。

7．德国就是欧洲的榜样

贸易方式的平衡反映了个人的行为，赤字和债务则反映了政府的决策。在这方面，尽管德国的表现仍然比大多数其他欧洲国家都要好，但依然模棱两可，不十分清晰。

1992 年签署的《马斯特里赫特条约》，确立了成为欧洲单一货币经济体成员的基本标准。它的所有成员国都必须有保持低通胀的记录，赤字占国内生产总值的比例不到 3%，国债占国内生产总值的比例不到 60%。这些数字随后被包含在 1997 年达成的《增长与稳定公约》中作为欧元本身的规则，它们反映了德国为放弃马克提出的要求。保持低通胀是德国央行存在的理由，历届德国财政部部长都对债务和赤字水平进行了严格的控制。在建立单一货币的谈判中，德国财政部部长西奥·威格尔坚持应确保欧元可以保持德国马克那种强大且稳定的货币声誉。《增长与稳定公约》在很大程度上是他的创造。

对严格遵守规定的预期从来就没有好过。就赤字而言，1997 年时欧盟的平均数字确实低于 3%，从 1992 年时 5.5%的水平上降低了，但这一目标直到最近才得以实现。德国本身在 1994、1995 和 1996 年的赤字都超过了 3%。而60%的债务标准则从未被认真对待过。引入欧元系统以后，只有少数欧盟国家遵守了规定，德国是其中之一。但是从 2003 年起，德国在之后的每一年都未达到要求。

在《增长与稳定公约》的谈判中，威格尔特别操心的是要确保其中没有关于纾困或通过欧盟预算进一步转移资源的规定，在这方面他很成功。单一货币在创建时，没有对所谓的非对称冲击（一个或多个成员国遭受不影响多数国家的特殊经济困难）的情况做出任何规定。对 20 世纪 80 年代经济学家沃纳和麦克杜格尔报告的分析表明，只有在欧盟中央预算约占欧盟 GDP 的 3%的情况下单一货币才是可行的，但这样的看法完全被忽视了。

威格尔的重大失策在于没有在《增长与稳定公约》中包含任何若有关成员国未能遵守规则应如何处置的内容。当对此提出质疑时，他简单地回答说其他成员国的压力将如此之大，以至于如果某个国家违约的话，那个国家的财政部部长将不敢出现在理事会的同僚面前。欧盟委员会被授权对一个它认为赤字过多的成员国提起诉讼，但程序非常复杂，而那个成员国最终可能要支付的罚款也只是象征性的。

也许威格尔以为，至少在单一货币的开始阶段，所有参与者将是在财务上秉持正直和审慎等传统理念的北欧国家。直到 1998 年欧盟委员会发表报告之前，人们普遍预计欧元区可能仅限于德国、法国、比荷卢经济联盟、奥地利和芬兰等欧盟成员国和组织。但是基于可靠性令人生疑的数字，委员会在报告中建议让意大利、西班牙、葡萄牙和爱尔兰也都具备资格。因此，欧元区于 1999 年成立时有 11 个成员国（一年后，希腊凭借人为操作更为明显的数据被接纳进入欧元区）。本来可以坚持要求缩小欧元区成员国数量的德国选择了冒险。

可以预见的结果是，遵守《增长与稳定公约》的规定，变成了一种愿望，而不是绝对的要求。到 2001 年时，葡萄牙违反了赤字限额，欧盟委员会正式对它提出诉讼。次年，德国和法国也均未遵守规定，欧盟委员会得出的结论是与其执行规定，不如重新对它们进行解释。针对葡萄牙的诉讼被撤销了，关于如何软化规定的讨论开始了。2005 年时，人们同意赤字限额应根据经济周期而不是某一个年度来计算，并且应该对趋势以及绝对值都予以重视（即如果一个国家看上去正走在正确的方向上，它实际上是否达到规定的要求并不重要）。

确实有很好的经济方面的理论以这种方式解释赤字和债务数据，但是历史上的先例却是很糟糕的。德国最初坚持要有严格的规则，然而发现自己无法遵守那些规则，接着就纵容规则改变。当 2005 年德国再次拒绝解决如何处置无法遵守《增长与稳定公约》规定的欧元区成员国的问题时，德国人所做的只是推迟了最后的结算日期。

这当然是事后的评论，直到 2008 年开始出现银行业和欧洲主权债务危机前，欧元似乎一直处于良好状态。欧洲公众热情地接受了它，欧洲中央银行成功地完成了控制通货膨胀的首要任务，而且欧元本身也已经从最初的疲软状态中恢复了过来，成为辅助美元的强有力的国际货币。整个欧盟似乎已进入稳定且可持续增长的良性循环，那些需要借款的成员国在借款时没有遇到任何麻烦。有什么好担心的呢？

尽管严格意义上的解释，德国的行为可能与《增长与稳定公约》的规定不符，但与大多数国家相比，它仍然是一种审慎的模式。自欧元推出以来，德国赤字最糟糕的是 2003 年，当时德国的赤字已微升至 4%以上，其债务峰值也已达到占国内生产总值约 80%的地步。然而它的 AAA 信用评级从未受到过质疑，它为债券支付的利息是欧洲国家中最低的。

在欧洲没有一个经济体可以与之媲美，难怪德国被视为效法的榜样。

8．光我成功还不够，其他人必须失败

德国企业的竞争力体现在它们成功地打入了全球市场，它们既擅长在欧盟外部进行销售，又能在欧盟内部进行销售。但是应该承认欧盟和欧元的存在为德国带来了巨大的利益，并帮助德国增强了它的竞争力。从一开始，欧盟就为德国的工业产品提供了一个庞大的免关税市场，并为德国提供了一定程度的关税保护来应对来自更广阔世界的竞争者。早在签署《罗马条约》的 1957 年，德国公司就对自己有能力超越其他欧洲国家充满了信心。在随后的几十年中，它们一直是那样做的。它们将欧盟国家视为自己的国内市场，而它们的产业发展也蒸蒸日上。

在最初几年国际关税相对较高时，德国得益于欧盟是关税同盟这一事实。因为它意味着德国公司不仅在德国内部，同时在所有其他成员国中都免受欧盟以外（例如美国或日本）竞争的影响。今天，它们不再需要这种保护了，因为后续的历届德国政府一直在促使欧盟在世界贸易组织和双边协议中奉行自由贸易的政策。对于德国来说，初期的欧盟既是内部的机会，也是对外部的防御。

对于欧元来说更是如此，一旦被锁定为单一货币，其他欧元区成员国将不再具有通过本国货币贬值来增强竞争力的能力。它们只有通过提高企业效率和（或）降低工资成本才能得以生存发展。毫不奇怪，对其中一些人来说这是非常困难的。

事实证明，欧元是一种稳定的货币（尽管欧元区内的经济体处于动荡之中，但欧元仍处于稳定状态），而欧洲央行对通货膨胀的控制程度与之前的德国央行是一样的。欧元兑换美元及其他主要货币的价值，在引入后的几年中有所下降，随后又恢复了，尽管未能达到德国马克先前的水平。如果德国保留自己的本国货币，那么马克将升值到一定的程度，以至于德国商品尽管质量很高，但在许多市场看来却变得过于昂贵。瑞士正面临这个问题，但是由于其经济较少依赖制造业，因此它可以应对。对于德国来说，这将成为更大的挑战。

迄今为止，德国是欧元的最大受益者，就像它是欧盟的内部市场一样，这不是一个巧合。德国的政策是确保欧盟和欧元的结构和规则遵循德国的榜样，它成功地做到了这一点。

欧盟的其他成员国赞赏德国的模式，并自愿将德国模式作为欧盟的范本。如果它们不能遵循德国模式所要求的各项原则，那不是德国的错。如果德国的欧盟合作伙伴增加投资、减少消费，给予企业长期融资的机会，鼓励创新并培养技术技能，那么今天的它们可能看上去更像德国。正如芬兰和韩国这样的国家所显示的那样，不需要拥有数百年的工业传统就能成为高效能的现代经济。

同样的道理，如果欧元区所有国家都能按照德国的方式管理公共财政的话，那么它们借贷的需求将会减少，麻烦也会减少。现在它们已别无选择，2012 年 3 月达成的《财政联盟条约》规定，无论各国为公共服务或社会保障体系付出多少成本，它们都必须效法德国。

现有的困境仍然是存在的。德国的经济模式取决于其超越于欧洲合作伙伴的表现，但这反过来也意味着，这些合作伙伴中的许多国家将在单一货币区域内失去竞争力。因此，它们不可避免地要努力维持在德国坚持下所必须遵循的财政原则，并实现它们所需的增长。

因此实际上，德国的立场类似于美国作家戈尔·维达尔关于他自己的文学声誉的评论：“光我取得成功还不够，其他人必须失败。”

第三章　柏林的政治法则

欧盟委员会与德国联邦政府相比，尽管竞争力不及，但在职能上与德国联邦政府相似。欧洲理事会与欧洲议会之间的立法责任划分，正好反映了联邦议院与联邦参议院之间的立法责任划分。欧洲议会在斯特拉斯堡会议厅的外观、程序和操作方法与柏林联邦议院相同。欧洲政治的所有标记、委员会工作的重要性、政治团体的首要地位以及对谈判和妥协的无休止诉求，也恰恰是德国政客在地方和国家政治生活中早已习惯的事情。

1. 消失的普鲁士与德国皇帝们

玛格丽特·撒切尔在1990年10月30日对英国下议院的讲话，导致了当时的英国外交大臣贺维从她的政府内阁中辞职，并最终导致她自己的下台。她在讲话中以“不，不，不”回应了欧盟委员会主席雅克·德洛斯提出的三项建议。那三项建议是，欧洲议会应该是欧洲各国议事的一个民主机构，欧洲委员会应该是其执行机构，而部长级会议应该更像上议院。

这确实是德洛斯对欧洲未来的愿景，但更重要的是，这也是历届德国政府的做法。它恰好与德国自身的治理方式相对应。德国是联邦制国家，宪法和政治运作的联邦性质是德国的主要特征之一。对于不熟悉这一特征的人来说，要理解这一点非常困难。它不仅影响着德国人对自己国家的看法，还影响着他们对欧洲的看法。

之所以产生这样的特征，部分由于历史原因；由于俾斯麦宰相和冯·毛奇元帅的不懈努力，德国才在1871年成为一个国家。在此之前，那里有许多大小不一的王国，王国的居民都说德语，彼此之间也有某种亲戚关系，但他们从未想过应该联合起来成为一个国家。比如生活于1749—1832年之间的最著名的德语作家歌德，会把自己描述成萨克森·魏玛·艾森纳赫的公民。在1871年之前，作为德国人所具有的是一种文化身份，而不是一种政治身份。即使在1871年以后，与法国和英国相比，德国的民族团结意识仍然是相对薄弱的。直到1934年以后，“德国”一词才被用来描述德国护照中的国籍。在此之前，护照持有人通常被称为普鲁士人、巴伐利亚人或撒克逊人等。

结果是许多德国人至今仍对其所在地区以前的政府主权实体——一个王国、王子国家、汉萨同盟城市或其他任何实体保持着亲和力。这种亲和力的程度在各个地区各不相同，汉堡的居民为自己城市的自由贸易和宽容的传统而感到无比自豪，巴伐利亚人则为其独特的历史和更包容的生活态度而感到自豪。

巴伐利亚州的政党也很有特点。基督教民主联盟与另一个大的全国性政党社会民主党不同，它没有提名在巴伐利亚州选举的候选人，而是和政治立场相同的基督教社会联盟结成同盟，而基督教社会联盟是一个纯粹的巴伐利亚政党。在许多问题上，基督教社会联盟有自己的主张，它在社会福利和农业政策这两个方面都极为保守。

令人好奇的是，将现代德国与1871年前德国的政治版图对比，从版图上消失的是其中最大的一块——普鲁士。在18世纪，腓特烈大帝领导下的普鲁士是在欧洲占主导地位的大国之一。尽管它先前曾被拿破仑击败并遭受屈辱，但布吕歇尔带领的普鲁士人在滑铁卢战役中打了胜仗。到19世纪时，普鲁士逐渐恢复了其影响力，先是成立北德联邦，最终通过1871年协议实际上接管了其他的德国州，组成了新的德意志帝国，普鲁士的霍亨索伦国王成了德国皇帝。尽管普鲁士在1871年时拥有60%的新德国人口，但时至今日却没有人自称是普鲁士人。除了因为“普鲁士”这个名字带有的军国主义和霸权主义气息，还因为前普鲁士的大片领土现在已属于波兰和波罗的海诸国，或者像前科尼斯堡那样已属于俄国。这可能反映了这样一个事实——普鲁士本身融合了众多地区的特征，因此很难拥有属于自己的唯一特征。

现在在柏林过着平静隐居生活的霍亨索伦家族成员并不是唯一在世的德国王室，巴伐利亚州的维特尔斯巴赫国王、萨克森州的维丁国王和汉诺威的韦尔夫王子都有后裔，这些后裔不时会出现在德国报纸的八卦专栏上面。从任何政治角度看，他们都已不再是公众人物，但他们的存在却提醒德国人，他们的祖先曾忠诚于一个与现在不同的国家。

所有这些并不意味着德国有任何分裂主义的倾向，或对不同的政治秩序抱有怀旧之情。恰恰相反，德国是当今欧洲所有大国中同质化最强的国家。在大多数德国人看来，统一的奇迹是支配其国家思想的主要因素。他们从历史经验出发，认为适应多重的政治联系并不是什么困难的事，既是巴伐利亚人又是德国人的感觉，比既是德国人又是欧洲人的感觉，更加容易让人接受。

从属于某个地区的关联性，不仅是德国历史的遗物，更重要的是，它们是德国现代治理所倚重的。胜利的西方盟国在第二次世界大战后，着手对它们占领的德国部分进行政治重建时，有意识地鼓励建立权力分散且不以过于强大的中央政府为基础的政治结构。这与直接参与起草新宪法的德国政治家们的本意是吻合的，特别是当时的科隆市长康拉德·阿登纳，他后来成了联邦德国的第一任总理。

结果，1949 年浮现出的德国，曾经是，现在仍然是一个联邦共和国。它的组成实体是州。正是由各州的代表签署并批准了宪法，且根据各州的决定，使德国成了一个主权国家。

“州”一词既有国家的含义，也有州的含义。州的政府结构以及用来描述它们的术语，与主权国家的政府结构相似。每个州都有它的议会，议会成员选出一个由州长领导，并由全体部长组成的州政府。因此，它们类似于苏格兰、威尔士和北爱尔兰的政府，而不是英国郡议会的政府。

最初有 11 个州，但到了 1952 年时，3 个州合并组成了巴登 - 符腾堡州，因此在接下来的 38 年中联邦共和国共有 9 个州。令人惊异的是，作为国家创始州之一的巴伐利亚从未正式批准宪法。为什么会这样？原因一直是隐晦不清的，但似乎也没有带来任何实质上的后果。在德国统一之后，尚不清楚还需要满足什么条件才能说服巴伐利亚改变主意。

民主德国在投票决定将自己并入联邦德国时，必须适应这样的结构。在那个时候，它并没有真正意义上的州议会（1950 年后废除了以前的州议会，取而代之的是较小的地方行政单位，但这些机构没有真正的权力），因此，没有来自民主德国的州政府可以像初始的联邦德国联邦州那样来签署宪法。但是在决定统一之后，创建了 6 个原属于民主德国的州，即勃兰登堡州、梅克伦堡 - 前波美拉尼亚州、萨克森州、萨克森 - 安哈尔特州和图林根州。柏林本身也随之成为一个州，不再是拥有特殊四国控制地位的城市了。德国现在共有 16 个州，宪法本身以及它所规定的治理形式仍然保持不变。

德国宪法（德语为 Grundgesetz，字面翻译为“基本法”）赋予了联邦中央政府某些权力。而没有在宪法中划定的权力，仍属于各州。权力分配的指导原则，是以公民作为个人直接受到影响的程度高低来判定的。例如当问题涉及健康、教育、文化和警务等与公民个人有直接关系的领域时，州政府将享有决定权。而在影响更为间接的地方，例如在外交、国防政策、边界控制、移民以及总体的经济和财政政策方面，则由联邦政府掌握权力。

即使在联邦政府负责的领域内，实际的行政工作通常还是由为州政府工作的官员来决定的。以税收为例，德国有国家征收的个人所得税和其他税种，但没有类似英国那样的国税局（即负责税收的国家机构），取而代之的是由各州征收税款，各州为征收税款拥有自己的税收服务，然后将钱从这些州转移到国库去。联邦财政部有一个很小的税收部门，负责处理政策方面的问题，但没有实际管辖权。

从理论上讲，联邦政府与各州之间的权限划分，应该意味着，立法要么是由联邦议院，即国民议会来实行，要么是由各州在各个州议会中来实行。然而宪法还规定，在联邦一级的决定影响到州的利益，特别是其财务利益的情况下，必须经由联邦州议会来批准有关立法。这对德国政治的运作方式产生了深远的影响。为了使立法生效，在大多数情况下，德国政府不仅需要获得德国联邦议院的批准——按照定义这仅需拥有多数席位——而且需要德国联邦参议院的批准，而它的政治结构与联邦议院可能会有所不同。

2．选票与手腕

德国联邦参议院是一个议会，成员不是由直接选举或接受任命产生的，而是 16 个州政府的代表。各个州决定谁将被派去参加联邦参议院的会议。通常情况下，各州的州长将出席所有重要的会议，但州长们将在负责讨论主题的州政府部长陪同下前往。

每次举行州议院选举时，联邦议院的组成及其政治平衡都会发生变化。各州举行选举的时间不同，但是鉴于有 16 个州，而议会的任期通常为 4 年，因此平均每年会进行 4 次州的选举。

联邦参议院的投票是有权重的。人口最多的州有更多的决定权，而人口较少的州决定权会少一些。但是权重的计算与州的大小并不成比例。权重被划为 4 个等级，最大的州有 6 个投票权，最小的州的投票权是 3 个。因此，拥有 1800 万居民的北莱茵 - 威斯特法伦州有 6 票，而拥有 663000 居民的不来梅州只有 3 票，这是一个奇怪的模型。从逻辑上推理，可能会说要么各州平等，它们应该拥有同等的选票，就像美国不同大小的州都只能选举两名参议员一样。或者所有的公民都应被平等对待，投票权重应直接与人口统计的数字相对应。

但是，大多数德国人对此似乎并无异议。尽管德国有过很多关于宪法问题的争论，但从未争论过是否要改变联邦参议院的投票制度。这也许可以解释，为什么德国从未在欧盟部长理事会中主张直接反映成员国人口规模的投票权重。

为了使法案草案成为法律，必须在德意志联邦参议院总共 69 张选票中获得 35 张赞成票。每个州在任何问题上如何投票都取决于该州政府的决定。如果州政府是不同政党的代表联盟执政（大多数州政府都是联盟执政），组成联盟时各方所签署的协议通常就会规定，联盟成员在联邦参议院投票时，不能达成协议该怎么办。在大多数情况下，这将意味着那个州会弃权。因此，要想在联邦参议院为任何有争议的事做出积极的决定都绝非易事。

正如美国总统自己所属的政党并不经常有好运气让议员占有多数的国会议席，德国也是如此，联邦议院中的多数与联邦参议院中的多数并不属于相同的政党。因此，联邦政府在确保立法通过时经常会面临挑战。有时可能需要玩弄某种政治手段，类似于在美国华盛顿经常发生的政治分肥。

某些总理会比其他人更擅长这一点。2000 年夏天，由格哈德·施罗德领导的联邦政府由于在州选举中的一系列失败，失去了在联邦参议院的多数席位。但是，他致力于通过一项税收改革法案，这是在确保德国公共财政秩序并提高其经济竞争力的痛苦道路上迈出的第一步。主要的反对党基督教民主联盟在联邦议院中反对该法案草案，人们普遍认为，它们在联邦议院中拥有击败该法案的票数，可以阻止该法案成为法律。

但是，在即将举行联邦参议院关键会议的 48 小时内，施罗德给主要摇摆州的选举联盟领导人打了电话，可以说是收买了他们。他只需要获得 3 个或 4 个较小州的支持，而所有那些州都在德国的贫困地区。施罗德通过从联邦预算中为它们原本无法负担的项目提供财政支持——说服了那些小州。要进行表决时，所有 4 个州都对基督教民主联盟的全国领导表示不满，并为那个法案投了赞成票。这让政治评论家们大感惊讶，这确实是一次了不起的、完全合法的政治游戏。

后来我问施罗德，他如何能确定那些小州会投票支持他。他笑着说他是很自信的，他在下萨克森州担任州长期间，就在联邦参议院和那些人相处得很熟了，完全能够理解什么对他们自己的州是最重要的。

这种成功的政治手腕很少见。通常，各州的投票不是根据影响自己州的具体问题来决定的，而是根据组成政府的全国性政党的政治立场而进行的。这通常就可能意味着联邦议院和联邦参议院会陷入僵局。在赫尔穆特·科尔政府的最后几年里，当时在联邦参议院中占有多数席位的社会民主党所领导的各州采取了所谓的“封锁政策”，系统地否决了联邦政府试图对福利州进行改革的所有尝试（公认的尝试性措施）。他们是在社民党的全国领导人，尤其是当时的主席奥斯卡·拉封丹的压力下这样做的。他想将科尔当局描绘成恶毒无能的政府，而社民党则是劳工阶级来之不易的权利捍卫者。这种策略严重损害了德国的长期经济利益，但很可能帮助社民党赢得了 1998 年的联邦议院选举。拉封丹之所以能够在联邦参议院保持与社民党立场一致，很大程度上是因为他曾担任过萨尔州州长，早就是联邦参议院的成员。这反过来也说明了德国政治力量基本盘的真正所在。

3．被拒绝的教育多样化

从理论上讲，德国宪法允许各州存在重大差异，在各自负责的地区，每个州都可以根据自己的选择安排事务并制定政策。但实际上，它们并不那样做。它们几乎都以相同的方式组织行政管理并提供服务。尽管有联邦宪法的规定，德国还是一个非常协调的国家。

甚至在各州权限范围最大的教育领域，各州的差异也是很小的。联邦政府对教育不承担任何责任，德国没有联邦教育部。每个州都可以自由发展自己的教育系统，并有自己的学校和大学的录取安排。

结果是在某一个州很普遍的某些种类的学校，在另一个州却可能很少或根本不存在。例如，巴伐利亚州提倡挑选学业优秀的学生上文理高中（文法学校），而其他州则不那样做。但是各州的学生，处于某个阶段时都将被分为继续接受中等教育的学生和接受高质量职业培训的学生。尽管对学校的描述和使用的术语有所不同，但人们所接受的教育性质大致相同。

这是各州人为选择的结果。它们建立了一个名为“教育和文化部部长会议”的机构，这个常设机构负责协调政策。建立这个议事机构的目的，原本仅仅是为了保证各州教育系统能达到最低限度的兼容性，从而促进学生在一个州与另一个州之间的流动。但实际上，此机构为各州的教育系统带来了非常高的相似性和一致性。因此，德国只有一套学校考试系统，就是学生在18岁左右时参加的中学毕业考试，每个州的学生都要参加这一考试。尽管各个大学都从各自所在的州获得资助，但它们向德国任何地方的学生提供均等的入学条件。

大学也以统一的方式组织各自的事务。除了极少数的私立大学以外，全国各个大学以相同的方式讲授相同类型的课程，而且讲师和教授的工资也是相仿的。这看上去似乎就像是，虽然德国人可以拥有多样化的前景，但他们决定放弃它。

4. “那个女孩”叫默克尔

如果差一点就成功的基督教民主联盟候选人埃德蒙·斯托伯在2002年成为联邦总理的话，那么在他的职业生涯中，他将第一次成为联邦议院的成员。如果社会民主党候选人弗兰克-瓦尔特·施泰因迈尔在2009年获得成功的话，或者是社会民主党候选人佩尔·施泰因布吕克在2013年获得成功的话，情况也是如此。

对所有在英国政治传统中长大的人来说，从未担任过下议院议员就当选首相是异乎寻常的（尽管有首相亚历克·道格拉斯-霍姆的先例）。但是对德国人来说，这并不奇怪。这只是一个无关紧要的细节，就像左撇子一样。与英国的下议院不同，联邦议院不是德国政治生活的重心。

直到安格拉·默克尔到来之前，所有的德国总理都曾担任过州长，或者至少都曾是地方上的著名政治家。康拉德·阿登纳曾任科隆市长，路德维希·艾哈德曾任巴伐利亚州的经济部部长，库尔特·格奥尔格·基辛格曾任巴登-符腾堡州州长，威利·勃兰特曾任柏林市长，赫尔穆特·施密特曾任汉堡市内政部部长，赫尔穆特·科尔曾任莱茵兰-普法尔茨州的州长，格哈德·施罗德曾任下萨克森州的州长。

他们中只有三人——艾哈德、勃兰特和施密特，曾经在联邦政府中担任部长。他们都是从成为地方政客开始启动自己的职业生涯的，一路走来取得了关键性的突破，并最终获得成功和认可。正是由于在地方上广为人知，最后他们才在全国范围内广为人知。

总理候选人也是如此。斯托伯在2002年时担任巴伐利亚州的州长，而在1998年格哈德·施罗德获胜之前，由社会民主党提名出来挑战赫尔穆特·科尔的前三位候选人都曾担任过州长：1987年北莱茵-

威斯特法伦州的州长约翰内斯·劳、1990年萨尔州的州长奥斯卡·拉封丹，和1994年莱茵兰－普法尔茨州的州长鲁道夫·沙普。在这方面，德国的政治与美国的政治相似。与前参议员或国会议员相比，当过州长的美国总统人数要多得多。

担任州长不仅是跃向总理职位的潜在跳板，也是通往联邦高级部长办公室的一条途径。在格哈德·施罗德内阁中任职的25位部长中，有7位是前州长。相比之下，他的其他部长中只有一两个是联邦议院的长期成员，他们凭借在那里的表现而赢得政治上的地位。安格拉·默克尔当政期间情况有所不同，她没当过州长，也从未在州政府任职，她的内阁中也没有当过州长的人。

安格拉·默克尔在许多方面都是一位不寻常的总理。不只因为她是女人，而且是“出身于民主德国的人”，她还是一位新教徒，一位离过婚的物理学家。作为以往一直由传统家庭出身的、信奉天主教的律师或历史学家主持的政党的领导人，她的背景是一种非常独特的组合。她出任总理时刚满51岁，是有史以来最年轻的总理。最重要的是，她成为党的领导者的方式很不寻常，她以与玛格丽特·撒切尔相同的方式做到这一点——在竞争对手缺乏勇气的情况下向现任者挑战。1976年时，撒切尔夫人（就像安格拉·默克尔一样，因为不守规矩，也是一位圈外者，她嫁给了一位离过婚的人，是化学专业的毕业生）反对爱德华·希思担任保守党的领袖，而她的保守党同事们因为忠诚或者惯性而受到束缚，不想那样做。她曾任过教育部部长，但从未担任过重要的国家公职。她在党内并不特别受欢迎，那儿有很多穿着正装的男士，例如威利·怀特劳，被认为是首相职位更自然的候选人。但是，撒切尔夫人通过自己的方式抓住主动权，最终将他们都送走了。

安格拉·默克尔曾在赫尔穆特·科尔的内阁中担任环境部部长，科尔曾以保护人的口吻称她为“那个女孩”。她被视为有能力的表现者，但不是政治明星。在 2000 年时，她成为基民盟的秘书长，那是一个重要的组织职位，但从传统意义上来说，并不是一个自然而然的跳板。

她在 2002 年时抓住了自己的时机，当时基民盟被财务丑闻所困扰，它涉及来自匿名捐助者的装有现金捐款的棕色信封。安格拉·默克尔强烈反对容忍这种行为的制度，并呼吁进行改革，这最终导致了沃尔夫冈·朔伊布勒的辞职。沃尔夫冈·朔伊布勒是继科尔之后担任党主席的，曾亲手接受了一个这样的信封。安格拉·默克尔将自己送上了第一线，出马担任代理党主席，并在没有竞争对手的情况下，在之后的一次特别党代会上当选为党的主席。她受到了大众的欢迎，而那些自认为更适合这份工作的地方党棍们（德国的正装男士）则陷入了困境。10 多年后，他们中的一些人仍然不能完全接受她是党的领导人。她没有官僚习气，没有长期参与党内事务，也不熟悉党内斗争的怪癖和弱点。而人们对大多数基民盟和社民党的政党领导人的预期，就是他们都会那样做，赫尔穆特·科尔是一个典型的例子。

在默克尔成为党的领袖之后不久，我曾和她共进午餐。她坦率地承认她与前任们是完全不同的，她的当选让党内的传统主义者极为震惊。她指出，在他们中的许多人看来，她的民主德国和新教徒的背景可能比她的性别更令人困扰。

她的好奇心也给人留下了深刻的印象。她问了我很多有关英国政治体系运作，英国大臣在自己选区度过的时间，以及总理与后座议员之间的关系等问题。我感觉到她正在准备担任党的领导职位，也为自己在参与国际事务时需扮演的角色做准备，所以她很乐意利用随心所欲的午餐时间来获得一些有关信息。说联邦议院不是德国政治生活的重心，并不是要降低其作用或重要性。德国政府和德国总理必须在联邦议院的支持下就任与留任，而联邦参议院对此是不发挥任何作用的。

但是，这不是通往政治权力的唯一途径。德国联邦政府的部长不必是联邦议院的议员，而联邦总理也是如此。联邦大选之前的惯例是，各主要政党宣布谁是总理候选人，并由该候选人竞选联邦议院议员。然而，如果出于某种原因需要在两次选举之间任命新的总理，那么就有可能从联邦议院之外选拔一个人。1966 年时，库尔特·格奥尔格·基辛格就是以这种方式当选为总理的，当时他担任巴登 - 符腾堡州的州长。

联邦政府的每个部委至少都有一名议会国务秘书——一名初级部长，他是当选的联邦议院议员。否则，将由组成联盟的各方来任命他们所选择的人。以前没有政治经验的部长很少见（尽管不是没有），但是可以通过在州政府或州议会，以及联邦政府的其他各级行政部门的工作历练中，有效地获得这种政治经验。

因此，如果你是一位在政治上雄心勃勃的德国年轻人，梦想有一天成为自己国家的领导人，那么你很可能不会想到去你的国民议会中担任议员。你更有可能会首先考虑在地方的政治事务中开始职业生涯，并尝试在那里建立起政治基础。

5．选对人，做对事

即使在国家政治的舞台上，区域利益仍然是很重要的。联邦议院的运作方式就充分说明了这一点。它的活动遵循着固定的模式，通常每个月都用一周时间来开会。只有在开会的这一周里，才能在柏林找到那些不是政府部长的政客们，非会议期间他们都待在自己的选区或地区里。一般来说，他们在星期一进城，至少是因为两大政党会在星期一晚上举行联邦议院的议员党团会议，讨论本周即将举行的会议议题。星期二举行议会党团全体会议，而这些会议通常是本周的关键会议，政府部长们非常重视自己的议会党团会议。星期三轮到联邦议院委员会举行会议，他们将就立法草案提出建议，并讨论他们选择提交议程的其他事项。联邦议院只在星期四举行全体会议，而那个会议通常在星期五中午时结束，然后就到了让议员们回到他们选区的时候了。

当然，这样的例行程序也会有例外，有时还会提前两天通知举行紧急会议，讨论一些非常重要的内容。因此，联邦议院不是一个总想着了解公众情绪的机构，也不是一个希望部长们会定期来报告工作的机构。

例如，没有任何类似在英国下议院中向首相提问，或者说实际上是向部长们提问的会议环节。议会不会对政府发起直接的挑战，这也反映出，在德国，反对派领导人没有什么机会来正式或非正式地表达他们的立场，政党的作用仅是在联邦大选前决定谁是总理的候选人。

迄今为止，对于执政党来说，选择只是一种形式。没有一位德国总理不竞选连任的，也没有任何政党试图摆脱现任的总理。这就是为什么赫尔穆特·科尔会在 1990 年认为英国将玛格丽特·撒切尔撤职既令人震惊，也十分错误。尽管他们两人关系欠佳，他还是将自己的看法公之于世。

对于反对派而言，选择总理候选人往往是艰难的。举例来说，党的主席并不是理所当然有权自动获得候选人资格的。1998 年时，奥斯卡·拉封丹担任社民党主席，这使他自然成为总理候选人，然而他在 1990 年曾作为社民党候选人参选，并在选举中落败。根据民意测验，施罗德在整个国家中更受欢迎，并且更有可能击败赫尔穆特·科尔。施罗德当时是下萨克森州的州长，他正面临即将于当年春天举行的州内大选（联邦选举将于 9 月举行），他巧妙地将州内大选用作总理的初选。他宣称，如果他没有取得一定的结果（实际上并不是很雄心勃勃），他就不会认为自己是总理职位的有力候选人。如果他能舒适地超过自己设定的门槛，从而以某种方式展示结果，那将使他具有更大的合法性。他的声望得到了进一步提高，拉封丹决定不在选举候选人的党代会上反对他。

施罗德的成功最终导致了拉封丹脱离社民党。2000 年时，拉封丹因难以解释的愤慨而辞去了党主席和财政部部长的职务。经过漫长的政治挣扎后，他加入了与前德意志民主共和国共产主义联盟有联系的左翼党，一度曾是他们的联合主席。后来社民党选择党主席之外的总理候选人时，运气总是不太好。2009 年时，社民党选择了弗兰克 - 瓦尔特·施泰因迈尔而不是库尔特·贝克，并在 2013 年选择了佩尔·施泰因布吕克而不是西格玛·加布里尔，结果都输了。

对基民盟和基社盟而言，选择总理候选人是一件相当复杂的事情。因为两党都是独立的实体，所以在总理候选人的选择上必须达成一致意见才行，这就两次导致实力较小的政党基社盟的领导人获得了提名。1980 年时提名了弗朗兹·约瑟夫·施特劳斯而不是赫尔穆特·科尔，2002 年时提名了埃德蒙·斯托伯而不是安格拉·默克尔为两党联盟的总理候选人。尽管科尔和默克尔都是实力较大的基民盟的主席，但在当时情况下，他们都刚接手主席的职务不久，还没有完全实现对党的控制。因此，他们在党内的对手能够合谋阻止他们获得成为总理的机会。

在那两次选举中，选择基社盟而不是基民盟的候选人，都没能赢得选举胜利。而且也正是在那两次选举中，许多观察家们都认为，提名人来自巴伐利亚的背景对选举是不利的。但是按照历史的标准，他们在那两次选举中的表现还是不错的。1980 年时，基民盟和基社盟的得票数额总和是有史以来最高的。2002 年时，他们差一点就成了联邦议院最大的党团。在那两年中，他们都要挑战受欢迎且强有力的社民党在任总理赫尔穆特·施密特和格哈德·施罗德。

6. 德国不需要“后座议员”

联邦议院没有变成对抗场所，一个原因是没有反对派的领袖在场，另一个原因则是会议大厅本身的特征。

会议大厅的座位呈半圆形排列，议员们按政党分组坐在一起。演讲者通过讲台向同事们讲话，很少受到打扰。发言时段和时间长短是根据地位来分配的，没有即兴或激情演讲。这种议会座位的设计，是为了让明智的人们进行理性辩论，进而达成共识，与风云骤起的英国下议院不同。

结果，在德国，高谈阔论终究没有成为备受赞誉的技能。联邦议员的声誉，不是或者主要不是靠在议会大厅地板上表现出来的灵巧性建立起来的，也不是依靠提出或善于回答棘手问题而建立的。联邦议员的声誉，是靠在联邦议院的各个委员会，或在联邦政府及其附属机构的委员会的辛勤工作中表现出的专业知识建立起来的。

对专业知识进行系统化的奖励，鼓励了专业人才的生成。每个党派委员会都有其主席和副主席，以及在主要政策领域（外交、国防、卫生、社会政策、经济学、税收等）的官方发言人。此外，每个委员会的成员都非正式地确认了负责某个特定的主题或关系。

当然，所有议会成员中的人都有自己的利益或爱好。联邦议院为此做了更为规范的安排。结果，大批议员因自己党派或联邦议院中的职责而被束缚在体系中。反过来，这意味着要获得某个问题或某些方面的专业知识是要付出代价的。

这也减少了后座议员的沮丧感，不至于让他们感到自己无所事事没有可能晋升为部长级职位。实际上，大多数联邦议院的议员都没有力求晋升的抱负。这有两个原因，首先，德国的部长要比英国少得多，并不是所有部长都是当选的议员，也没有内阁改组的传统（尽管部长有时出于个人原因而辞职，但人们的期望是他们将任职 4 年）。因此，晋升或升职部长的阶梯入口很小。其次，联邦议院本身直接与政府联系，这和英国下议院不同。当讨论立法问题时，会事先在委员会的联盟党团内部进行讨论，有时也会与反对派党团进行讨论。议员们对委员会内的专家和公职人员的看法非常重视，他们不会自动去支持某项法案，必须通过详尽的沟通才能获得支持。

在德国，仅限于担任议会职务的政治职业生涯并不是二流选择。联邦议院委员会的主席和高级成员的职位，并不会留给那些期望或失去部长职位的人作为安慰奖。联邦议院中的显著地位本身就很重要，联邦议院委员会的主席是德国政治中最高层的职位之一。如果是执政党的话，那是仅次于总理的职位；如果是反对党，那是仅次于党主席的职位。当涉及媒体采访或录制节目谈话时，联邦议院一位专家受到的关注，很可能会像一位部长一样。那种由于缺乏晋升部长级职务的机会而倍受挫折，受够了在党鞭驱赶下充当本党政策游说者的心怀不满的“后座议员现象”，在德国政治舞台上是看不见的。

7. 为了政党而非选民

如果问到英国议员在下议院的主要目的是什么，大多数人可能会说（因为他们相信这一点，或相信这是人们期望他们做出的回答）他们是来代表选民意愿的，但他们的德国同行更有可能会说是来控制政府的。这不是因为德国联邦议院议员没有自己选区的选民，而是因为他们与自己选区选民的关系和英国的不同。

联邦议院有大约 630 名成员，他们中有一半是由选区直接选出的，另一半是从区域（州）政党名单中选出的，政党人数与各政党获得的总票数成正比。赢得选区席位的候选人无论其党派的整体表现如何，都将当选。但如果想获得政党名单上分配的席位，一个政党至少需要获得 5%的全国选票。

直选的联邦议院成员与从名单中选出的成员，没有地位上的差异。在联邦议院担任联邦总理的 16 年间，赫尔穆特·科尔仅一次从其选区直接当选。格哈德·施罗德从未参加选区选举。

这样的系统极富吸引力，它具有比例代表制的优点，可确保国民议会的组成广泛反映国家政党得到的投票支持。它保留了议员与选区选民之间的联系，同时使得少数极端主义政党难以当选。自 1948 年以来，它为德国提供了出色的政治稳定，政府通常会做满整整四年的任期。政党间的联盟是一种常态，但这只涉及两个政党。只有在 1982 年时，政党联盟的组成才有过一次中期改变。

而德国选民似乎了解联邦议院议员能做什么或不能做什么，选民们不期望议员们解决住房问题，或参与解决地方政府、地方议会权限范围内的许多问题。鉴于联邦议院通常每个月只有一周时间开会，德国联邦议员会在各地花费很多时间，其中许多人都会在选区举行一对一的会议听取选民意见。当然，在多数情况下，他们将利用自己的时间回到州里去努力维持自己的个人政治声望。地方政党协会决定谁将成为特定选区的候选人，以及候选人在地区名单中出现的顺序。具有真正举足轻重地位的政客不太可能被踢出名单或降低等级，但对于另一些人来说，每次选举都意味着是确保获得当地政党支持的新挑战。

结果是他们成了当地论坛聚会的积极参与者。当他们提及公众舆论时，通常会考虑“基础”（忠实于政党的人）的观点。具有独立见解的人并非没有出现过，但在大多数情况下，德国国会议员效忠的是他们的政党，而不是选民。

8. 新党派的成功与禁忌

1948 年成立的德意志联邦共和国一直实行多党制。在 1949 年当选的第一届联邦议院中，有 12 个政党的代表。在 2013 年的联邦议院中，有 5 个政党的代表。在 1949 年之后的年代里，有 8 个政党从国家政治舞台上消失了，一个新政党（绿党）诞生了，一个政党（左翼党）重组了。

在过去的几十年间，联邦议院一直是由两个政治党团（基督教民主联盟和社会民主党）主导的，其中一个党团通常会与一个较小的政党组成联邦政府。例外的情况发生在 1966—1969 年、2005—2009 年以及 2013 年以后，这两个党团合并成一个所谓的大联盟，每次都由基督教民主联盟的人担任总理一职。

基督教民主联盟和社会民主党都深深地扎根于德国的政治历史之中，但它们目前的组成形式和意识形态，都是在联邦德国成立后的最初 20 年中发展起来的。两者都称自己是人民的政党，这意味着它们渴望代表广泛的民意，并在民意投票中获取相当大比例的支持票。总的来说它们已经成功地实现了这些目标。两党在历届全国性的投票中所获得的票数从未低于 20%，而其他任何政党的得票率从未高于 15%。

顾名思义，基督教民主联盟是一个保守政党，其原始精神是支持天主教会的道德价值观。该党的社会观点曾被讽刺为反映的是 19 世纪“教堂、厨房、孩子”的概念，传统上在德国南部地区影响最为强大，因为那里有人口众多的天主教徒。但经过多年转变，它已经利落地实现了自我现代化，并继续吸引广大选民，而不仅仅是信徒。在联邦共和国的历史中，它只有 10 年不是联邦议院中最大的政党，只有 20 年其成员没有担任德国总理。

基民盟在巴伐利亚的姐妹党基督教社会联盟，在传统上更加保守，并且更加注重保护各州的权利，包括发放社会补贴的权利。它主导着巴伐利亚的政治，自 1957 年以来，巴伐利亚州的所有州长都来自基督教社会联盟。

社会民主党是一个单一政党。它起源于马克思主义，但在 1959 年的巴特戈德斯堡党代会上，它正式宣布将致力于市场经济，在党的章程中删除了所有提倡国有化或反对资本主义的内容。该党传统上拥有较大数量的成员（通常比基民盟的成员多），尽管它与德国工会运动有着密切的联系，但它并不依赖工会来筹集资金。

在联邦共和国的大部分历史上，唯一组成德国政府一部分的另一个党是自由民主党。它参与组成了 1949—1956 年、1961—1966 年、1969—1998 年，以及 2009—2013 年的联邦政府，总体上比两个主要政党中的任何一个历史都要长。1949—1956 年、1961—1966 年、1982—1998 年，以及 2009—2013 年，它是基民盟领导的联盟的初级合伙人，1969—1982 年是社会民主党领导的联盟的初级合伙人。在这两种类型的联合政府的大部分时间里，自由民主党人都担任了外交部部长一职。

自由民主党代表了经典的自由主义：自由市场经济学和宽容的社会取向。它在全国选票中的得票率通常为 5%—10%，表现最佳的

2009年获得了14.65%，在联邦议院的622个议席中有93个。4年后，在2013年的选举中，它未能达到5%的门槛，就从全国舞台上消失了。

自由民主党被视为所有德国政党中最亲欧洲的党，这可能是其在2013年遭受失败的原因，但不是唯一的原因。该党主席吉多·韦斯特韦勒发现自己很难在安格拉·默克尔的领导下通过担任外交部部长树立任何形象，最终被迫放弃对党的领导。他的两个继任者，赖纳·布吕德勒和菲利普·罗斯勒（在德国政客中不常见的是，他们两人都是被收养的有越南血统的人），在担任经济部部长时都没有什么建树。到2013年时，自由民主党似乎已经迷失了方向，变得无关紧要了。

自由民主党是否能够恢复自己在德国政坛上的地位，还有待观察。到目前为止，迹象并不明显。在2014年的欧洲议会大选中，它的得票率下降至3%，而在此后的州选举中表现也很糟。由于在联邦议院或许多州议会中没有席位，它几乎失去了所有州的资金。在2016年底的全国民意测验中，自由民主党徘徊在略高于5%的门槛上，很难看出它可以在现在的选举市场中填补某一个特定的狭窄空缺。

当德国的一些政党枯萎衰落时，另一些政党却应运而生。通常，它们只能取得局部的成功，而且持续不了多久，但有一个党看上去已经在国家的政治格局中确立起了难以撼动的地位。

绿党最初只是抗议运动的一个产物。它的成员是所谓的“1968年人”的直系后代，那一代人是通过当时的学生抗议活动投入政治运动的，那场运动给德国留下了比其他任何欧洲国家都更深的烙印。20世纪60年代的英国是与音乐、时尚和性自由相关联的，但在德国，那是一个政治意识觉醒的时代：愤怒、激进、反抗，一代人疏远了他们与父母及其价值观的链接。1968年的德国抗议者是第一代没有经历过第二次世界大战而长大的人，但是他们对自己的国家在1933—1945

年间发生过什么、为什么会发生，尤其是对他们的父母和祖父母都干过什么感到好奇。

当时欧美其他地方也有抗议和示威活动。但是在德国，它更加深入地进入每个人的内心。那些在1968年及随后几年里上街游行的人，都表现出了，或必须面对的某种程度的暴力。甚至在近50年后，那种暴力仍然会在德国的知识界唤起巨大的热情，引起激烈的争议。他们随后分成了三个阵营，有些人（少数）选择了恐怖主义之路，演变成了巴德尔·迈因霍夫帮派或红军派系。一些人刚开始生活，随后加入了资产阶级。其他人决定，通过长期的机构改革来实现政治变革，因此，他们组织了一场运动，并为该运动组建了一个框架。

绿党花了很长时间来决定它是否真的想成为一个政党并行使其政治权力，一些最初在运动中出类拔萃的人物，因为要做出某些妥协而不得不辞职。但是总的来说，绿党最终意识到权力确实是它想要拥有的。在州和欧洲选举成功之后，第一位绿党成员于1983年当选为联邦议院议员，第一位绿党成员约施卡·菲舍尔于1985年在黑森州被任命为部长（他宣誓就职时穿的运动鞋被保留在波恩的德国历史博物馆里了）。最终于1998年，绿党与社会民主党人组成联盟，成为联邦政府的初级伙伴，约施卡·菲舍尔成为外交部部长兼副总理。

德国绿党通常的得票率大约在10%左右，与欧洲其他地方的绿党一样，它特别关注环境问题，而在社会政策方面，它的观点是偏左倾和自由派的。与社会民主党相比，它在经济问题上更注重市场自由和更少的政府干预。它从根本上反对核能和核武器。过去，绿党是一个强烈的和平主义者，但是它在联邦政府中的经历改变了这一点。在1998—2005年，绿党的政府部长们批准了德国武装部队参与北约在科索沃和阿富汗的行动，绿党成员对此大体给予了支持。他们永远不会对战争充满热情，但在某些情况下，会接受战争的选择。

因为其他政党已准备好与它结盟，绿党可以被视为一个正常的政党。它的自然伙伴是社会民主党人，迄今为止，它在国家一级政府的唯一经历就是与社民党结盟。然而，基民盟和绿党也已经在汉堡结盟组成政府（人们公认它不算典型的州），有一天联邦议院也可能会诞生这样的联盟，这并非完全不可想象的事。2013 年联邦大选后，基民盟主席安格拉·默克尔曾与绿党举行会谈，商讨是否有可能与绿党组成联合政府，这样的话就可以掌握联邦议院的多数席位。谈判无果而终，在绿党和基民盟两方面都存在着很大的困难。然而双方能坐下来谈判这一事实本身就表明，从基民盟的角度来看，原则上与绿党建立联盟已不是一个问题。

而对于联邦议院里的左翼党来说，情况则不同。左翼党起源于德国统一社会党，那曾是原民主德国的共产党名字。统一后，该党更名为德国民主社会党，通常在德国东部的得票率大约为 20%。在 2007 年时，它与一个脱离了社会民主党的左翼派别合并组党，从而成为左翼党。在 2013 年的联邦议院选举中该党得到了 8.6%的选票，这逊于 4 年前的表现，但仍位居第三。

左翼党吸引了来自德国各地的选票，在西部几个州的州议会中也有代表。不过，它的真正实力在德国东部。在前民主德国的所有地区中，它的得票率约为 20%或以上，并且经常是那些州政府联盟的一部分，包括柏林在内。2014 年时，左翼党的成员在图林根当选州长，这是该党有史以来第一次有人担任这一职务。

左翼党在维护其地方支持者的利益方面做得非常成功。我曾经与东柏林市郊小城海勒斯多夫的市长乌韦·克莱特一起度过了一天。克莱特来自一个真正的社会主义信徒的家庭，他的父亲曾是民主德国社会主义的一名信徒，而他本人在 22 岁时加入了德国统一社会党，德国统一之后他随即去了格拉斯哥大学，并在那里待了几年，这段经历丝毫没有削弱他对激进社会主义的热情。回来后，他马上加入了德国统一社会党的继承者德国民主社会党，并在当地政界开始了他的政治生涯。我以前就认识他，当我提到从未去过海勒斯多夫后，他当即邀请我去参观。他对我说，在他们当地不常见到大使。

他所在的柏林确实是一个不同的世界。海勒斯多夫位于柏林边缘，与勃兰登堡接壤，距波兰边境约 40 千米。直到 20 世纪 80 年代，那里都是一片绿色的田野和水草丛。德意志民主共和国在最后 10 年，开始在海勒斯多夫开发新的住房项目。这种被称为板块式风格的中高层住宅一栋接着一栋，风格统一，没有任何色彩、魅力或建筑价值，为社会主义共和国的公民提供实用且廉价的住宿。

西柏林人永远无法想象出像海勒斯多夫那样的地方，但克莱特却为此感到自豪，而且更重要的是当地居民为此感到自豪。当他带着我在小城中信步漫游时，人们会走到他身边和他交谈，而他的举止就像所有投身政治并有经验的西方政客一样。他能叫出他们的名字，并向他们的家人问好，讨论他们所提出的各种当地问题，并承诺将解决这些问题。如果我是海勒斯多夫人的话，我一定会投票给他。

尽管在地方上取得了成功，但在国家层面上还没有任何一个其他政党愿意接受左翼党作为联盟伙伴。这部分是由于左翼党所主张的政策：反对德国加入北约，主张在大范围内对德国经济进行国有化。而从更广泛的意义上来说，它与原民主德国的政权关系太紧密，因此没能真正接受德国的民主原则。

一个没有人愿意与之合作的党在联邦议院中的存在，使政府组建变得更困难了。这意味着在 2013 年大选之后只有两种选择：基民盟 -

基社盟与绿党之间的联盟，或基民盟 - 基社盟与社会民主党之间的大联盟，然而这两种选择都不是自然的政治契合。

如果一个新的党被选入联邦议院，问题将变得更加复杂。现在看来，2017 年选举的结果正是如此。这个新选入的党是德国选择党，它由一群中年学者于 2013 年创立，其中大多数人是前基民盟的成员或支持者。它的主要政策和成立的理由就是反对欧元。它不像英国独立党那样反对欧盟，它宣称在经济体制具有如此差异的成员国中建立单一的货币是一个错误。所以必须废除欧元，或在规模更小的组合（仅限于德国、荷比卢三国和奥地利）中建立代替欧元的单一货币。

最初，德国选择党受到了德国现有政客们的嘲笑。评论家们指出，以前在德国组建欧洲怀疑论党的所有尝试都没成功，其领导层也没有任何有魅力的人物。但是在 2013 年的联邦大选中，它获得了 4.7%的选票，差一点就在联邦议院中获得席位。在次年的欧洲议会大选中，该党获得了 7%的选票，得到了德国 96 位获选欧洲议员中的 7 个席位。

很难将这个党划为左翼或右翼。它在欧洲问题上的政策相当明确，反对欧元，但支持一个干涉更少，并将某些权利归还成员国的欧盟。它被接受为欧洲议会保守党团和改革派组织的成员，并令安格拉·默克尔感到恼怒。在其他方面该党的立场则不太明确。它的许多初期领导人都是经济和社会的自由主义者（其中之一是德国工业联合会前主席、国际特赦组织的重要支持者汉斯·奥拉夫·汉高尔），但其他人则使用了更为民粹主义的言论。在 2014 年下半年举行的州选举中，德国选择党表现得比以前好，在萨克森州、图林根州和勃兰登堡州获得了大约 10%甚至更多的选票。到 2015 年中期时，它在全国范围内的得票率为 7%—8%，看起来将在德国政治格局中长久存在。然而随着成功而来的是分裂，在州选举中投票支持该党的许多人都是民族主义者，他们逐渐接管了这个党。在 2015 年 6 月时，它一分为二。它的主席兼创始人伯恩德·卢克是一位温和的经济学教授，曾是欧洲议会议员，后来被弗拉克·佩特里取代。弗拉克·佩特里的个性更为尖刻，关注的主要是移民问题，他当选为萨克森州的州议员。卢克和其他几位重要的成员退出了德国选择党，并成立了自己的政党。几个月内，德国选择党的民意支持率下降到了 4%左右，而从该党分裂出去的似乎也一事无成。

但是，2015 年夏天的难民危机给德国选择党注入了新的活力。它不但利用了公众对安格拉·默克尔向所有抵达德国的叙利亚人提供庇护的政策所感到的失望，并且是唯一将移民视为对德国生活方式的主要威胁的政党。到 2015 年 9 月时，它的民意支持率回升到了 7%。在 2016 年的州选举中，它的声望继续上升。2016 年 3 月，它赢得了东部的萨克森 - 安哈尔特州 25%的选票，在州议会中仅次于基民盟，位居第二；在巴登 - 符腾堡州赢得了 15%的选票，在莱茵兰 - 普法尔茨州赢得了 12%的选票。2016 年 9 月，在梅克伦堡 - 前波莫瑞州（安格拉·默克尔的故乡）获得了 20.8%的选票，将基民盟挤到了第三位，同月在柏林获得了 14.2%的选票。到 2016 年底时，它在全国范围内的得票率约为 12%。没有哪个小党派曾经取得过如此大的成果。在所有的三次选举中，移民问题和默克尔总理的处理政策是民众支持德国选择党的主要因素。

其他德国政党对德国选择党崛起的反应，首先是忽略它，然后是对它进行妖魔化。基民盟的安格拉·默克尔和其他人排除了在州或联邦一级与它进行合作的任何可能。在欧洲议会内部，除左翼党外，所有党派的德国议员都密谋阻止德国选择党的议员获得正常规则下所应享有的全部委员会职位。

如果德国选择党确实在 2017 年进入了联邦议院，那么将其视为

“贱民”将使结盟更加困难。如果左翼和右翼政党都被认为是不合适的伙伴，那么选举算法很可能会指向组成一个永久的大联盟，但这将使许多德国人感到不安。不同于数十年来大联盟已成为规范的奥地利，德国传统上将它视为特殊事物，只有在特殊情况下才能使用的最后手段。人们担心，如果像奥地利那样定期发生这样的情况，小型政党会繁荣昌盛，让处于左右两极的政治极端主义得到加强。

有些德国人担心，德国选择党可能会朝这个方向发展。自从属于党内温和派的创建者被反移民的党内激进者们赶下台以后，它的民族主义色彩必将更浓。在2016年4月的党代会上，它通过了一项提案，明确指出伊斯兰教不属于德国，必须禁止宣礼塔昭示伊斯兰祈祷和布尔卡罩袍。它还宣称应从德国领土上撤走所有外国军队和核武器。

德国选择党仍然反对欧元。但是，移民和伊斯兰教现在是其政治竞选活动的关键主题。它们无疑引起了部分德国主流舆论的共鸣，尽管程度不及在英国那样强烈，但这在传统上也是德国极右翼关切的话题。因此，德国选择党的成功不可避免地提出了一个在德国政治背景下始终徘徊不去的问题：法西斯主义政党能否再次在德国获得权力？

对于撒切尔夫人而言，这是她反对德国统一的原因之一。她不完全相信德国人的民主本能。她担心他们会染上某种遗传心理特征，使他们容易受到感性情绪和民族主义的影响。当时她因这样的看法而被人嘲笑，但在她那一代人里，许多人可能持有相同的看法。

不过，所有的证据都表明她错了。

国家社会党于1945年在德国被禁，该禁令今日仍然有效。法律也严格禁止使用纳粹符号或否认对犹太人的大屠杀。今天，任何声称从希特勒或其思想中汲取灵感的政党都不允许在德国存在。然而，这并不能阻止多年来许多团体或运动的出现。从某种程度上说，它们扮演的是很令人倒胃口的角色，其中一些还参与了暴力和犯罪。

自 20 世纪 40 年代后期以来，极右翼政党就已经存在于现代德国。这些政党的名字中通常带有“德国”“国家”或“人民”的字样，并建立起民粹主义形象。眼下，德国国家民主党是极右翼政党中最出名也是最成功的一个，它或它的前身不时地在州议会选举中赢得席位。例如，1998 年在萨克森 - 安哈尔特州的选举中获得近 13%的选票，但它们从未达到过 5%得票率的国家选举门槛以获得联邦议院的席位（它们确实在 2014 年的选举中获得了欧洲议会的一个席位，但那是因为宪法法院裁定，欧洲大选入选门槛必须降至 3%）。

人们多次试图禁止国家民主党的存在。在 2002 年的某次尝试中他们失败了，因为当把问题提交给宪法法院时，法院发现国家民主党的大多数成员都是联邦安全局的线人，或者实际上是联邦安全局的雇员，因此无法确定他们是否必须对自己的那些行动负责。

国家民主党所代表的那种右翼极端主义在德国得到的公众支持或发挥的政治影响极小，但其党内的犯罪分子却很活跃，且活得很好。据联邦安全局估计德国大约有 6000 名倾向于暴力的新纳粹分子，而且近年来，他们对一些真正的恐怖袭击负有责任。在 20 世纪 90 年代，他们制造了数起纵火事件，袭击了寻求庇护者的旅馆，导致其中一人死亡。最近，一个自称“国家社会主义地下组织”的小组在自 2004 年以后的 6 年时间内谋杀了 10 名土耳其裔移民或德国人。

在公开场合也可以看到这种极端主义的征象，特别是在德国的东部地区。驱车往柏林郊外开一小段路程你就会发现一些破败不堪的小村庄，当地的咖啡馆内围坐着一群群身上带着卍符号刺青的光头党徒。他们可能从未见过犹太人或移民，但他们口口相传的种族仇恨口号与 20 世纪 30 年代的前辈是一样的。虽然在大多数欧洲国家中都存在这样的团伙，但在希特勒的故乡看到他们，仍然令人感到某种不祥的诡异。

德国选择党的领导人都没有极端主义的背景，他们拒绝与民族主义者或极右翼政党进行任何形式的合作。他们不支持议会外行动，并把自己视为主流政治党派，以传统党派所没有的方式抓住了时代精神。

尽管如此，他们对伊斯兰教的关注使他们和一个更为可疑的群众运动有了联系。PEGIDA 是“欧洲爱国者抵制西方伊斯兰化”的缩写，它是由一名公共关系高管卢茨·巴赫曼于 2014 年创立的。它从巴赫曼称为“傍晚漫步”的一些小型示威活动开始，支持者越来越多，到 2015 年 1 月时，它的集会已能吸引到 25000 人。它在德累斯顿和莱比锡举行了最大的集会，那都是原民主德国的城市。对于持自由主义观点的人来说，这种象征意义上的类比令人不舒服。

PEGIDA 吸引了流氓分子，并引发了反示威游行。但在 2015 年，它推举了一个人参加德累斯顿市长的选举，并获得了近 10%的选票。它从未发展成真正的政治力量，随着移民人数的减少，对 PEGIDA 的支持也减少了。2016 年的示威游行只吸引了数百而不是数千名支持者。它继续存在的价值似乎值得怀疑。

PEGIDA 的出现表明，德国的一些民众对生活在德国社会中的伊斯兰教和穆斯林群体有着潜在的敌意，这在政治上是可以加以利用的。参与 PEGIDA 的许多人都是极端主义者，但这并不意味着对穆斯林的敌意纯粹是极端主义者的嗜好。它触动了一些普通人的心弦，例如保守派、传统主义者。不管他们如何描绘自己，他们不想看到自己的国家发生诸如在英国某些地区已经发生的那种变化。

在德国政治中一直有一种潜意识下的恐惧，害怕出现一个能够吸引那些普通民众支持的右翼政党，这对基督教民主联盟来说无疑是一场噩梦。由于基社盟是一个存在于巴伐利亚州的独立政党，因此能够向其本州的选民提出更严格的保守倾向的社会政策，而不必顾忌自由主义倾向的德国北部地区是否能接受。

德国选择党是否会像法国的国民阵线、奥地利的自由党或荷兰人海尔特·维尔德斯领导的荷兰自由党那样，演变为一个在德国成气候的民族主义政党呢？几年前，大多数德国人会说肯定不可能。他们会说，民主和自由主义的价值观在德国社会中根深蒂固，纳粹时代的经历使德国人在内心深处反对任何形式的民粹主义。

这样的看法依然是今天德国社会的主流。奥地利的约尔格·海德尔和法国的让－玛丽·勒庞所使用的那种语言，最多只会在少数德国听众中引起共鸣，德国人不会相信那种哗众取宠的言辞。

但是，一种考虑得更周到或走中间道路的做法可能具有更广泛的吸引力。反对让德国纳税人的钱被欧洲南部的国家所浪费，对过度移民以及在面对日益激进的伊斯兰教影响的情况下保持基督教价值观的担忧，都是眼下非常重要的政治议题。德国选择党的表现已经证明它有能力将对它的支持转化为选举成果。可以想象，德国选择党不仅不会像以前的那些右翼政党那样从政治舞台上迅速消失，反而会成为政治格局的永久组成部分。

绿党的表现也已经证明，在德国是有可能打破常规的。在不到 20 年的时间里，它从一个边缘抗议团体发展成为政府联盟的一部分。德国选择党是否能做到这一点，部分取决于德国境外的事件，例如是否会出现新的欧元危机，或在整个地中海地区出现新的移民潮。也许更关键的是，这将取决于是否出现有魅力的领导人物从而引起公众的注意。目前还没有出现这样的人物，德国选择党的新领导层当然比温和的学术前辈们更加平民化，但是他们中间没有人具有真正的感召力。

德国选择党的领导人弗劳克·佩特里受过良好教育，拥有化学博士学位和成功企业家的职业履历，能熟练地使用德语和英语，在英国雷丁大学攻读了她的第一个学位。但是，她不是天生的媒体达人，不太能引起群众的注意。此外，她容易失态。一次在回答有关如何保护德国边界的问题时，她提出了一个想法：警察和边防人员应该武装起来，并在必要时使用武器。虽然她后来试图声明自己只是在引用法律条文，并且使用武器并不意味着就要杀人，但她讲的这些话仍然遭到了广泛谴责。

她下台了，德国选择党领导层还没有出现对支持者有吸引力的人。目前，吸引人们加入德国选择党的，是党的纲领，而不是党的领导人的个人魅力。

这就意味着，将来有可能会有一个更强大的人物来给该党提供更大的推动力。不是像勒庞那样的煽动者，不是像意大利五星运动的贝佩·格里洛那样的政治小丑，也不是像英国独立党的奈杰尔·法拉奇那样在酒吧里大声嚷嚷的人，而是能够以某种方式支持德国选择党支持者关注议题的人，并能使它们看起来更合理、更自然。也许是一个来自政治圈外，但已卓有声誉的人。一个足球运动员？或一个具有唐纳德·特朗普那样个性（如果不是风格）的大公司首席执行官？如果没有这样的领袖，德国选择党在民意调查中仍然可以达到15%支持率，那么就没有理由怀疑，在一位令人印象更加深刻的领导人的带领下，德国选择党能达到20%或更高的支持率。如果发生这样的情况，德国乃至欧洲的政治将发生根本性的变化。

这可能不会发生——这似乎是德国两个主要政党算计后的结论。到目前为止，那两个政党都没有表现出认真对待德国选择党发展议题的意愿，质疑欧元仍然是两个政党的禁忌。他们中鲜有的敢于提出反对伊斯兰价值观或更难以容忍文化多样性的政客，都被视为异类。

如果德国选择党得到越来越多支持者的话，尽管评论家们会继续失望，但也并不意味着德国的民主受到了威胁。正是由于德国选择党在总体上完全避免了使用民族主义或蔑视他人的语言，才能壮大到今天的地步。

极端主义绝对不会在德国生存下去并成长起来。这里没有发生革命，这个国家不会向右转。尽管情况比以前更加复杂，但政治形势还是平静的，基民盟似乎仍将是国家政治舞台上最大的政党。德国选择党的崛起表明，潜伏在表面之下的不满比专家们以前认为的要多得多。

令德国的政客和评论家们沮丧的是，不仅在英国，一些欧盟国家诉诸全民公决以及选民取向所得出的意料之外的结果，干扰了欧洲进步的进程。所以，他们对其他欧洲国家同行们在与像英国独立党、法国国民阵线、意大利五星运动或西班牙的社会民主力量党之类的政党争斗时所遭受的苦难，不屑一顾。

现在德国的政客和评论家们不得不担心自己的国家了。有传言说，巴伐利亚州的基社盟可能会变成一个全国性的政党，并在其他地区也招募候选人。基社盟领导层中的一些人认为，这将是赢得姊妹党基民盟选民投票的最佳方式。他们认为安格拉·默克尔的移民政策过于宽松，他们可能不得不转向德国选择党。

那将是一场巨大的赌博。基民盟可能会在巴伐利亚州选择自己的候选人，其结果将是不可预测的。但是无论如何，政治体制需要适应不断变化的公众情绪。德国的基民盟和社民党都以成为大众的党而感到自豪，这意味着它们具有广泛的吸引力，并且都不认为自己代表任何特定的阶级或利益集团。如果它们在许多德国人对移民和伊斯兰的感觉方面没有表现出更大敏感性，它们可能会发现这种不敏感的态度将受到质疑。

9. 欧盟，是一部清晰的德国文本

对于在德国政治传统中成长起来的人而言，在国家治理方面，欧洲是一个熟悉的世界。欧盟委员会与德国联邦政府相比，尽管竞争力不及，但在职能上与德国联邦政府相似。欧洲理事会与欧洲议会之间的立法责任划分，正好反映了联邦议院与联邦参议院之间的立法责任划分。欧洲议会在斯特拉斯堡会议厅的外观、程序和操作方法与德国联邦议院相同。欧洲政治的所有标记、委员会工作的重要性、政治团体的首要地位以及对谈判和妥协的无休止诉求，也恰恰是德国政客在地方和国家政治生活中早已习惯的。

对于英国的许多人来说，包括许多英国的欧洲议员，欧盟的运作似乎既陌生又离奇。对于德国人来说，那是国内政治的自然延伸。难怪近年来德国人在斯特拉斯堡占据了那么多高级职位。

从德国人的角度来看，他们同样熟悉欧盟的另一个主要机构欧洲法院。欧洲法院的角色及执行方式，与德国的宪法法院非常相似。联邦宪法法院享有极大的权力和威望，它的职责是解释德国的《基本法》，并确保德国政府、立法机关和司法机关的所有决定均与之相符。它的作用是司法审查，它不是接受其他法院转介案件的上诉法院（类似于英国的最高法院），它将根据投诉采取行动，那些投诉可能来自政府、政党或各州的机构，也可能来自个人。结果，各种各样的问题都被提了上来，其裁决涵盖了整个德国社会政治和经济领域的各个层面。几乎所有有争议的立法都可能对法院提出挑战。它的法官由联邦议院和联邦参议院任命，其中大多数具有某种政治色彩，因为他们是由一个或另一个政党提名的。但是，与美国最高法院不同，它有分歧的意见通常不是按照其成员的政党背景提出的，它享有的声誉来自只对神圣的宪法文本进行专业的、几乎是学究式的解释。

如果法院认为联邦或州的某项立法与宪法不符，它就会毫不犹豫地废除那项立法，或责令联邦政府或州政府撤销或修改那项立法。没有人会批评它过度激进、试图创造而不是解释法律。德国人似乎在很大程度上接受了这样的现实：宪法具有至高无上的地位，应由宪法法院来决定这种至高无上的含义到底是什么。

宪法法院在与欧盟有关的问题上所做出的裁定，在德国以外引起了特别关注。不时有人断言，尤其是从反欧盟的角度提出指责，德国宪法法院已经或重新将本国法律置于欧盟法律之上，或是对欧洲一体化进程设定了限制。但是，仔细阅读相关文本后，通常会有稍微不同的判断。

德国宪法法院已经表明，在必要时将裁定欧盟的立法与德国宪法不符。当需要欧盟在全体一致的情况下做出决定时，德国政府可以阻止欧盟采取任何可能引发这一裁决的行动。但是，在以多数票就能做出决定的问题上，存在着德国的意愿被多数票所否决，或因在多数票否决的压力下接受不够满意的折中方案的风险，所以不能排除欧盟对宪法法院提出质疑的可能。

最近的一个例子是欧盟在 2006 年颁布的《数据保留指令》。德国宪法法院在 2010 年裁定，德国立法将该指令转换为德国国家法律，违反了宪法的条款，并废除了该立法。结果，德国因未能履行义务而被欧盟委员会罚款。法院给出的理由针对的是指令的相称性和细节，而不是原则。法院没有质疑欧盟在该领域立法的权利和颁布指令的目的，它只是裁定在实施该指令的某些方面时，对德国公民应享有的个人自由产生了不成比例的影响。

因此这一裁决确实表明，在德国，由德国宪法法院解释的宪法，高于欧盟颁布的任何法律。有些人会认为，这就是为什么需要有成文的国家宪法或人权法案。但是到目前为止，德国宪法法院对欧盟有关问题做出的裁决是非常有限的，它从未对欧盟在任何领域通过的立法提出是否具有立法权的挑战。

从理论上讲，它可以这样做。德国宪法法院通常关心的是保护宪法中所规定的联邦议院的主权，而在它的裁决中往往表达出这样的意愿，即宪法法院坚定地认为，欧盟只能根据德国联邦议院赋予它的权利进行运作或立法。法院不质疑联邦议院将特定权限授予欧盟的权利。相反，它试图维持这样的共识，即只有凭借联邦议院的决定，欧盟才有权采取行动。如果欧盟的行动背离了联邦议院赋予其该项权利的条件，那么欧盟的行动就是非法的。

这是一个重要的条件。德国宪法法院就《数据保留指令》等问题做出的裁决，意味着宪法法院对欧盟是否可以在德国颁布立法这件事而言，成为最终仲裁者。它并没有去确立德国联邦议会主权的最高地位，迄今为止，法院的所有裁决都不能解释为授权联邦议院制定与欧盟法律不符或取代欧盟法律的立法。

德国宪法法院在 2012 年 9 月发布的关于欧洲稳定机制合法性的裁决，就是这种做法的典型代表。它规定了确保该机制与德国宪法兼容的必要条件，这主要是为了保护联邦议院的权威。它没有质疑联邦议院本身是否具有决定该机制的建立，及其运作条件的权利。

宪法法院在德国享有很高的威望，它的裁决很少被人批评，公众也没有对它以某种方式替代议会职能而表达出不满。确实，如果有什么感觉的话，人们会认为法院有时可以成为保护个人权利，与热衷于施行管制的国家机器针锋相对的堡垒。

德国人对宪法法院的尊重，在某种程度上似乎也影响了他们对欧洲法院的看法。当欧洲法院的某项裁决涉及德国国内像秘方啤酒生产法那样的传统时，偶尔会出现一些抱怨。但就总体而言，德国人似乎认为欧洲法院表现不错。即便欧洲法院近期开始介入司法和内政等领域，德国也没有在联邦议院就是否应保留立法权，或外国检察官是否有权引渡德国公民等方面出现争议。

欧盟的权力结构与德国本身非常相似，这意味着对大多数德国人来说，欧洲是熟悉的政治疆域。欧盟的所作所为可能无法引起人们的日常兴趣，因为它们很容易理解，并且在形式和方式上与德国人所习惯的一致。

德国是欧盟的创始成员国，并且一直以来都是欧盟的主要参与者。相比之下，德国在 1955 年才加入北约，在 1973 年才加入联合国。在这两种情况下，组织的规则和精神都是在没有德国参与的情况下建立起来的。从某种意义上说，德国最初处于某种政治试用时期，人们预计它表现良好，然后它才有机会担当领导角色。直到 1988 年，德国的政治人物（国防部前部长曼弗雷德·沃纳）才第一次成为北约秘书长。

另一方面，德国参与了欧盟建立时最初的谈判，并且从一开始就参与该组织的塑造。1957 年，德国外交部部长沃尔特·霍尔斯坦担任了欧洲委员会的第一任主席（是迄今为止担任过这一职务的唯一一位德国人）。正如在英国也有一种历史悠久的自豪感一样，自 20 世纪 40 年代建立国际机构以后，德国就一直对它们负有积极责任，并一直对国际事务产生影响（经济合作组织、欧洲理事会、联合国和北约），也因曾帮助建立了欧盟而感到自豪。而且由于欧盟起初是一个经济共同体，因此就没有对德国在政策、结构和程序方面施加的强大影响做出任何限制，所以，欧盟的许多方面都带有明显的德国痕迹。

柏林勃兰登堡门上方的雕像是一辆由四匹马拉着的战车，它是为纪念 1871 年普鲁士战胜法国而建立的。今天，它还可以被用来描绘现代联邦共和国的四个主要机构——政府、联邦议院、联邦参议院和宪法法院，而所有这些机构都在欧盟有直接的对应，它们是欧盟委员会、欧洲议会、欧洲理事会和欧洲法院。

实际上，德国与欧盟之间，除了机构设置，还有很多其他的相似之处，就像德国的联邦卡特尔局在维持市场经济规则中起着核心作用一样，原始的《罗马条约》的关键要素之一就是竞争政策。在欧盟内，没有建立与联邦卡特尔局相应的独立机构，但是在欧盟委员会内部，竞争总局（最初指定为第四总局，即 DG Ⅳ）从一开始就是最强大、最自治的部门，负责竞争政策的专员能够在准司法的基础上做出决定，而无须他或她的同事们集体批准。在最初的 20 年左右时间里，一直由德国人担任该机构的领导职务（就像农业总局在同一时期一直由法国人领导一样）。欧盟的竞争政策一直反映德国的价值观。

欧盟内部对雇主和工会等所谓的“社会伙伴”的作用也十分重视。

雇主和工会是通过欧洲企业组织（前欧洲商业联合会、欧洲工业工会联合会）和欧洲工会联合会在欧盟内组织起来的。它们的代表参与欧盟的各个咨询机构，根据各自的专业背景被划归到不同的委员会。他们希望能像他们的德国同行一样，能事先了解并有机会影响经济或社会领域的任何立法草案。

在欧盟范围内，没有任何可与德国法律所要求的劳动委员会和监事会对等的组织。但是在欧盟劳动法中有一项假定，即雇主组织和工会有责任共同协商，而政府和议会应接受它们共同决定的一切决议。与其他任何成员国相比，这更能反映德国的一贯做法。

欧盟的反对者们经常声称这是法国的创举，是基于法国人对政府角色的理解。的确，在其存在的头 20 年，法语是欧洲机构中的主要语言，委员会的官僚机构都使用法语。但是，就权力结构、行使权力的机构性质以及行使权力的程序而言，欧盟不是法国的范式，而是清晰的德国文本。

第四章　柏林的历史法则

“回顾过去”（Vergangenheitsbewältigung，这个词已经成为专用的德语词汇）对德国公共政策产生了极为广泛的影响。它不仅导致了对纳粹时期的批判，而且导致了对德国全部历史的反省。1945 年之前发生的一切都没有任何价值，也不会得到公众的尊重。不会有任何政治、经济或社会活动，更不用说军事活动，来纪念那个时代，不会对那个时代的任何成就给予赞扬，不会热捧那个时代的任何个人。

1. 反思与赎罪的国度

在芬兰导演阿基·考里斯迈基2002年执导的电影《没有过去的男人》中，主人公在遭受重击后失去了知觉，醒来后完全失去了记忆：不知道自己的名字，不记得以前的生活。他必须为自己创造出一个新的身份，并重新开启生命的旅程。

这几乎就是1945年后德国人所经历的一切。西部的德意志联邦共和国和东部的德意志民主共和国都没有把自己与过去的德国联系在一起（尽管按照国际法，德意志联邦共和国接受了原德国继承者的地位），并且都不想与过去建立任何联系，唯一的目标是国家的重建和更新。迄今为止所有允许回顾往事的场合，带来的都是羞愧和负罪感。

考虑到1933—1945年在德国发生的事情，这样的感觉是可以理解的，而且也确实是必要的。承认纳粹时代所发生事情的真相，对联邦德国民主的发展至关重要（在民主德国，人们对此并没有给予太多关注）。令人惊讶的是，在拒绝继承纳粹历史的过程中，德国似乎也放弃了它历史的其他部分。

德国唯一的国庆日是10月3日，即1990年德国正式统一的日子。这天全国各地都会举行节日庆典：隆重的典礼、长时间的演讲，以及各种风格的音乐。

还有一天是国家的纪念日而不是庆典节日，那就是1月27日的大屠杀纪念日。每年的这一天，联邦议院都会召集一次特别会议，所有政党的领导人都会在会议上发表演讲，回顾对犹太人和其他人所进行的残杀，表达他们对历史的遗憾，以及他们对德国绝不能再让导致大屠杀的意识形态生根的决心。联邦议院举行这样的会议通常座无虚席，没有任何一位国会议员希望因为缺席而被指控意图否认德国以前的罪行。这是当今世界上独一无二的场合，没有一个国家或地区会公开承认以本国家或本地区的名义犯下的罪恶，没有一个国家的政客们会接受这种公共赎罪的责任。

接受这种责任不仅仅发生在一年中的某一天，或仅发生在政客阶层。它渗透到所有现代德国的文化和话语之中。德国孩子的祖父母可能是在第二次世界大战结束后出生的，他们在学校里了解了有关纳粹时期和大屠杀的事情。他们会被带去参观被保留为恐怖纪念地的许多德国以前的集中营。德国的历史学家和社会学家，对发生过的事情及其原因做了丰富的论述。

就在柏林市中心，在勃兰登堡门和波茨坦广场之间，有一个钢筋水泥铸成的醒目标志，即规模宏大的大屠杀纪念碑，这是一组覆盖了4.5 英亩的苍劲石碑。这组纪念碑是在希特勒死亡 60 年后的 2005 年开放的，开放后的第一年便有 350 万人参观。在历史上，纳粹党没有在柏林得到很多支持，而希特勒也不喜欢住在柏林。但是，当 1991 年决定将柏林再次设为德国首都后，人们发起了一场竞赛，以决定如何最好地公开保存对大屠杀的记忆。尽管实现统一的喜悦是如此的高涨，伴随着它的，是清晰可见的对德国过去所做所为的内疚。

然而事情并非一开始就是如此。在 1945 年之后的 20 年中，几乎没有德国人关注他们的过去。许多曾热情地为纳粹服务的官员，包括法官、公务员、教师，都仍然在工作。尽管最残忍的战争罪犯被起诉了，但盟军占领者或德国人对追捕罪行较轻的罪犯几乎没有兴趣。战后联邦德国的第二任总理库尔特·基辛格就曾是纳粹党成员。俗称的

“宝莹证书”（“宝莹”是一种洗涤剂的品牌）——去纳粹化证书是很容易得到的。人们更关注的是生存的现状和未来的前景，而不是对以前的重罪或轻罪进行量刑。

在 20 世纪 60 年代时，事情发生了变化。年轻一代开始提出问题，想知道自己父母在 1933—1945 年参与了哪些纳粹活动。1968 年及随后几年，德国革命气氛极其激烈的一个原因是，它与个人的命运密切相关。这不仅是对国家或制度的反抗，而且是对自己家庭的反抗，对沉默文化的反抗。在年轻一代看来，沉默文化掩盖了普通德国人参加纳粹的真相，甚至可以说是对希特勒暴行的视而不见。年轻一代追问的结果，是对纳粹时代的电影、电视、书籍、新闻报道和公众讨论的开放性宣泄。起初，这让许多想忘记那段历史的人感到不舒服，但最终使整个国家对过去更加自信。德国处置过去的方式，是德国现代民主诸多令人钦佩的特征之一，与其他国家（例如日本、俄罗斯、西班牙等不愿回顾自己在 20 世纪的历史）形成了鲜明的对比。

“回顾过去”（Vergangenheitsbewältigung，这个词已经成为专用的德语词汇）对德国公共政策产生了极为广泛的影响。它不仅导致了对纳粹时期的批判，而且导致了对德国全部历史的反省。1945 年之前发生的一切都没有任何价值，也不会得到公众的尊重。不会有任何政治、经济或社会活动，更不用说军事活动，被用来纪念那个时代，不会对那个时代的任何成就给予赞扬，不会热捧那个时代的任何个人。就像考里斯迈基电影中的角色一样，德国一步跨越了过去。

自然，德国 1933 年前许多方面的成就也很难得到人们的赞赏。在 1871—1918 年的皇帝统治时期，反犹太主义曾风行一时，虽然可能不及法国；政府的权力是独裁的，虽然不及俄罗斯或西班牙。然而，其法律体系仍然是完善的。德国建立了世界上第一个社会保障体系，诞生了欧洲第一个社会民主党，发明了汽车以及拥有许多工业和技术上的创新。如果对历史的回顾再远一点的话，为什么不像纪念英国元帅威灵顿那样来纪念普鲁士元帅布吕歇尔在滑铁卢战役中所发挥的作用？为什么不像尊重拿破仑一样尊重腓特烈大帝呢？

但布吕歇尔元帅和腓特烈大帝没有得到人们的赞赏。历史是在学校里讲授的，技术发明陈列在博物馆里，普通德国人并没有在成长过程中被教育去认同那一切。在德国，历史实际上像发生在另一个国家的事情。

我们回顾英国历史的方式根植于我们的日常生活。我们的公众活动，盛大的游行庆典，我们对武装部队的尊重，君主制的体制——都反映了我们的过去，有助于增强我们的英国意识。我们热衷于庆祝各种纪念日，喜欢进行盛大的公众表演。

但德国没有这样的庆典活动，没有全国性的公众纪念日（即使统一日的庆祝活动也都是地区性的），也没有能与英国的皇家阅兵庆典、议会开幕大典或阵亡将士纪念日相比的典礼。所有的游行活动都是地区性的，例如莱茵兰和巴伐利亚的狂欢节游行、慕尼黑啤酒节，或曾经在柏林举行但后来转移到鲁尔地区的爱情大游行。它们吸引了众多的人，但它们的目的是娱乐，而不是纪念某个节日。

也许是因为德国国内缺乏华丽的社会活动，德国人成了其他国家皇室活动的狂热追随者。英国王室（以及实际上规模稍小一些的其他欧洲王室）的活动在德国受到了广泛关注，成千上万的德国人会在电视屏幕上观看与英国王室有关的所有活动报道。

曾经有一次，一个德国新闻频道要求我对英国王室活动（女王母亲的葬礼）提供现场评论。他们告诉我，一位研究英国王室事务的知名德国专家已受聘于另一个新闻频道，他们迫切希望找到一个能描述正在发生的事情的人。我尽量用德语解释葬礼所涉及的礼仪，然而我不能确定，观众是否能理解我所解释的皇家警卫队副指挥官的位置变化及其功能。希特勒曾经称女王的母亲为“欧洲最危险的女人”，而她却选择在葬礼上演奏勃拉姆斯的德国安魂曲，这让我不禁怀疑是否是一种有意的讽刺。

德国人还是“BBC 古典逍遥音乐节”的热情追随者。毫无疑问，他们对音乐节期间到处挥舞的英国国旗，以及很多其他国家，包括德国的国旗，而感到些许困惑。不仅是旗帜，在 2015 年的音乐节上，首位演唱《统治吧，不列颠尼亚》（*Rule*，*Britannia*。英国著名军歌，也是英国的第二国歌）的非盎格鲁-撒克逊人是德国男高音乔纳斯·考夫曼。女性观众向他扔出了各式各样的女士内衣表示感激，而作为对观众的回应，他将一条英国国旗图案的内裤带到了台上，并演唱了被认为是近代最出色的《今夜无人入眠》。

然而，对国外此类活动的兴趣，并没有转化为在国内模仿它们的意愿。这几乎就像德国人不相信自己能整体展示自己的感觉一样，似乎任何重大的纪念活动都会被看作是现代版的纽伦堡纳粹集会。

对于那些在民主德国长大的德国人来说，情况更糟，他们没有 1989 年之前的历史。在目前的德国公共生活中，没有保留任何对德意志民主共和国的记载。没有对人个性的尊重，没有对体育竞赛胜利的庆祝，没有对重大社会事项的敬仰，只有东柏林行人交通信号灯上几个戴着帽子的小人被允许保留下来，成为提醒人们前政权存在的标志。

没有公众的庆典仪式，对德国的武装部队具有特殊的影响。德国过去的军事成就，没有为公众带来任何自豪感，而那些为国家战斗而牺牲的人们也没有得到公众的尊重。在德国的乡村，有一些战争纪念碑，但它们完全没有英国或法国纪念碑那样宏大的规模。在德国也没有与坐落于法国帕罗纳的纪念“一战”的第一次世界大战历史博物馆相当的纪念馆。有一个退伍军人协会，但它并没有获得英国退伍军人协会所享有的公众声望或尊重。

2. 拒绝战争的军事大国

德国，尤其是普鲁士，曾经是世界上最主要的军事大国。1832 年出版的最具影响力的军事战略战术书籍《战争论》就是由普鲁士军事学院院长卡尔·冯·克劳塞维茨撰写的。可以说，过去几百年间最成功的军事领导人是德国陆军元帅冯·莫尔特克，他先后在与丹麦、奥匈帝国和法国进行的战争中取得了决定性的胜利，并在科尼格拉茨指挥了有史以来在欧洲领土上进行的最大规模战斗。正如他本人所指出的那样，他与拿破仑或腓特烈大帝形成了鲜明的对比，他从不退缩。在某些场合，他被描述为现代战争之父。

第二次世界大战中的德国国防军继承了冯·莫尔特克的精神。许多军事历史学家声称，那是世界上有史以来最精良的战斗部队。它的主要指挥官——曼斯坦、隆美尔和古德良所使用的战术，至今仍是许多军事学院的研究对象。但是他们所服务的可怕的帝国，永远遮盖了他们的军事天才。在今天的德国，没有人会公开称他们为英雄，或为他们所取得的成就感到自豪。

在 20 世纪 50 年代初，德国的军备问题曾主导了国际政治议程。第一次世界大战后，德国根据《凡尔赛条约》的规定解除了武装，但得以维持一个秘密的军队重建计划（这在很大程度上取决于苏联的合作）。1945 年之后，人们普遍认为，绝不能再允许德国对欧洲的安全构成军事威胁，德国国防军必须彻底解散。随着冷战的进行，美国人开始意识到如果德国不做出重大牺牲，保卫西欧的责任将不成比例地落在自己身上。因此，他们得出结论，应该重组德国武装部队，但其唯一的目的是参与共同防御。

当时的英国政府接受了这个逻辑。法国人最初热情不高，但最终还是接受了。联邦德国在1955年成立了联邦国防军，以取代旧日的国防军，并于同年加入了北约。联邦国防军的规模及其允许的海军装备的种类受到严格的限制（随着时间的流逝，限制有所放松），其概念是“穿军装的公民”：它的人员主要是自愿参加公共服务的应征者（还有其他形式的公共服务可供选择），这与专业的军事传统和过去官僚等级的分离感相去甚远。

德国的宪法也因之进行了调整，以确保在严格的条件下，包括最重要的条件下都要获得联邦议院批准，才能实施军事行动。德国联邦国防军只有获得联邦议院批准，才可以在作战中进行部署。这些年来，德国联邦国防军受到的限制有所改变，但是联邦议院的批准仍然是必须的。德国政府可以寻求动用军队的前提是直接捍卫德国本土、在北约或欧盟的指挥下行动，或由联合国授权的维和特派行动。

在冷战时期，北约的行动是清晰明朗的：它们是在防御苏联对北约欧洲领土的袭击的背景下规划出来的。联邦国防军的配备和训练，在北约的防御战略中发挥着关键作用，其专长是进行装甲战。尽管就人均国内生产总值而言，德国在国防方面的支出要少于英国或法国，但它对北约共同防御的贡献始终是巨大的。在冷战高峰时期，德国库存的坦克数量是英国的两倍以上。那些在德国设计和制造的美洲豹1型和美洲豹2型坦克，是北约最好的坦克。

德国政客和官员在北约的军事计划中也发挥了关键作用。四名德国将军，包括两名曾在第二次世界大战中服役过的德国将军（其中一名在狼窝总部炸弹暗杀时就坐在希特勒旁边）曾担任北约军事委员会主席。德国国防部前部长曼弗雷德·沃纳在 1988—1994 年曾担任北约秘书长，而且通常被认为是该组织最杰出的领导人之一。在冷战期间，北约国家的所有国家元首或政府首脑中，德国国防部部长赫尔穆特·施密特对联盟战略的发展做出了最重要的个人贡献，尤其是他的关于核威慑的理论。他在 1969—1972 年、1974—1982 年担任过联邦德国的总理。

北约在冷战期间从来没有因愤怒而开火，这一事实意味着很难评价德国国防军将在战斗中如何表现，但大多数英国和美国军官对其都有高度评价。1977 年，巴勒斯坦恐怖分子在摩加迪沙扣押了汉莎航空公司航班上的人质，解救人质的任务由德国特种部队来执行。这次，德国部队取得了惊人的成功。

德国的公众舆论一直以来都普遍支持北约以及德国在北约中的职责。德国政府对北约战略的某些方面有着自己的看法和关切，总是热衷于强调比利时前外交部部长皮埃尔·哈梅尔在 1967 年提出的“威慑和缓和学说”中的缓和部分。尽管他们对灵活应对政策的原则表示赞同，包括首先使用核武器，但他们仍渴望确保这种原则不会转化为接受在一场旷日持久的战争中使用战术核武器。

这些担忧源于德国明确的利益所在。只要北约与华沙条约的紧张关系可以缓解，联邦德国人就可以享受更多探视亲戚和民主德国同胞的机会。如果使用了战术核武器的话，它们很可能会在德国领土上首先被引爆。德国将受到冷战的直接影响，而北约其他成员国则不会。

在 20 世纪 80 年代初期，与英国一样，有游行示威者反对在德国领土上部署巡航导弹和潘兴 2 型导弹。但是德国政府和英国政府一样，坚定地反对示威，并进行了导弹部署。即使在冷战的最后阶段，当就德国统一的条件进行谈判时，德国政府，特别是科尔总理拒绝了所有德国应减少与北约联系的建议，并拒绝接受任何会损害北约作为一个有效联盟运作能力的条件。

冷战的结束，对德国联邦国防军和德国的国防政策提出了比其他所有西方国家军队更大的挑战。公众舆论和政治阶层花了很长时间才接受德国可能具有的安全利益，而不只是直接捍卫北约领土。在20 世纪 90 年代初期，一些德国医疗单位参加了在柬埔寨和索马里的联合国维持和平行动，但是德国没有参加 1990 年的伊拉克战争，或1992—1996 年在波斯尼亚的联合国保护部队。

在 1998 年上任的施罗德政府领导下，情况发生了变化。与许多外界观察家的期望相反，德国部队参加了北约的轰炸行动，迫使塞尔维亚部队离开了科索沃。德国部队也加入了随后的北约驻科索沃部队以维持当地的和平，以及参加了部署到阿富汗的北约国际安全援助部队。参加这些任务需要施罗德总理和外交大臣菲舍尔具备极大的政治勇气，他们必须克服自己党内根深蒂固的抵制、自相矛盾的公众舆论和德国民主联盟的反对。反对党关心的是为自己争取更大的政治资本，它们不考虑德国的真正战略利益。为向阿富汗部署德国部队，施罗德承担了在联邦议院经受信任投票的风险，他的政府仅以两票胜出。

但是，施罗德和菲舍尔在德国参与北约在科索沃和阿富汗的行动中所表现出来的政治勇气，并未被随后的安格拉·默克尔政府继承下来。联邦国防军仍留在阿富汗，但其活动受到了一系列限制和豁免。2011 年，德国与俄罗斯和中国一起，在联合国安理会授权对利比亚使用武力的决议中弃权。征兵制最终被废除了，但对于将德国联邦国防军卷入任何可能导致战争的局势中，仍然存在着紧张情绪。

没有人尝试为德国联邦国防军提供任何公开资料。营房外很少能见到德国军队，德国空军没有飞行表演队，德国陆军没有仪仗队。当德国士兵在服役中被打死时（这偶尔发生在阿富汗），他们的遗体将被不起眼地运回国。德国的任何地方社区，都无法像英国的伍顿-巴塞特的居民那样自发组织起来对回归的棺木表达敬意。

英国女王于 2000 年访问德国，为新的英国大使馆开馆，我们以她的名义设了晚宴。我们邀请了克劳斯·莱因哈特将军，他那时刚卸任北约驻科索沃部队指挥官。他曾在那里接替英国将军迈克·杰克逊，因而成了第一位指挥英国军队参战的德国将军（在科索沃进行了一次作战部署），并得到英国媒体的好评。女王和菲利普亲王一如既往地了解这一点及其历史意义，并听他讲述了自己的经历。对于出席晚宴的联邦德国总理格哈德·施罗德和外交部部长约施卡·菲舍尔来说，眼前的这一幕令人有点困惑。目前尚不清楚他们中的任何一个人之前是否认识莱因哈特，他们不明白女王为什么会有兴趣与他交谈。

3．如果你想成为德国人，你就必须只能是德国人

拒绝过去，也影响了德国人对自己的看法。一个在焦点小组或类似的电视节目中经常会问到的问题是，你是否为作为一个德国人而感到自豪？在英国，答案是肯定的。但在德国，人们的回答不是肯定的。政客们通常会回避这个问题，他们会回答“你不可能为自己无法控制的事情感到自豪”，或者他们为德国的宪法或其政治和经济成就感到自豪。他们不愿意站出来直接为自己的国家感到自豪。

反映这种民族差异的唯一例外是足球，几乎所有的德国人都对足球充满热情。在 1954 年的瑞士世界杯决赛中，联邦德国队战胜了人

们原先普遍看好的匈牙利队，那场比赛也被称为“波恩的奇迹”。这不仅是一项令人瞩目的体育成就（匈牙利人在世界杯赛的较早阶段曾以 8 ∶ 3 击败德国人），对于大多数德国人来说，这也是自 1945 年以来第一次有了值得举国庆祝的事件，标志着整个国民心理的转折。从那以后，德国又两次获得世界杯冠军，最近一次是在 2014 年。德国还赢得了三届欧洲杯冠军，并一直被评为世界领先的足球国家之一，就像拜仁慕尼黑是世界领先的俱乐部之一一样。

足球是团结整个国家的体育运动项目，它还为德国人提供了唯一显示民族狂热迹象的机会。2006 年在德国举行世界杯足球赛，气氛异常热烈。德国队在半决赛中被意大利队击败，但在和葡萄牙队争夺第三名的比赛中获胜，这使成千上万的德国年轻人身穿 T 恤，脸上涂满红、黄、黑的国旗色彩颜料走上街头。许多德国老人显然在感受这一切带来的影响，他们没想到能在生前看到他们的子孙以这样的方式来表达和分享大众的快乐。足球之所以在德国如此重要，也许是没有什么其他东西可以让德国人团结起来，并让他们得以为自己国家的胜利而庆祝。

这是一个以非常特殊的方式来定义的国家情怀。用法律术语来说，德国国籍法的出发点是血统强制性而非地域强制性。换句话说重要的是你的血统，而不是你的出生地，这是从德国的历史中发展出来的。英国作为一个岛屿，一直是一个明确的地理实体，法国和西班牙也有 500 多年的历史。但是德国直到 1871 年才成为一个完整的国家，自那时起它的边界发生了很大的变化。使德国人具有民族身份感的不是他们居住的土地，而是他们几个世纪以来发展起来的种族和文化共享遗产，这些遗产与他们的地域从属关系是相辅相成、包容并举的。

正是这种继承构成了属于德国国家的核心感觉。国民不论所居住的州性质或名称如何，都应效忠国家。它团结了生活在君主制之下的普鲁士人、撒克逊人、巴伐利亚人、自治城市或州的汉堡和不来梅人，以及在中欧领土上生存了多个世纪的所有其他公国的人。

语言在这种继承中起着重要的作用，但不是唯一决定性作用。那些母语是德语的瑞士人，并不认为自己是德国民族的一部分，他们是瑞士人。大多数奥地利人也是这样想的。瑞士和奥地利作为独立实体已经存在几个世纪了，而德国没有。长期以来，德意志民族成员赖以生存的土地上都是错落有致的小国与公国。即使在俾斯麦统一德意志帝国之后，仍然有数百万德国人居住在其边界之外。

德国人定义自己德国身份的方式，对本国和邻国都产生了深远的影响。根据定义，依赖于血统的身份不能被具有不同血统的人所获取。因此，非德国人是很难获得德国国籍的。

从历史的角度看，更不幸的是这样的身份也不容易被丢弃。德国人的后代无论居住在哪里，都仍然是德国人，他们倾向于忠于这种德国人的身份，这种忠诚超越了对他们所居住的国家或曾经作为其公民的国家的忠诚。俾斯麦策动的战争，并不是回应普鲁士的威胁，也不是渴望破坏石勒苏益格-荷尔斯泰因或阿尔萨斯-洛林，它们是一种思维定式的产物。无法想象，居住在这些土地上的德国人，会成为丹麦或法国自然而忠实的公民。

俾斯麦的帝国被《凡尔赛条约》摧毁了，那个条约再次使数百万德国人生活在他们几乎不可能为之效忠的国家里。而对此的不满情绪正是希特勒加以利用的众多工具之一，它们支撑起了生存空间和种族纯正主义的教义。毫无疑问，他以极大的凶残和狂热投入了这种教义，而他能够利用的正是长期存在的关于德国身份和排他性的民族情感。

当然也有例外。18 世纪，在德国各州得到庇护的法国新教胡格诺派信徒成功地融入了德国社会，并在德国的许多领域脱颖而出。德国统一后的前民主德国总理洛萨·德·迈泽埃就是前胡格诺派的一员，其侄子托马斯也曾担任默克尔政府的内阁部部长。自第二次世界大战结束以来，阿尔萨斯－洛林地区讲德语的人对他们具有法国公民的地位感到满意（他们与萨尔兰德人不同，萨尔兰德人在 1955 年的公民表决中，以压倒性的票数，投票决定离开法国，返回德国）。然而总的来说，德意志民族的成员仍然固执地依附于德国，并且同样固执地不愿与他人分享。

德国希望自己是一个没有很多移民的国家，这并不是一个太大的问题。由于希特勒的“最终解决方案”，在 1945 年时只有少数犹太人和吉卜赛人还留在德国。而国籍法改革，或有关民族认同问题的政治教育，没有被占领军或新的联邦政府视为优先考虑的问题。但是，德国经济的成功，以及部分由于战争期间年轻人流失造成的劳动力市场的制约，意味着这个问题必须尽快得到解决。

1950 年之后，欧洲开始出现向德国移民的倾向。当时许多意大利人向北迁移，以利用德国蓬勃发展的经济为餐饮业和其他行业提供的机会，而希腊人和南斯拉夫人紧随其后。他们被称为“客座工人”。他们中的一些人在德国定居下来。德国最杰出的记者之一，成为《时代周报》编辑的乔瓦尼·迪·洛伦佐就是一个移民的儿子。大多数人把家人留在家乡，然后在适当的时候再回去。他们没有被视为任何社会问题，那些留下来的人能够很好地融入社会。但是在下一阶段的现代德国移民经验中，出现了更为复杂的情况。

20 世纪 60 年代的中期和后期，土耳其人开始大量入境。起初，他们作为廉价劳动力，在当时劳动力短缺的德国受到欢迎。1961 年，柏林墙竖立起来后，西柏林城区陷入隔离状态，许多人来到柏林从事当地居民不愿从事的工作。人们推测，就常人所能想到的后果而言，他们会像意大利人一样，通常把家人留在家乡，自己待上几年后回家，而那些定居下来的人会很快与德国人通婚并接受同化。

然而情况发生了很大变化。大量土耳其移民决定留在德国，并召唤家人加入他们的行列，他们的孩子也留了下来。当孩子们达到结婚年龄时，就像其他社区的移民一样，往往从家乡（通常是在农村或欠发达的地区）找来新娘或丈夫。今天，居住在德国的土耳其人超过了 400 万，约占德国总人口的 5%，大部分生活在市中心。在柏林的克罗伊茨贝格地区，他们占有压倒性多数，一些地区看上去更像是土耳其，而不是德国的城市。在温暖的夏日傍晚，在城市中心的蒂尔加滕公园里，土耳其人社区的特征尤为明显。

蒂尔加滕公园从勃兰登堡门一直延伸到胜利纪念柱，这是为庆祝 1871 年德国对巴黎的征服而设立的。与人们对传统上秩序井然、纪律严明的国家所期望的相反，似乎没有规定哪些活动可以或不可以在这里进行。人们在这里享受日光浴，玩各种游戏，而土耳其人则在那里烧烤。柏林出人意料的文化特色之一，就是几十个土耳其家庭聚在一起，妇女们戴着传统的头巾，在距离德国国会大厦仅几百米的公园里，在一群裸体足球运动员旁边，烤着香肠。

这些移民中的一些人及其后代融入了德国社会，并取得了成功。有不少土耳其裔的德国商人、律师、政治人物和足球运动员，但是大多数移民仍然选择保持土耳其人的本色。他们生活在自己的社区里，几乎只与自己人混在一起。只有不到一半的移民取得了德国国籍，因为这样做将不得不放弃土耳其国籍。德国人普遍认为一个人只能或应该只有一个国籍，德国国籍法反映了这一点。直到最近，取得德国国籍的人都必须放弃先前的国籍，而取得新国籍的任何德国人，必须放弃其德国国籍。

在德国，有可能获得双重国籍的唯一情况是，在出生时就有双重国籍，否则必须做出选择。德国政治家戴维·麦卡利斯特是苏格兰父亲和德国母亲的儿子，他在 2008—2012 年担任下萨克森州的州长，并被认为是安格拉·默克尔的继任者，他有权获得英国护照和德国护照。而出生于伯明翰埃德巴斯顿的英国议员吉塞拉·斯图尔特在获得英国国籍后就不得不放弃德国国籍。

对于许多居住在德国的土耳其人而言，为获得德国国籍而放弃其土耳其国籍，是一笔不菲的代价。近年来，这一规定已被放宽了，在德国出生和居住的任何人到 18 岁才必须做出选择。尽管如此，基本原则依然照旧：如果你想成为德国人，就必须只能是德国人。

1999 年初，施罗德总理在联邦议院选举中获胜上台后仅 4 个月左右，他的红绿联盟政府就提出了一项允许双重国籍的法案草案。该法案提出的时间，恰好与黑森州的州选举相吻合。所有的民意测验都显示，原来的红绿联盟政府将重新获胜。州长汉斯·埃切尔虽然不是德国最有魅力的政客，却仍是颇受欢迎的人物，他的竞选表现也被认为是出色的。而在国家层面上，红绿联盟政府仍然很受欢迎。

但是，埃切尔的对手，基民盟的罗兰德·科赫，反对正在拟议的国籍法，并将此作为他竞选活动的核心内容（尽管德国的公民身份是联邦而不是州的问题）。他组织了一次大规模的请愿活动，要求撤回拟议中的国籍法，邀请公众在请愿名单上签上他们自己的名字。他征集了大量签名，电视新闻出现光头党成群结队到达黑森州首府威斯巴登的照片，要求知道“我们可以在哪里签名反对外国人”。这一招非常有效，社民党遭受了巨大损失，新成立的基民盟领导的州政府由罗兰德·科赫担任州长一职。

选举后几天，我与一位对科赫非常了解的基民盟政客共进午餐。他承认，请愿书的诉求有点“令人倒胃口”，但他认为这是人们真正关心的问题，联邦政府必须对此负责。

在这之后，各届德国政府都就此问题进行了热烈的讨论，取得公民身份的规则有所放宽。在德国出生的孩子，如果父母来自另一个欧盟成员国，且在德国居住了 8 年以上，孩子有权在年满 18 岁时申请德国国籍，而其父母不必放弃自己原有的身份，但这不适用于非欧盟成员国父母的孩子。

因此，德国国籍法的基本原则仍然存在：如果你是德国人，那么你应该只是德国人。

在大多数情况下，德国国籍的申请人不仅要放弃以前的国籍，他或她还必须完全融入现有的德国社会。在德国，从未出现过对多元文化的热情，德语中“多元文化”一词往往带有贬义。托尼·布莱尔政府在成立初期曾对英国的某些地区阐述过这样的看法，认为不同的文化价值观可以被等同地视为英国的价值观，作为一个国家，我们应该庆祝我们之间的分歧。这让大多数德国知识分子，即便是政治领域中的自由派人士感到震惊。他们怀着典型的德国人幸灾乐祸的感觉，看着英国的公众情绪慢慢变化。

当然，对移民应该同化的期望，并不总是轻易就与其他同样根深蒂固的现代德国价值观相兼容——例如宗教自由和言论自由。在德国，与英国或大多数其他欧洲国家一样，就穆斯林女孩或妇女穿着别具一格的服装，或不同的教育方式，有着相似的公开辩论。德国穆斯林中的 90% 是土耳其裔，各种款式的罩袍都不是他们传统的一部分，但头巾是土耳其的传统。在服装方面，德国的许多土耳其人家庭对德国教育系统怀有疑虑。

许多案件最终在法院审理解决，但并未就此建立全德通行的规则。宪法法院已经裁定，每个州都有自己做决定的权利，正如一些州所做的那样，禁止在教室里戴头巾。莱比锡一家地方法院于 2013 年 9 月裁定，一名穆斯林女孩不能以她的父母禁止她在赤裸上身的男孩面前暴露为理由而不上游泳课。法官在裁决中简洁地指出："德国的社会现实高于她的宗教信仰。"

成为德国人的信念意味着只能是德国人，而且这种德国人的身份，本质上是遗传而来的，这在一定程度上解释了，为什么在德国很少有人质疑希特勒对种族纯正的痴迷。这也反映在今日德国规模虽小，却极为残暴的新纳粹社区的种族观念上。

到目前为止，"煽动性"还没有成为现代德国政客的特征。联邦德国的三位社会民主党总理——勃兰特、施密特和施罗德——都是极具说服力的演说家，甚至勃兰特有时还会带来巨大的情感力量，尤其是他在华沙起义纪念碑前屈膝跪下的那个场景。然而他们的基督教民主联盟对手——阿登纳、基辛格、艾哈德、科尔或默克尔——都没有令人印象深刻的演讲技巧，他们更多反映了家常美德，他们寻求的是让人安心，而不是鼓舞人心。

尽管因为历史缘故，德国仍然非常看重血统，然而血统的关系越来越稀薄了。在未来几年里，德国面临的最大挑战是人口结构：出生率在下降，人口在减少。现在，德国的人口总量大约为 8200 万人。按目前的预测，在 50 年内将降为 7000 万人。届时德国将成为仅次于英国（8000 万人）和法国（7200 万人）的欧洲第三大国家，在德国退休的人数将超过劳动力人数，这将对德国庞大的社会保障体系的承受能力和劳动力的供给产生深远的影响。

当然，除非能有更多的移民进入。直到最近，德国政客们仍然热衷于争论“德国是不是一个移民国家”。他们的意思是说，德国不是一个像英国和法国那样，具有容纳前殖民地移民传统的国家，也不是像美国或澳大利亚那样依赖移民来发展的国家。争论的结果是他们并不反对所有移民，只是认为移民的规模应该是有限的，而移民的人数将控制在让他们能轻易地融入现有国家文化的水平。接受德国需要大规模移民以维持其现有繁荣水平的看法，将对德国社会造成巨大的心理震撼。

这样的情况可能会发生。在过去的10年或20年中，德国许多大城市的面貌已发生变化。从多民族的角度看，它们虽和伦敦不同，但是如今，在柏林的公共汽车和地铁上看到各种肤色的人，是很平常的事。雇主们争辩说，他们需要用与美国和英国同行相同的方式，在全球范围内招聘人员。当然，潜在的难题依然存在。在英国和美国，大多数人能够接受的对公民身份的基本要求，是人们对生活方式的认同。但在德国，则是血统的传承。

一些评论家声称，德国之所以愿意在2015年向叙利亚难民敞开大门，并在一年之内接纳了另外100万移民，一个原因是，这是一个增加大量活跃且受过良好教育的年轻劳动力的机会。这可能是事实，但肯定不是目的。没有哪个德国政客曾提倡以大规模移民作为解决德国人口问题的途径。移民被容忍，甚至受到欢迎，但是他们并没有被视作解决方案。

就像德国在2015年所做的那样，在一年内接纳100万以穆斯林为主的移民，迄今为止没有哪个欧洲国家必须面对这样的挑战。为捍卫对叙利亚难民开放德国边界的决定，总理默克尔曾自信地预言：“我们能做好这件事。”

从物质准备和组织机构方面来讲，她说的没错。德国能够调动住房、新移民教育及为他们提供医疗保健所需的资源。尽管地方上曾有一些抱怨，但从总体上来讲，德国全国对为此付出的代价并没有怨言。

尚不清楚的是，新移民会得到怎样的待遇。在德国寻求庇护的人需要 4 年时间才能获得工作许可。即便有了工作许可，在不懂德语的情况下也很难找到工作，还不能保证其家属也能获得入境许可。德国难民系统最初的设计，旨在为最终将返回祖国的人提供临时庇护，而不是为 100 万突然来临的新永久居民提供住所。

那些有意识地尝试融入德国社会的难民——学习语言、获得证书、努力工作并像德国人一样穿着——几乎不会遇到什么问题。他们将受到社会的欢迎，他们的邻居可能会为拥有他们而感到自豪。但在难民聚居区中，那些坚持认为妻子和女儿都必须戴头巾，且不能与自己社区之外的人交流的难民，事情就不那么容易了。如果你想成为德国人，那么你就应该进入现有的德国社会文化，而不是保持自己与众不同的身份。

4. 既是德国人，又是欧洲人

欧盟这样的新政治实体为这个摒弃了过去的国家提供了一个特殊的机会。它提供的表达身份、追求目标和行使影响力的机会越多，其个体成员国的历史包袱就越不重要。

许多德国人认为这是欧盟的潜在吸引力。作为欧盟公民，他们的感觉与欧洲同胞是一样的。他们乐于讨论欧洲在国际事务中扮演的角色、欧洲的利益以及欧洲应如何去追求它们。如果只是在自己国家内讨论这样的事情，他们会感到不舒服。作为德国人，他们会不断想起自己的过去。但作为欧洲人，他们就可以从历史的阴影中逃脱。他们用于赞美、颂扬或庆贺欧洲的方式，是无法用于德国本身的。

在欧盟成立之初，德国政客和官员会以这是适应现实德国实力的唯一途径的理由来捍卫“欧洲项目”（这个术语通常用来表示一个过程而不是最终的结果）。在 20 世纪 50 年代，德国很明显地将成为欧洲的主要经济体，并有望在欧洲的国防领域中发挥领导作用。对于德国人本身以及周边国家来说，这是一个令人生畏的前景。这是否意味着将重演第一次世界大战后发生的事情？人们能找到办法从德国手中拿走权力并与他人分享吗？

当然，不只有历史受到质疑的德国人依赖于传统的国家结构，《罗马条约》最初六个签约国，都曾在 1939—1945 年期间遭到占领和破坏。所有这些签约国都有一种感觉，它们原有的政府失败了，它们需要建立某种新的政治秩序。以前曾经有过战争和失败，但是第二次世界大战灾难性的后果意味着，在那些受到战争影响的人看来，德国已经不可能回到从前那种简单的国家利益交换了。

幸运的是，出现了新一代政治领导人，用时髦的话来说，他们驾驭了时代的精神。联邦德国首任总理阿登纳、“欧盟之父”让·莫内和罗伯特·舒曼、比利时政治家斯帕克，以及意大利总理德·加斯佩里负起了为新欧洲指明方向的责任，他们充分利用了民众中普遍的变革愿望。

可以理解的是，英国的政治阶层和公众舆论并没有这样的心情。我们的民主体制没有失败，我们的政治领导阶层没有让我们失望，我们的信念没有动摇。相反，我们为自己的表现感到自豪，我们感到自己应该获得胜利，1945 年确实是我们最好的时刻。就英国而言，我们并没有在那一刻相信欧洲国家获得了胜利。

从欧盟成立到今日的漫长历程中，建立一个更加紧密的联盟，将国家权力转移到欧洲层面的构想，一直没有受到挑战。对德国人来说，各国根据自己的意愿实现欧洲的一体化，是一种信念指导下的行动，而且只能前进，不可逆转。很少有德国人会问，自己的国家是否真的为这样的历程做好了准备。

然而，在欧盟所有成员国中，德国最不适合欧盟的奠基者们和早期远见卓识者所设想的那种融合主义未来。这不仅因为德国纳税人可能要承受的经济负担，还因为德国人对自身的定义。一个通过血统定义自己身份、不愿接受双重国籍的国家，是无法轻易地将自己融入其他事物中去的。与其他国家的合作，甚至主权共享，完全符合德国的身份。但是，期望德国人会放弃其固有的德国意识，把自己视为对更广阔的欧洲效忠的欧洲人，是反常的。在欧洲所有国家中，德国是最重视其基因而具有排他性的国家。

这并不是要给现代德国泼上任何种族主义或雅利安人至上的污水。它是世界上最宽容的公民社会之一，法律面前人人平等和对人权的高度重视，已深深植根于德国人的心中，向更广阔的外部世界的开放并尊重其他文化也是如此。他们仅仅是根据祖先而不是居住地来定义自己的身份。

因此，德国对欧洲的态度存在着内在的矛盾。一方面，人们希望摆脱过去，树立新的身份；另一方面，德国人又存在着无法放弃的血缘继承身份。

当然，许多德国人会否认存在这样的困境。他们会说，完全有可能同时成为德国人和欧洲人。这与拥有两个国籍是不同的，因为一个国籍是另一个国籍的子集，实际上是另一个国籍的先决条件。这并不涉及不相容性，就像巴伐利亚人和德国人之间并不具有不相容性一样。这是事实，前提是其中一个国籍是决定性的。尽管具有联邦的性质，德国是一个所有公民都将自己描述为德国人，并接受首先忠诚于德国的国家。只要欧盟不试图取代这一首要地位，德国人就可以热情地支持欧盟。到目前为止，他们一直是这样做的。

到了某个时候，这样的热情可能会受到压力。德国人接受甚至倡导了让许多欧盟内的英国人深感不快的议案，这对英国脱欧的投票产生了影响。英国的担忧，反映了一个国家主权不可丧失的概念。德国人很少遇到这种麻烦：例如，他们很愿意看到欧洲凭自己的能力在世界舞台上扮演一个角色。但是德国人并不准备停止将自己视为德国人，那将不可避免地限制他们准备成为欧洲人的热情。目前尚不清楚何时会达到极限，以及德国政客们是否有能力提前识别它们。

回想起来可惜的是，2014 年任命欧盟委员会主席的过程，没能引起德国民众对欧洲忠诚性质更深刻的反思。在德国，由欧洲议会最大政党团体提名的候选人获得职务的程序，被誉为民主的胜利。这样的民主放在欧洲来看，是假设只有一个欧洲民主国家，其公民都是欧洲人，因此尽管个人持反对态度，他们必须接受多数表决的决定。但是，对英国选民来说情况并非如此，他们并不认为这就是民主。

很少有德国人问自己，如果他们是英国人，他们会有怎样的感受。有英国人被任命担任欧盟的职务，在英国遭到了所有主要政党的反对，并且在欧洲议会内没有得到任何一名英国议员的支持。

有意思的是在德国，有关让 - 克洛德·容克当选的所有讨论中，没有人对这一民主形式提出合法性问题，但有很多关于戴维·卡梅伦没有投票给他的评论（主要是批评）。没有一位记者或评论员指出，卡梅伦的立场明确反映了英国人民的意愿。

当然，对德国人来说，情况看起来大不相同。现在，不大可能以投票的方式击败德国。德国人在欧洲议会中占主导地位，很难想象在某种情况下可以选择没有得到德国人高度支持的委员会主席候选人。

未能解决的各国与欧洲不同身份的兼容问题，一直是所有德国政客在讨论欧洲事务时经常提及的。因为他们自己的国家不为过去感到自豪，所以他们认为可以建立一个同样没有值得骄傲的过去的欧盟集体，他们甚至会利用这一点。在德国人看来，欧盟的特征是保证欧洲的稳定，“德法和解”被视为达成欧洲和解的先驱。他们的基本假设是欧洲各国过去未能防止战争，因此国家本身不足以成为治理机构。

他们无法理解的是，德国的情况是独特的，欧洲其他国家不像德国那样彻底抛弃了过去。对于大多数德国的欧盟合作伙伴而言，历史在他们的民族意识和民族认同感方面仍然发挥着重要的作用。英国可能是一个极端的例子，但它也适用于许多其他国家，例如意大利，它大约是与德国同时成立的一个国家。

欧洲曾有两次尝试建立没有任何共同历史遗产的新的政治实体——苏联和南斯拉夫，最后都以眼泪告终，回到了原来独立国家的状态，南斯拉夫还经历了可怕的战争。许多德国人会争辩说，这两个国家都因特殊情况而终结乃至灭亡，无法与欧盟进行有效的比照。他们会指出美国的历史表明民主制度可以在不依赖过去的情况下发展起新的国家认同。

但是美国是一个移民国家，人们有意选择过新的生活。欧盟由现有成员国组成，其中大多数公民对其现有国籍感到满意。可以试着说服这些公民，或至少其中许多公民，让他们接受在欧洲建立一种涉及自愿分享主权的超国家合作形式，但是，他们不愿接受必须放弃或降级原来所依附的身份。

迄今为止，当德国政客谈论欧盟时，倾向于说他们当然不希望废除欧盟成员国，并且他们能够接受法国人永远觉得自己是法国人，英国人永远觉得自己是英国人的事实。但是他们的行动方式表明，他们认为这是一种需要加以安抚的特例，而不是欧盟政治发展过程中的基本限制因素。他们不愿意承认的是，德国人也会一直觉得自己是德国人。德国在欧洲的领导地位反映了一种心态：过去没有任何意义，欧洲的建设可以像 1945 年 5 月 8 日零点后德国的重建那样进行。德国人对自己历史包袱的拒绝令人敬佩，这也使他们对许多合作伙伴的民族自豪感缺乏敏感。毕竟对于合作伙伴们来说，那种自豪感在他们心中唤起的是骄傲，而不是羞耻。

德国的政客们可能还低估了在德国民众心目中仍然占主导地位的继承性的德国人观念。德国人的过去没有荣耀，这个事实并不意味着他们觉得自己不是德国人。

英国脱欧是否会导致德国的政治阶层重新考虑欧盟成员国的国家认同问题，还有待观察。到目前为止，还没有任何这方面的迹象。人们一直在谈论“欧盟需要改变”，但没有说明该如何去做。当然也没有人承认，国家认同问题是欧盟面临的挑战的核心。

在过去 60 年里，德国人在成长过程中看着欧盟成为其管制下的政治框架中的重要组成部分。但是，如果这种发展要求德国人将其国民身份服从于欧洲身份的话，那么民众的不满情绪可能会加剧。而且，如果身份问题与金钱问题相关联，也就是说，如果德国人必须向扩大的欧盟预算支付更多钱，不满情绪就有可能发展为更加决绝的敌意。

这将使德国政府感到担忧。但此时此刻，政客们闭上了眼睛，只当没看见。

第五章　柏林的外交法则

德国人喜欢被人喜爱。几十年来，除与法国的关系外，德国欧盟政策的一个关键特征，就是决心将自己定位为较小成员国的朋友。德国总理赫尔穆特·科尔阐述了这样的想法，他认为正是由于德国的实力及历史，德国应该对其他成员国的利益高度敏感。

1. 欧洲的问题，就是法德两国的问题

德国在欧洲经济决策中的主导地位，现在已经成为现实，并且很有可能在可预见的未来持续下去。这里有四个方面的原因，首先，起草有关条约并得到所有成员国的一致同意，反映了德国的做法和价值观。多年来，德国的经济思想已经充分灌输进欧盟委员会。其次，德国代表的经济模式是成功的。德国本身显示出了足够的韧性，可以有效应对一系列不断的冲击，同时仍保持其国民经济的高增长率和高水平的社会供给。第三，德国是欧盟人口最多的成员国，也是欧盟预算的最大资助国。吹笛者通常会给乐队定调。第四，目前尚无可信赖的经济模式，可以让任何欧盟成员国与德国成为竞争对手。在欧洲，就基于需求刺激还是赤字融资的经济政策而言，还没有一个成功实施了这些政策的国家的案例。

因此，无论是热情参与还是不情愿地跟随，德国的欧盟合作伙伴都按照应德国要求所设立的欧盟有关规定去做了。

这并不意味着德国无须关注其他国家所关心的问题，但近年来德国对这方面的反应变得更加局限了。

事情并非一开始就是这样的。德国人喜欢被人喜爱，几十年来，除与法国的关系外，德国欧盟政策的一个关键特征，就是决心将自己定位为较小成员国的朋友。德国总理赫尔穆特·科尔亲自阐述了这样的想法，他认为正是由于德国的实力及历史，德国应该对其他成员国的利益高度敏感。

结果，德国好几次都不愿在欧盟中使用自己的权重，来支持那些

尽管明智且符合德国自身利益，但在其他国家中不受欢迎的决定。例如，德国本来可以在1981年坚持希腊还没有准备好成为欧共体正式成员的要求。1975年希腊恢复民主之后，欧洲经济委员会分析了希腊的经济状况，更重要的是分析了希腊的公共行政管理状况，并得出结论，认为希腊没有准备好加入欧洲经济共同体。然而委员会提交了一份所谓的“保留意见”，提出了一种特殊的合作伙伴关系，即留出时间让希腊逐步达到成员国的资格条件。

但是，各成员国对此有不同的看法，他们认为希腊可以加入欧洲经济共同体。这是欧洲经济委员会历史上第一次拒绝委员会就重要问题发表的保留意见，原因纯粹是政治性的。正如法国总统吉斯卡尔·德斯坦对当时担任委员会主席的法国人弗朗索瓦·奥尔托利所说的：“你不能对柏拉图说‘不’。”

这种观点曾经得到了广泛的同情，但是如果德国政府坚持认为委员会的判断是正确的，应该得到尊重，那么它很可能会推迟希腊的加入。人们事后的共识是，在新的成员国加入之前，应该确保那个国家有一个运转正常的税收体系，和一个不是建立在任人唯亲和腐败基础之上的公共服务系统，这对整个欧洲经济共同体都是有利的。

2004年，塞浦路斯加入欧洲经济共同体时也出现了类似的情形。可以预见的是，接纳一个分裂的岛屿进入欧盟，将与土耳其产生巨大的政治冲突。土耳其与德国有着特殊的利益和联系，当时就有德国官员警告说，接纳塞浦路斯会带来麻烦。有一位德国官员甚至试图在最后一刻说服正在滑雪度假的德国外交部部长克劳斯·金克尔再次审视这个问题，但这些努力都无济于事。德国政府决定不引起争论（当然，英国政府也应该对此有所了解。但至少英国因为在该岛的希腊部分建有两个军事基地，因而有具体的利益考量）。

当涉及欧元问题时，德国再次决定随大流。它在 1998 年投票支持最初的欧元成员国，而那个成员国的范围太大。它投票赞成在 2002 年接纳希腊，在 2008 年接纳塞浦路斯。在以上这三种情况下，德国经济学家们都提出了风险警告，但政府三次都决定不理会他们。

在应对当前的欧元危机时，德国政府变得更加刻板了。想要讨人喜欢并不是当前德国政策的主旋律。曾于 2012 年在雅典街头大量出现的，带着希特勒式胡子的安格拉·默克尔的招贴画，在过去可能会在德国引起惊恐和反省。但此时则不然，它们似乎增强了德国政府确保希腊遵守欧盟纾困条款的决心。

德国的这种新的韧性，可能反映出一种从过去的错误中吸取教训的决心。但这也可能是因为现在面临的风险对欧洲的经济治理方式至关重要，它直接关系到德国自身的国家利益。

受德国影响的不仅是像希腊那样的小国，法国也有这种感觉。法国一直是德国最重要的欧盟伙伴。戴高乐总统和阿登纳总理于 1963 年签署的《爱丽舍条约》是在 1957 年《罗马条约》之后制定的，它不仅涉及两国的双边关系，也承诺两国应在共同市场的框架内进行合作。至少从那时起直到最近，它们都是这样做的。

传统上，这种合作采取两种形式。在高级政治层面，历届法国总统和德国总理都达成了共识，并就欧盟合作的各个方面发起联合倡议。他们将法德关系描述为欧洲动力的源头，并在随即召开的欧洲理事会会议上定期提交联合文件或提案。不论相关人士的政治背景如何、个性如何，两国一直都保持着这样的合作关系。阿登纳和戴高乐都来自传统的保守派，但是两国的关系继续由赫尔穆特·施密特和瓦莱里·吉斯卡尔·德斯坦，赫尔穆特·科尔和弗朗索瓦·密特朗以及犹豫不决的格哈德·施罗德和雅克·希拉克继续维持着，尽管他们的政党背景各不相同。

其他部长和公务员的联系网巩固了政府首脑的关系。事实上，正是公务员的这种工作习惯使法德关系变得如此独特和有效。

几十年来，几乎每个法国和德国公务员都被要求记住他或她合作对象的电话号码。他们定期打电话或发电子邮件。他们知道，只要他们向自己的政府提出建议，就会被问到法国人或德国人对有关问题的看法。因此，他们必须确保尽早发现，并尽最大可能制定出符合合作伙伴利益的政策。

在英国，如果某个公务员遇到欧盟问题，往往会尽早寻求部长级的指导。一旦他们知道部长们想要什么，或者认为他们想要什么，他们就会设法寻找实现这一目标的盟友。当然，一旦制定了某项政策，任何偏离或背离这项政策的行动都将被视为一种失败。如果政策已经公开，后果更为严重。

相比之下，传统上法国和德国的官员在寻求任何部长级决定之前都先进行对话。当他们向部长提出建议时，他们将尽可能提供他们认为不会与合作伙伴发生摩擦的建议。通过这种方式，他们确保部长们从一开始就可以对两国政府可以接受的共同立场有一个清晰的了解。如果他们认为那是可以接受的，那么他们就会认可它，而不必经历后续的妥协或退让。

当然，这些只有在法德合作的政治背景的支持下才有可能进行。如果部长们可能做出的反应是问为什么另一个政府的意见受到了这样的尊重，为什么他们没有确认并大力追求自己国家的利益，那么官员们就不可能采取这种工作方式了。然而历史上，公务员们知道，实际情况通常恰恰相反，他们的部长们更期望不必处理展现法德争斗前景的卷宗。

德法关系良好无疑符合两国的利益，并促进了欧盟决策过程的广泛开展。如果欧洲两个最大的经济大国（过去50年中的大部分时间都是法国和德国）已经达成协议，那么让其他国家加入合作通常不会太困难，尤其是因为任何法德交易都可能不仅代表着这两个国家的妥协，而且也反映了整个欧盟内部的意见平衡。

但是这种关系最终变成了排他性的。联合文件会出现在欧洲理事会会议之前，不是因为两国政府有什么非常新颖的提议，而是为了表明它们控制了议程。法德合作的动力本身终结了自己：它成了谁在驾驭的标志，而不是到达目的地的手段。

这一点在玛格丽特·撒切尔担任首相期间就显而易见了。1979年她上任时，欧洲的决策是由赫尔穆特·施密特和瓦莱里·吉斯卡尔·德斯坦主导的。他们两人都已执政5年，建立了亲密的个人关系，他们期望着他们都不认识的新任英国首相会向他们表示适当的尊重。当撒切尔坚持认为需要采取一些措施来减少英国为欧盟预算提供的款项时，他们确实试图以长者的身份来照顾她。

那是最糟糕的处理方法，所以不管用。撒切尔夫人抵达欧洲理事会会议时得到的情况简报，要比法德两国领导人的更完备，因此当他们弄错事实的时候，她毫无顾忌地公开指出他们的错误。她把他们当作参加会议的其他政府首脑一样对待，这是他们不习惯的。正如资深的德国外交部部长汉斯-迪特里希·根舍对他的英国同事卡林顿勋爵私下里所说的那样："你的首相伤害了我的总理作为男人的自尊。"

最终，撒切尔夫人解决了英国预算的问题，欧盟于1982年向英国返回了它多缴的部分，返回的部分直到今天几乎没变。施密特和吉斯卡尔·德斯坦，以及他们各自的继任者赫尔穆特·科尔和弗朗索瓦·密特朗，一直都很尊重她，但他们仍然决心通过法德关系去推动欧洲的发展。

20 世纪 80 年代后期，欧盟最大的问题是建成单一的市场。在欧盟委员会内部，主要推动者是来自法国的欧盟委员会主席雅克·德洛尔和负责此事的英国专员科克菲尔德勋爵。在成员国中，英国和撒切尔夫人本人都非常支持这件事。

1985 年，英国在米兰召开欧洲理事会会议之前散发了一份文件，提出了一些推进单一市场的倡议，德国人对此表示支持。最初看来，英国的文件将成为欧洲理事会会议这一部分议程上的主要议题。但是在最后一刻，德国人撤回了他们的支持，并与法国一起提出了他们认为应该作为讨论基础的另一份文件。

法德的议案和英国的并没有原则性分歧，它的大部分内容与英国建议的内容一致。问题是有人要确立一项原则：只有法德的共同提议才能作为欧洲理事会会议讨论的基础。

赫尔穆特·科尔担任总理期间，这种法德关系的排他性观念就一直存在。当他卸任之后，曾有一小段时间这个观念看起来要受到挑战。

格哈德·施罗德成为总理时对法国一无所知。当我第一次拜访他时他告诉我，他曾去过法国，但只是一次度假。在德国社会民主党中负责与法国人关系的是主席奥斯卡·拉封丹，他能讲法语，也是德法边境萨尔州的州长，对法国非常了解。

施罗德的自然政治对手是美国总统克林顿和英国首相托尼·布莱尔。施罗德和布莱尔甚至一起发展出了某种政治哲学，它在英国被称为“第三条道路”，在德国被称为“新中心”。这是一种社会民主的形式，强调国家的作用将是民众培训和参与的积极促进者，而不只是消极的福利提供者。

施罗德与布莱尔在思想和个人关系上的紧密联系，也反映在对欧盟事务的处理方面。一些法国和德国官员的传统工作习惯开始被德国和英国的官员采用。有一段时间，欧盟内部的权力结构似乎正在进行转移。

但这一切都因伊拉克战争而中断了。布莱尔非常小心，不去批评施罗德政府对战争的立场。但是布莱尔屈从于乔治·布什，令施罗德感到巨大的失望。更重要的是，在就第二项联合国决议进行表决时，德国在联合国安理会中本来与法国结盟（德国于 2003 年成为安理会成员），但是让德国政府极为恐惧的是，法国在最后一刻改变立场并决定参加军事行动，就像在 1990 年海湾战争中所做的那样，那将使德国的反对立场陷于孤立。

结果，施罗德让自己与法国在欧盟的立场保持一致。他同意了为未做改革的《共同农业政策》保留资金的决定，并且明确表示他认为与布莱尔的政治关系已经结束了。他恢复了已被淡忘的经常与法国总统会晤的习惯。当 2005 年安格拉·默克尔上任时，法德合作的动力机器才恢复到了全油门的状态。

像施罗德一样，安格拉·默克尔也不是一个对法国持有任何历史或感情包袱的人。在 1990 年之前，她没有机会访问西方或了解其他许多西欧国家。她除了说德语以外，英语和俄语也还说得不错，但她不会说法语，她休假时通常去意大利或奥地利。在 2005 年担任法国总统并自视为欧洲资深政治家的雅克·希拉克身上，她没能找到任何值得同情的迹象。

尽管如此，她还是遵循赫尔穆特·科尔的做法，在担任政府环境部部长期间礼节性地提到法德合作动力的重要性。当尼古拉斯·萨科奇在 2007 年接替希拉克时，默克尔获得了一位法国对话者。尤其是萨科奇当政之初似乎致力于推动法国和欧盟的市场经济，法德两国的交往更为频繁。因此，他们恢复了联合递交参加欧盟会议文件和保持共同立场的习惯，并创造了“默科齐”一词来形容他们的做法。然而随着银行业危机和随后的欧元危机，人们发现“默科齐”所主张的明显是德国的立场。这种情形出现在2011年，当时需要就如何处理公共财政失控的欧元区成员国危机，以及如何确保这种情况今后再也不会发生做出决定。安格拉·默克尔的政策直截了当，必须拨款给需要财政支持的国家（最初是希腊、爱尔兰和葡萄牙），但要附带严格的条件，包括大量削减公共支出、增加税收和一个恢复预算平衡的时间表。此外，所有欧元区国家都应签署具有法律约束力的协议，即《财政联盟条约》，永远遵守《马斯特里赫特条约》关于赤字和借款的原定标准。

目前尚不清楚萨科奇是否在理智上认同这是一种明智的方法，但他还是同意了。这位法国的前总统可能宁愿不过度紧缩开支，也要采取更多措施来鼓励增长。他很可能意识到德国政府不会偏离自己选定的道路，法国最好仍被视为与德国共同控制议程。萨科齐想的肯定是决不能让委员会来设定辩论的主题。一段时间以来，他一直坚信欧盟应由其成员国而不是其机构来领导。

不得不在欧元问题上充当德国之后的第二把提琴手的法国，认为自己处在一个不讨好的位置，但是在外交政策方面，萨科齐带领的法国能够发挥重要的领导作用。在联合国关于利比亚的谈判中，是法国、英国和美国确定了议程。俄罗斯和中国持有不同立场，对出于人道主义目的而授权使用武力的重要决议弃权。德国保持最低的调门，最后也投了弃权票。

法国和德国在这个关键问题上投了不同的票，这一事实表明法德关系的局限性。这也意味着随着利比亚危机的蔓延，欧盟根本没有发挥任何作用。军事行动是在北约框架内进行的，法国和英国而非美国是主导。德国可能在欧盟的经济政策制定中占主导地位，但是当谈到硬实力时，实际上当之无愧的是法国和英国。

如果萨科齐在2012年总统大选后继续任职，法德关系是否存续下去？这一点当然是无法判断的。那个时候，它已经开始显现出一些磨损的痕迹了。与德国相比，法国自身的经济表现并不太好。有人提出法国可能有一天也需要某种形式的纾困，而且没有迹象表明法国对欧盟的决定有任何特别的影响。安格拉·默克尔似乎也觉得法国同行任性的行为方式有点令人不快。

然而，在萨科奇的继任者弗朗索瓦·奥朗德身上，默克尔发现了一种不那么友善的态度。在法国大选前，奥朗德批评了安格拉·默克尔的欧盟政策代表作《财政联盟条约》。默克尔拒绝与他见面。如果奥朗德当选的话，他至少已经做出努力来寻求改变。

在奥朗德就职典礼的当天，默克尔发表一项声明，直言不讳地说各国已经签署了《财政联盟条约》，因此不可能再对其进行任何修改。在呼吁采取措施促进增长时，她的发言人明确表示，德国认为这些应是对劳动力市场进行改革的措施，而不是赤字支出。

奥朗德迅速接受了《财政联盟条约》神圣不可侵犯的事实，但是在当选后的第一次欧洲理事会上，他试图组织起一个倾向采取促进增长措施的多数派。他故作姿态地与意大利总理和西班牙首相结盟，而所谓的《增长与就业契约》最终得到了整个委员会的认可。法国总统在欧盟的相关问题上以这种方式对付德国是前所未有的。德国媒体有文章推测，欧洲可能会出现一种新的权力格局，可能削弱德国的影响力。

但这样的情况并没有发生，欧盟经济的基本现实很快就重新确定了德国的主导位置。如果德国不愿引入欧洲债券或其他债务共融措施，欧盟就不会引入。而且，如果德国选择不刺激进口或增加消费支出，就没有人可以强迫它这样做。奥朗德总统和他之前的其他人一样，别无选择，只能按照德国的优先顺序调整政策。

法国和德国之间的关系对于欧盟的发展仍然是至关重要的。安格拉·默克尔可能对法国不抱任何感情色彩，对弗朗索瓦·奥朗德也没有太多的个人看法，但她至少会在表面上维持继续执行其前任政策的样子。

法国的特别重要性植根于德国官员的心理和工作习惯，然而两国的关系已经变得不平等了。这两个国家有着不同的利益和不同的政治议程，而这将决定整个欧盟的发展。两国都赞成更多的一体化，但它们希望进行一体化的领域是不同的。德国希望在税收和银行业，以及更严格的财政纪律等领域，集中更多的主权。除此之外，德国不打算扩大自己在欧盟中的预算，或集中其成员国的债务。在外交政策和国防领域，德国希望看到更多的欧盟共同行动，并愿意放弃自己的主权来实现这一目标。

相比之下，法国的目标始终是利用德国的经济实力来造福整个欧盟。受法国启发的欧盟，将涉及通常用于资助基础设施项目的欧洲债券，并认为国家援助应发挥更大的作用，以及接受更高的通货膨胀风险。法国原则上也赞成推行更多的欧盟外交政策，但是如果这意味着减弱法国自身发挥国际影响的能力，那将是不可接受的。迄今为止，法国政府从未表示愿意遵循欧盟的意愿放弃法国在联合国安理会常任理事国的地位。

法德关系中一个潜在的，没有得到明确承认的讨价还价的交易可能还会持续下去：法国接受实质上是自由主义的欧盟的对外贸易政策，德国则接受提供欧盟农民高额补贴的农业政策。有人断言这样的讨价还价牺牲了双方的利益：法国天生就是贸易保护主义，但由于德国的坚持，法国只能签署自由贸易议案；而德国在法国的压力下也只能认同向农民大量付款的必要性。

事实真相更加微妙。许多法国政客和官员确实怀疑他们不时说起的盎格鲁-撒克逊国际经济政策，并将“自由经济”视为贬义词，而不是赞同自由主义的经济政策。但是，随着法国在航空航天和汽车等领域发展起了自己的出口导向型产业，法国工商业界的态度发生了变化。法国的雇主们认为法国公司可以在大多数工业领域中进行国际竞争。因此，他们倾向降低关税而不是增加关税的政策。

当然，在国际贸易谈判中，法国对某些领域非常敏感，农业和文化是两个最突出的例子。法国人大力捍卫自己在这些领域的利益，有时他们对确保委员会坚持协商一致的谈判立场，不寻求在委员会外达成妥协的决心几乎有些偏执。尽管最后他们通常倾向于寻找一个解决方案，而不是孤立地坚持不懈。他们作为贸易保护主义者的吠声比实际上的咬人行为给人留下了更为深刻的印象。

德国在农业领域的谈判情况也是如此。欧盟共同农业政策的改革之所以如此曲折而缓慢，是因为德国从未将其作为优先事项。这部分是由于与法国的关系，同时也因为德国真的不愿意而不是假装不愿在农民身上花钱。

在欧盟成立之初，共同农业政策是为直接的政治目的服务的，它为德国南北之间的资源转移盖上了一层伪装。巴伐利亚州的农业主要集中在小规模的单位里，农民通常是兼职的，不具备国际竞争力。当时的巴伐利亚州是德国较贫穷的州之一，而小农户在其经济中发挥了重要的作用。共同农业政策意味着可以通过欧盟获得支持巴伐利亚农民的资金，否则它将不得不成为国家收入分享（总体预算均等化机制）的一部分，并且在政治上引起争议。

统一后德国农业结构发生了变化。尽管巴伐利亚的小农户群体仍然是重要的游说对象，但他们不再主导德国农业政策的制定，这一时期的主要关注点，转向了德国东部地区农民的利益。

在民主德国期间，由于实行了农业集体化，农场很大，但是效率很低。集体农庄的机器是老式的，生产率低下，但这种生产模式的好处是乡村相对未受破坏，滴滴涕杀虫剂和其他农药尚未广泛获得或使用，结果是当地的动植物生长繁盛，田野上到处都是野花、鸟类和种类繁多的动物。在柏林的公园中会发现野猪和繁殖的鱼鹰，海鹰也会定期探访柏林的主要湖泊。通常只有在俄罗斯偏远地区才能见到的野狼和大鸨，也在勃兰登堡门周围幸存了下来。在德国首都的众多乐趣之一是，人们可以轻松地逃离城市进入开阔的乡村。这座城市的西部被长期包围的事实，意味着困扰欧洲许多城市的丝带发展类型没有出现。

随着德意志民主共和国的消亡，集体农庄被私有化。许多曾经的农庄仍然保持着很大的规模，这改变了德国政府对农业补贴的看法。以前主要是保护巴伐利亚州小农户的利益，现在则要确保东部大庄园的所有者脱离不利的地位。统一以后的几年中，德国一直反对任何有关欧盟共同农业政策应主要集中于小型生产者的建议，尽管有被令人信服的数据所证明的社会案例。相反，德国坚持认为控股的规模无关紧要，所有补贴应该向所有人开放。

在这方面，德国的立场与英国相似。历届英国政府的虚伪行为之一，是假装他们赞成减少欧盟内部的农业支出。对于不在英国种植的橄榄油、葡萄酒或烟草等产品而言，情况就是如此。但是当涉及诸如谷物和牛奶之类的真正高价商品时，改革的热情就消失了。占主导地位的是英国东安格利亚地区大麦大亨的利益。

通常总是由法国为共同农业政策的罪孽承担责任。但是，正如法国在国际贸易方面的保护主义并不总像人们描绘的那样，德国对农业改革的承诺也比其假装做出的要少。

2．德国最感兴趣的国家是波兰

与和法国的关系相似，德国最近在欧盟内感兴趣的国家是波兰。德国与波兰的关系不是平等的，它不受任何可与《爱丽舍条约》相提并论的法律条款的支持，也没有类似法德官员的紧密联系。然而，德国部长们仍在尽一切可能保持与波兰同僚们的联系。

这既有地理上的原因，也有历史的原因。对于德国而言，除了自身的统一以外，冷战结束所带来的决定性影响是，现在德国被朋友和盟友所包围了。德国与其他 9 个国家（丹麦、荷兰、比利时、法国、卢森堡、瑞士、奥地利、捷克共和国和波兰）有共同边界，其中与波兰的边界最长。

波兰也是争斗最多、政治上最为紧张的地方。今日波兰的大部分地区曾经是普鲁士或萨克森州的一部分，它们是德意志帝国的先驱，居住在这些领土上的许多人都是德国人。在德国，人们对失去它们的敏感度远远高于失去阿尔萨斯 - 洛林。在第二次世界大战期间，德国军队犯下的所有暴行中，在波兰发生的暴行是最为严重的。根据纳粹的意识形态学说，波兰人像俄罗斯人一样，是“次等人类”，要被作为“次等人类”来对待。在 1939—1945 年，约有 600 万波兰人死于德国人手中，其中一半是犹太人。几乎所有死者都是平民，他们都是被冷血谋杀的。

因此，毫不奇怪，德国人对他们的东部邻居感到特别内疚。冷战期间最引人注目的视觉图像之一就是联邦德国总理威利·勃兰特跪在华沙犹太区起义纪念碑前的一幕。勃兰特当时正在访问波兰，主要目的是签署一项条约，该条约最终承认了 1945 年出现的波兰边界，这是他的东方政治政策的关键时刻。他的下跪显然是当场自发的决定，这使所有在场的人都感到惊讶。他后来说，当他无法用语言表达时，那就是他所能做的一切。

勃兰特的姿态在德国被称为“华沙下跪”，在当时颇具争议。根据《明镜周刊》发表的民意测验显示，有 48%的联邦德国人认为这么做过度了，41%的人认为是适当的，而 11%的人则没有表达看法。到了今天，它已被视为一种真正的政治家风度，对勃兰特自己的国家和东欧地区都产生了深远的影响。第二年即授予他诺贝尔和平奖的诺贝尔奖评委会，也一定不会忘了他这一非同凡响的举动。

然而即使在勃兰特的访问和批准关于波兰边界的条约之后，在后续 20 年的冷战中，两国的关系仍然是很艰难的。接受波兰的边界，特别是波兰和民主德国之间的奥德河 - 尼斯河边界线，意味着德国彻底放弃了德国人居住了多个世纪的东普鲁士和西里西亚的土地。距柏林只有几小时车程的布雷斯劳（弗罗茨瓦夫）或斯特丁（什切青）等波兰城市，是许多德国人家庭历史的一部分。在实际生活中接受这样的损失是一回事，签署一项条约承认这一损失为合法，对一些人来说，这一步跨得太大了。

德国的政治右翼势力对《华沙条约》的反对最为强烈，它得到了一个名为“被驱逐者协会”的组织的支持。这个组织成立于 1957 年，目的是保护战后几年间被驱逐出中欧和东欧国家的德国人及其后裔的利益。协会的许多早期领导人都有参与纳粹的历史，它的成立宪章没有提及这些德国人被驱逐的历史背景。

因此，尽管《华沙条约》最终于1972年得到联邦议院的批准，但波兰人担忧德国人可能会采取某种形式的报复，且这种担忧从未得到完全缓解。那项条约包含一个条款，明确表明它将不会损害构成第二次世界大战解决方案的最终条约。因此从理论上讲，波兰的边界仍有可能在某一天发生改变。

直到1990年之后，在建立德国统一原则时达成的所谓“2加4”协议，才最终确定了德国的东部边界。波兰曾一度担心，某些德国人可能会试图收回或购回其家人1945年之前在东普鲁士或西里西亚拥有的财产。一旦事实证明这种情况将不会发生，两国间的关系就得到了极大的改善。

这并不意味着波兰人从未尝试利用过去。2007年讨论欧盟投票权问题时，波兰总理雅罗斯瓦夫·卡钦斯基建议，波兰的应享权利不应该基于其实际人口，而应该基于波兰人在第二次世界大战中没有被杀而可能产生的人口。据报道，德国总理安格拉·默克尔没有为之所动，而是让其他人去提醒波兰人，建立欧盟的根本目的是逃离过去，而不是让它永远存在下去。

除了这种偶尔的争执，德国政府现在将波兰视为一个与其有着天然亲和力，并应认真对待其看法和关切的国家。同样在波兰，人们对过去的敏感度也在下降。2013年时，波兰前总统莱赫·瓦文萨——自己承认不再是波兰公众舆论的准确晴雨表——曾暗示波兰和德国应该成立一个联邦联盟。

德国与波兰关系蓬勃发展的原因之一，是当年波兰加入欧盟时，德国政府坚持必须有一个7年的过渡期，以能让波兰全面实施欧盟关于劳动力自由流动的规定。结果，2011年限制取消后，波兰的经济更加强劲，年轻的波兰人离开波兰的倾向也有所减少。

这并不意味着波兰移民在德国不是一个政治问题。它是一个政治问题，但并不像英国的波兰移民那样与总移民人数有关，而是与诸如获得社会保障福利，特别是波兰儿童的社会保障福利，以及规避德国对专业资格的严格规定等问题有关。实际上，居住在德国的波兰人要比在英国的多得多（德国有150万，而英国只有85万），但最近来德国的波兰人少了，而且分布在全国各地。德国的农业，特别是德国东部地区，长期以来一直依赖来自波兰的季节性工人。

在21世纪初，德国联邦议院曾试图阻止这种移民潮。当时政府告知雇主们，他们在雇用任何波兰人收获芦笋之前，首先要从失业登记册中招募德国人，而失业的德国人则被告知，如果他们拒绝接受工作，就将失去失业救济的福利。结果是一场灾难，大多数德国人在农场里干了一两天就不行了，他们抱怨说工作太辛苦，宁愿不拿福利生活下去。

与英国林肯郡和东安格利亚的波兰农业工人不同，德国的波兰农业工人往往不倾向在德国永久定居。因此，他们的存在尚未成为当地居民的敏感问题。德国也没有英格兰部分地区无处不在的“波兰杂货店”。也许德国的波兰人很乐意消费德国的小黄瓜和火腿，而不是从波兰进口。

德国像波兰一样，政府首脑都有在社会主义制度下生活的经历，这一事实无疑有助于发展个人的关系。在卡钦斯基双胞胎兄弟当政的时代后，新一代的波兰政治领导人在德国被认为应该在意识形态上获得同情。他们分享了德国对开放市场、自由竞争和大西洋主义的信念，同时仍然是欧盟和欧元的坚定支持者。

2015年，法律与正义党在波兰重新掌权，德波两国的关系开始变得紧张起来。波兰新一届领导人不怕批评德国的政策，特别是移民方面的政策，并且在当德国清晰地表达了欧盟的愿景将不涉及资源转移或贷款担保时，他们对不久后加入欧元区持有更大的怀疑态度。尽管如此，许多德国人仍然认为波兰是德国继法国之后应特别加以关注的国家。

实际上自1991年以来，这三个国家（德国、法国和波兰）通过一种称为“魏玛三角”的三边合作形式相互联系在了一起。这只是一种松散的关系，最初基于国家元首、政府首脑和外交部部长间的不定期会晤。它的重要性在过去20年间具有很大的象征意义，但最近召开会议的频率有所增加了，包括环境、经济和国防部部长的聚会，甚至还有一个小的“魏玛三角作战小组”（尽管似乎没有任何明确的军事任务）。

在2014年乌克兰危机初期，该组织还发挥了实际上的作用。德国、法国和波兰的外交部部长在欧盟外交事务高级代表的陪同下，试图促成亚努科维奇总统和反对派领导人之间的协议。如果那项协议得以执行，可能会让乌克兰更缓慢、更平静地进行政权更迭，而不会激起乌克兰东部地区的动乱，以及俄罗斯占领克里米亚。

但是反对派拒绝了那项协议，亚努科维奇总统逃离了乌克兰，一连串事件发生了。乌克兰危机的有趣之处在于，这三个国家首次与欧盟结合，共同努力寻求发挥其集体影响力。这次失败并不意味着它们不会再进行尝试。

令人惊讶的是，魏玛三角的这次运作没有在英国得到多少关注。一小部分欧盟国家与欧盟高级代表一起行动的想法本身并不是什么新鲜事物，这是在处理与伊朗关系时就已经应用了好几年的模式。新鲜的是英国没有参与。尽管是联合国安理会的常任理事国，是1994年用确保乌克兰领土完整换取其放弃核武器的《布达佩斯协定》的签署国，英国实际上已经边缘化了。

目前尚不清楚这种形式的三边合作是否能发挥更重要的作用。欧盟内部还有许多其他非正式的组织，例如比荷卢经济联盟、北欧和维谢格拉德（波兰、匈牙利、捷克共和国和斯洛伐克）。但是甚至在英国决定脱欧之前，德国、法国和波兰就在与乌克兰的关系中表明，没有人确认乌克兰在欧盟的外交政策中具有优先权，这就让三边合作在预测欧盟的国际事务影响力方面扮演了不可或缺的角色。

3. 与英国的关系，基于共同的利益

除了法国和波兰，德国对自己关注的其他欧盟国家，不觉得有义务主动承担责任。这不意味着德国对其他合作伙伴无动于衷，只是，德国将仅仅基于德国利益，考虑如何去解决某些问题。换句话说，德国在这方面的行为与其他任何成员国是一样的。

这是德国在欧盟事务上与英国打交道时使用的传统方式。鉴于英国已投票决定脱欧，德国将来可能还会对英国这样做。除了格哈德·施罗德和托尼·布莱尔之间短暂的蜜月期外，没有哪个德国总理对他或她的英国伙伴特别热情。缺乏个人层面上的理解并不能阻止两国在许多问题，尤其是在国防和安全领域方面进行良好的合作，但这始终是基于共同的利益而不是基于情感的合作，是理智的选择而不是发自内心的愿望。

联邦德国战后第一任总理康拉德·阿登纳对英国非常不满，他是有充分理由的。1945 年 5 月，阿登纳被美国占领军任命为科隆市市长，这是他曾于 1917—1933 年担任过的职务。但是，根据那年夏天晚些时候达成的协议，科隆被转移给了英国占领军。1945 年 10 月，英国军事当局以无能为由将他解雇了。

被解雇的经历可能有助于阿登纳的政治生涯，因为这让他成了能与占领军对抗的人物，同时，也不可能让他对英国产生喜爱之情。他在回忆录中记录了他对那些能力低下的英国军官的看法，当时他不得不和这些人打交道。相比之下，他更为赞赏美国军官的能力。同时，他坚信德国要重新树立自己的声誉，成为一个受尊重的主权国家，与法国的关系将是至关重要的。

对英国的不满，并没有阻止阿登纳支持英国加入欧洲钢铁共同体以及后来的欧洲经济共同体。即使当时的英国政府决定不加入这些组织，阿登纳也确保联邦议院批准的 1957 年《罗马条约》中仍包含英国最终加入的可能性。

几年后，当英国在哈罗德·麦克米伦首相的领导下改变主意并试图加入欧洲经济共同体时，阿登纳明确表示需要征得法国的同意。德国支持英国的申请，但不想与法国开启争端。1970 年恢复英国进入欧洲经济共同体的谈判时，情况也是如此。威利·勃兰特是当时的德国总理，他没有阿登纳与英国对抗的历史包袱。但他也明确表示，尽管他和他的政府完全赞成英国成为欧洲经济共同体的成员，还是需要与乔治·蓬皮杜总统进行关键对话。德国不想为英国的利益承担过多的责任。

德国保护自己的利益并拒绝帮助英国的最令人震惊的事例，是 1992 年 9 月英国退出欧洲货币体系汇率机制。当然可以说，英国首先绝对不应该加入这一机制，不应该在 2.95 马克兑 1 英镑的汇率下加入。或者说英国退出的真正原因，是它未能控制住通货膨胀并提高生产效率。的确，德国在法律上没有义务帮助欧盟伙伴的汇率机制，而英国发现自己很难接受欧洲货币体系涉及的种种规定。然而令人震惊的是德国政府和德国联邦银行冷酷回应英国首相约翰·梅杰的呼吁，科尔总理拒绝干预，德国央行行长赫尔穆特·施莱辛格直截了当地拒绝购买英镑，或将德国利率降低0.25%。

是否如传言那样，施莱辛格实际上鼓励了投机者乔治·索罗斯采取行动来打击英镑，真相可能永远无人知晓。但是他不仅拒绝了提供任何实际支持，而且不想公开发表任何言论来安慰英国政府，甚至在一段时间里不接英国首相打来的电话。

施莱辛格的行为完全符合德国央行的决策，即控制通货膨胀，而不是充当欧盟的最终贷款人。德国央行具有业务独立性，不受联邦政府的指示。但是很难相信如果是法国要求帮助，德国会给予如此无礼的回应。

在格哈德·施罗德和托尼·布莱尔执政期间，还有一个德国不愿向英国提供特殊帮助的更为细小的例子。欧盟委员会提出在整个欧盟实施艺术家转售权制度的提案：所有在世的艺术家以及在过去70年内去世的艺术家的后代，将有权获得提案通过以后出售作品销售额的一定百分比。

提出该提案的理由是它将协调整个欧盟内部的销售，从而有助于实现统一的市场。但是新规定将在很大程度上影响英国的艺术品市场。约有70%的欧盟艺术品拍卖在伦敦进行，伦敦是世界上两个最大的拍卖行总部所在地，英国艺术界对此项计划表示强烈反对。英国认为，这样做的唯一结果，是将销售从伦敦赶往纽约或日内瓦等不征税的城市。

这是欧盟委员会提案的一个典型示例，这个提案侧重实现欧盟内部的整合，而不是提高欧盟企业在更广阔的世界范围内的竞争力。它的提出违背了一个成员国的意愿，那个成员国受到的影响将比其他任何成员国都大。因此，英国政府发起了强烈反对该提案的运动。托尼·布莱尔亲自向格哈德·施罗德进行游说。

然而一切都无济于事。德国人愿意支持比委员会最初提出的更长过渡时期的想法，但他们原则上不会反对这个提案。在德国已经存在这样形式的税收了，德国政府没有兴趣阻止其进入其他地方。

处理艺术家转售权问题的方式，在10年后成了有关金融服务监管争论的微观先驱。哪个更重要？是欧盟内部的协调统一，还是欧盟企业与美国或瑞士同行的竞争力？同时，是否应给予在其领土上进行大量经济活动的成员国的利益以特别的考量？

上述两种情况与德国都没有特别重大的利益关系，德国政府认为没有理由特别通融受到很大影响的英国。

这并不意味着德国对英国在欧盟中的诉求漠不关心。所有政党中的德国人都珍视英国的成员身份，并都强烈要求英国持续参与欧盟的活动。他们认识到英国是欧洲第二或第三大经济体（英国和法国的经济表现每年都有不同的统计），它包含了欧洲最大、最繁荣的城市，并且是欧盟中最古老的民主国家。

此外，英国的经济价值在许多方面都接近德国本身的价值。英国虽然不采用德国的劳资关系模式，其服务业市场也比德国开放，但传统上主张自由贸易、强有力的竞争规则和有效使用纳税人的钱。

还有更广泛的原因，使许多普通的德国人对英国感觉良好。英国曾在德国扮演过占领军的角色，后来成为德国的保护国，从而赢得了极大的尊重。1945年之后，英国政府立即有意做出决定，将资源用于其负责地区的政治再教育和公民基础设施建设，成立了诸如《世界报》之类的报社和《明镜周刊》之类的杂志社，并让它们获得了真正的编辑独立性。英国政府鼓励年轻的政治家和新闻记者学习自由民主的做法，并建立相应价值观，为此在英国的萨塞克斯建立了一个名为“威尔顿公园”的会议中心，工会组织也得到了支持。美国人曾一度支持“摩根索计划”（根据那个计划，德国将沦为非工业化的农业社会），但英国政府从一开始就着手恢复德国的工业，并让德国重新融入欧洲主流社会。

英国军事当局在 20 世纪 40 年代做出的某些判断很古怪。英国少校伊万·赫斯特负责将沃尔夫斯堡的大众汽车工厂产品线转换为民用汽车，并订购了两万辆。但是，他的上级并未将工厂转交给福特公司，而是将它免费赠给了德国的管理者们，理由是工厂生产的车型没有商业前途，因此该公司没有任何价值。大众汽车最终生产了 500 多万辆甲壳虫汽车，成为世界上最大、最赚钱的汽车制造商。

英国占领当局采取的开明做法，也反映在英国军事单位的行为中。这些军事单位在随后的 60 年中一直驻扎在德国，它们的美国同僚大部分时间都待在基地里，彼此交往，过着以军队专用店和基地电影院为中心的生活。而英国军队则更多地与当地社区融为一体，他们让当地的德国人使用军队的体育设施，邀请他们参加比赛，并与当地的民众领袖建立了密切的关系。

在驻有英军的城镇中，德国市长们尤其受人重视。他们不仅偶尔参加大型聚餐，有时还会被邀请访问部署在波斯尼亚或科索沃的军事单位。我曾经被带去帕德博恩市附近的森纳拉格基地参观一个大型的英国军事训练区。绿党的两位当地议员，而不是传统上的军事友人，也参加了这次旅行。我们开着车四处行驶，不仅看到了用于目标训练的生锈坦克，还看到了在射击场中快乐繁殖的当地野生动物，如苍鹰、黑鹳和林百灵。导游告诉我们，如果没有限制公众随意进入，这些野生动物可能很快就会消失。这时，我可以感觉到我的绿党同伴们变得越来越不安。

许多不同军阶的英国士兵找了德国人结婚。他们中一些人在服完兵役后留在了德国，在英国基地从事平民工作或投入到德国的社会生活中去。下萨克森州前州长戴维·麦卡利斯特就出自这种婚姻。

英国的军事存在对德国当地的经济大有裨益，英国驻德军队需要的许多商品和服务都是在当地采购的。当存在74年的最后一批英国部队于2019年离开德国时，北莱茵威斯特法伦州和下萨克森州的许多城镇都感到遗憾。与东方的俄罗斯同僚不同，英国士兵被视为保护者和朋友。

国防确实是英国和德国传统上联系最紧密的领域。在20世纪80年代，研究外交政策的学术界曾使用“寂静联盟”一词来形容这种关系，这种关系在公开场合比法德关系更隐秘，但在指导北约政策方面发挥了重要作用。

当然，美国曾经是，现在仍然是北大西洋公约组织中的主要军事强国，而北约也不可能干任何违背美国意愿的事情。但是冷战后期，英德牢固的安全关系对美国霸权而言，意味着是某种平衡的力量。

撒切尔夫人为阻止德国统一而进行的绝望且不切实际的尝试，意味着冷战后的英德关系起步不佳。但是，德国公众仍然非常尊重英国的政治文化、政府机构及其取得的成就。

即使大多数德国政客不同意促使英国脱欧的对其民主合法性的保留意见，但英国人对欧盟立法活动的关注，还是博得了他们的一些同情。戴维·卡梅伦在2014年欧洲大选后发表的演讲中表示，欧盟已经“太大、太专横、有太多干涉”了，引起了许多德国选民的共鸣。

事实上，2014年5月30日，德国财政部部长沃尔夫冈·朔伊布勒在为《世界报》撰写的客座文章中认为，欧盟需要的不是“更多”

的欧洲，而是一个更“智能化”的欧洲，即一个将精力集中在有限数量的核心职能上，放弃以前某些职责的欧盟。他明确主张的核心职能清单里，并不包括社会或司法政策。

英国保守党中那些主张改革欧盟而不是退出欧盟的人，受到了朔伊布勒建议的鼓励。他们认为在将欧盟重塑为原来的欧洲经济共同体的尝试中，德国是主要的盟友。他们并不试图阻止欧元区国家在财政和预算领域进一步一体化，但他们希望作为回报，德国能支持在欧盟成员国的核心义务与更广泛的单一货币国家之间建立起明确的差异。

他们的愿望并没有实现。

戴维·卡梅伦出任首相时，他希望将英国与欧盟的关系归入整个组织的重塑之中。他认为不久之后，欧元区成员国将需要谈判适用于它们自己的新条约规定，这将为英国提供一个机会，要求其放松对非欧元区成员国的承诺要求。

事情的发展并非如此。《财政联盟条约》生效后，欧元区国家财政和预算领域一体化的构想，在法律上继续走下去的热情消失了。各国政府认识到民众的情绪已经变了，欧盟将无法获得对实施更多预算纪律或监督新规定的支持。没有人愿意失去另一场公投，欧元区只需要继续使用已经存在的权力就行了。因此，如果英国需要进行新的安排，就必须另行谈判。反过来，这意味着德国和德国总理的人选成了关键的因素。

因此，在 2015 年英国大选前夕，发生了奇怪的影子舞。英国首相已经承诺自己和自己的党派要遵循的原则，如果他们在大选后组成政府，他们将寻求重新谈判英国加入欧盟的条件，并要求英国人民于 2017 年举行全民公投来认可这一结果。保守党领导人希望以这样的方式提出欧洲问题并可以把问题搁置到选举之后。因为英国回归欧盟的问题，在过去曾被证明对保守党极为有害。然而事情并没有按照这样的设想发展。英国独立党在 2014 年的欧洲大选中获得成功，得到了最高选票。然后在两次补选中，它让该问题重新成为政治辩论的焦点。因此戴维·卡梅伦感到有义务更加具体地说明他将寻求的改变，并试图就欧盟的移民问题明确表态。

他需要一个可以与其他成员国进行谈判的机会，这意味着要确保德国总理能同意他的想法，或者至少不反对他。因此，在对英国回归欧盟的问题做出坚定承诺之前，他必须先搞清楚安格拉·默克尔的反应。有几个月时间，英德双方释放了各自想法，提出了多种选择，而尝试的气球也在空中飞舞。欧盟国家间人员的自由流动权，与成员国经济趋同可能存在某种关联吗？如果到特定目的地的移民超过了一定数量，是否可以使用紧急制动机制？是否存在区分不同类型的潜在欧盟移民的空间？

然而一旦出现任何新的想法，德国人的反应总是一样的。默克尔女士的发言人，有时是默克尔女士本人，反复重申人员自由流动原则的至关重要性，以及德国对任何质疑此原则者的反对意见。因此到了最后，英国首相被迫撤回了解决这一问题的首选方案，即限制欧盟移民获得社会福利的权利。他放弃了设置任何有数量限制约束力的尝试。可以预见，英国独立党和许多保守派后座议员对此极为沮丧。

在晚一些的 2016 年 3 月，辞职的前英国劳务和退休金大臣伊恩·邓肯·史密斯，在为推动欧盟全民公决运动的过程中，在《太阳报》发表了一篇文章，抱怨说，安格拉·默克尔拒绝采取任何严格的控制移民措施，破坏了英国重新谈判其欧盟成员身份的意图。他说，就像“英国人和德国人坐在同一个房间里，即使他们并不在那里。那儿有一把专门为德国而设的椅子，一把德国人的椅子，椅子的主人对一切都拥有否决权”。

他的言辞可能过于激烈，但从本质上讲，他是对的。英国首相非常希望能让德国人站在英国一边，甚至他们可以在英国重新谈判成为欧盟成员之前设定条款，没有什么比这更能说明德国现在在欧盟内部事务中所占有的主导地位了。

戴维·卡梅伦在所谓的英国加入欧盟条款重新谈判一事上完全无能为力，在英国公投问题上的处理方式也是如此。没有人知道是否能说服英国民众继续留在欧盟，但戴维·卡梅伦对提出那项议程时人们完全消极的态度，负有重大的责任，制造恐慌并没有成效。

但是，安格拉·默克尔和德国政府没有采取任何措施来帮助他。一直以来，很明显移民问题将成为英国脱欧辩论中的关键问题。一个无法提供任何限制机制的英国政府，将被视为漠视选民担忧的政府。

德国政府可能认为需要坚持去做某些事情，需要认真解决某些问题。当然，中欧和东欧国家对德国的处理方式是心存疑虑的，而且还会有法律上的争执。但是，欧盟在用特殊的或过渡性的方式处理政治问题方面，有着悠久的历史。在此前提下，德国政府至少可以建议进行某种尝试。

但它没有这样做。默克尔总理和所有的德国部长，都没有对委员会、波兰人及其他人士施加任何压力，以便他们能更理解英国对移民问题的关切。德国人愿意提供的只是社会保障福利方面一些微不足道的改变，而这些改变在数字上没有任何实际意义，并在英国公投的过程中被广为嘲笑。

这也许会令人惊讶。毕竟，移民也是德国舆论中非常敏感的话题。在德国，欧盟移民的数量比英国要多。长期以来，人们一直担心移民会影响劳动力市场和社会服务。在关于波兰、捷克共和国和其他国家加入欧盟的谈判中，德国人坚持漫长的移民过渡期，直到有关人员自由流动的规定完全生效，并在德国满足了过渡期的全部时效为止。相比之下，英国政府选择不在英国实行过渡制，结果是来自新成员国的第一批欧盟移民主要去了英国。

因此在这个问题上，德国政府可能会对英国的要求表示一些同情。但是在德国，对移民问题的敏感性并不意味着质疑人员自由流动的权利。在德国人看来，确保移民不滥用社会保障体系是一回事，完全阻止他们到来是另一回事。德国的立场之所以坚定，部分原因在于人们坚信人员自由流动是欧盟的基本原则之一，同时也反映了德国自身的利益。如果因为对移民施加限制而对人员的自由流动提出质疑，无论这只是暂时还是有限的，那么在将来的某个阶段，都可能会因要求对货物的自由流动施加类似的限制，实施进口附加费或关税，而给德国带来巨大的伤害。

当然，德国的国家利益将促使德国倾向于保留英国继续成为欧盟成员国。如果英国不参与政策制定，那么欧盟在对外贸易的议程中可能会更倾向贸易保护主义，在预算选择上更加随意，在外交政策方面的影响力也会变小。英国的离开，会使德国在欧盟决策的许多领域失去一个自然的盟友。

但是英国并没有参与对欧元未来运作事务的讨论，这对德国来说是最重要的领域。随着德国总理和其他德国部长将越来越多的时间花在与欧元相关的事务上，会议桌上英国的缺席也就意味着他们脑海中的英国缺席。将英国保留在欧盟内是德国政府的目标，但并不是压倒一切的优先事项。

同时，这也不是人际关系起决定性作用的问题。安格拉·默克尔从不透露自己对外国同僚的个人看法（或者实际上还有很多其他的看法），人们所知的是她觉得戴维·卡梅伦很容易相处。2009年，当卡梅伦以党首的身份，将英国保守党从基民盟主导的欧洲人民党组织中撤出时，默克尔感到恼火。但是他成为首相后，默克尔还是对他显示了相当的礼貌和尊重。

最后，与对待其他英国首相一样，默克尔是否愿意帮助卡梅伦，取决于两个前提：对德国国家利益的评估，以及德国国内的政治环境。在任命让-克洛德·容克为欧盟委员会主席一事上，默克尔的突然变脸就已经表明，她在必要时将会羞辱英国首相。

到了欧盟公投之际，英国事实上已经成了欧盟的半独立成员。没有迹象表明，即使英国人民投票决定留下来，这种情况会有什么改变。英国不会加入欧元区或《申根边界协定》，对欧盟许多关于司法和内政的政策将保留退出的可能性，不会参与欧盟分配难民的计划，对改善欧盟在外交政策中的作用持怀疑态度，并反对赋予欧盟更多的国防责任。因此，保留英国成为欧盟成员国的好处并不十分突出。德国政府在权衡该付出多少代价时，无疑考虑了英国如何做才能帮助德国得到想要的那种欧盟。从德国的角度看，就内部市场和国际贸易政策而言，英国确实是一个宝贵的盟友。但是在当前主导欧盟议程的欧元和移民两个问题上，英国是无足轻重的。

德国人对英国最终决定离开感到失望，这打击了他们领导的欧盟的威望和权威，也间接地影响了德国本身的威望和权威，他们担心这可能会对其他国家在欧盟本身或欧元的承诺方面产生连锁反应。但是，德国并没有为是否应在欧盟人员自由流动问题上为英国提供更好的条件而烦恼。德国判断自己在欧盟应支付的代价，反映了他们对英国继续成为会员国价值的评估。

在2016年3月接受英国某电视台采访时，德国人沃尔夫冈·朔伊布勒回答说："我们将会哭泣。"象征性地哭过后，德国政府继续干了下去，这包括在欧盟和英国之间就某种贸易协定进行谈判的意愿。但是与管理欧元和应对移民危机相比，迅速达成协议不会成为其优先事项中的首选。

德国也不会对协议内容过于宽容，它没有为维持英国的成员国地位付出高昂的代价，当然也不愿为了让脱欧的英国感到满意而付出更多的代价。

4．与美国的关系，正如已婚多年的夫妇

欧盟问题，以及会直接影响欧盟的问题，现在主导着德国政治高层的注意力。它很少花费时间担心曾经外交政策的中心问题，即与美国的关系。冷战期间，美国是德国安全的保证者，大量美国军人和美国核武器驻扎在德国领土上。北约抵御华沙条约组织进入西欧的防御计划重点在德国中部的前沿地区，特别是富尔达缺口的突出部分，人们认为那个突出部分将是所有可能的进攻重点。

因此，德国政客们密切关注着美国发生的一切，特别是如果有证据表明美国对西欧防御的承诺将有所松懈，或者美军可能撤回美国的时候。德国官员和德国智囊团的领导层与美国同僚们建立了紧密的联系，每年在慕尼黑举行一次大型安全会议（现在仍然如此），美国还派出十几名参议员和国会议员参会。德国特别设立了一个"德美关系特别协调员"的职务，通常由一位主要政治人物担任，职权范围是确保维持良好的德美关系。

这些基于大众的支持，使德国各地普遍存在着对美国的感情和尊重，1989—1990 年，当乔治·布什总统对德国人民统一的愿望表现

出充分理解时，他推动了两国间关系的进一步发展。他得到的公众支持和他对实现这一目标的决心，与弗朗索瓦·密特朗的猜疑和玛格丽特·撒切尔的敌意，形成了鲜明的对比。

在整个 20 世纪 90 年代，美国人在德国的人气都很高。2001 年，“9·11”事件之后，这种人气达到了高峰。全世界到处都有支持美国的示威游行，而柏林的示威游行规模是最大的。500 万人自发聚集在勃兰登堡门，挥舞着美国国旗和标语来显示团结，这是自第二次世界大战以来德国最大的示威游行。我记得自己站在人群之中，听着演讲，看着人们的反应。你能感觉到善意、同情和共同的悲伤，那是真实、原始的情感。

伊拉克战争耗去了部分支持。乔治·W. 布什从未在德国获得他父亲曾拥有过的那种尊重，但是随着巴拉克·奥巴马的当选，钟摆再次回到了原来的位置。在 2010 年进行的一项民意调查中，有 88%的德国人表示支持奥巴马的政策。然而在随后的几年中，情况发生了巨大的变化。2013 年德国广播电视联合会的报告称，德国人对奥巴马的支持率下降了一半，只有 43%了。61%的德国人将美国视为不可信任的国家，只有 35%的德国人将美国视为良好的合作伙伴，而这一数字仅略高于俄罗斯。

对美国的支持之所以崩溃，主要原因是美国在德国进行的间谍活动，以及美国对全世界进行监视活动。爱德华·斯诺登爆料称，美国国家安全局一直在监听安格拉·默克尔的电话，这激怒了德国人。后来还发现，美国的中央情报局已经在德国自己的对外情报机构联邦情报局中招募了成员。

德国政府的反应异常坚决。过去，这种行为会导致私下的抱怨。但这次，德国公开点名了中央情报局柏林站的负责人并将其遣送回国，并起诉了那位被招募的联邦情报局员工。德美两国间的情报合作暂停了。

对情报合作的破坏无疑会得到及时修复，但此事对德国公众舆论的影响将更加持久。60%的德国人将爱德华·斯诺登视为英雄，他们不再本能地认为德国和美国有共同安全和共同利益。

这并不意味着德国人正在摆脱传统的大西洋主义，也不意味着他们对北约的支持正在减弱。在德国政府高层中，人们对欧洲乃至整个世界的安全现实有着正常的认识。他们知道，如果没有北约以及它体现的美国给予欧洲防御的承诺，欧洲将是一个动荡不安的地方，容易受到正在崛起的俄罗斯的勒索——如果不是直接侵略的话。

因此，他们注意保持与美国的良好关系，工商界也注意不去激怒美国的贸易保护主义趋势。在德国，没有人认为美国不再重要，或者不应关注美国所关切的事和美国的看法，但是美国没有像以前那样明亮地出现在雷达屏幕上。今天的德国将重点放在欧元和移民问题上，而这些都不是美国参与的领域。因此不可避免的是，德国人不再像过去那样对美国政客和官员那么熟悉了，也更少谈论他们了。

奥巴马政府的做法并没有改善两国的关系。备受吹捧的“重心转往亚洲”的策略传达出了这样的信息，在美国对自己战略利益的评估中，欧洲不再像过去那样重要了。奥巴马总统在卸任前不久，曾形容安格拉·默克尔是他过去 8 年中最亲密的国际伙伴。这有可能是事实，但是几乎看不见什么亲密关系。

如果希拉里·克林顿继巴拉克·奥巴马之后成为美国总统的话，美国与德国的关系可能会变得更加温暖。她是一位著名的人物，从德国的角度来看，她曾出任国务卿且表现出色，并将代表大西洋主义的传统精神和美国外交政策中对欧洲的承诺。相比之下，唐纳德·特朗普是未知的因素。大多数德国人对他在竞选活动中所说的一些事情感到震惊：

德国的传统性格中，没有他在竞选活动中表现出来的那种进攻性；在德国的政治辩论中，也从来没有种族主义和轻视女权的议题。安格拉·默克尔对他当选的祝贺，可能是他从北约所有盟友里收到的最为冰冷的一个，强调的是将两国联系起来的价值观，而不是任何个人情感。特朗普对自由贸易缺乏热情，以及他对北约的交易性概念，似乎让他与所有前任总统区别开来。自艾森豪威尔以来，他是第一位德国后裔的美国总统，但这一事实并没有让他的个性或政策在德国人眼中变得讨人喜欢。

美国的总统们在许多场合赢得了德国公众的尊重和感激。杜鲁门总统在 1948 年启动了“柏林空运”，肯尼迪总统在 1963 年发表了“我是柏林人”的演讲，里根总统在 1987 年公开呼吁戈尔巴乔夫总统拆除柏林墙，布什总统支持德国于 1990 年实现统一。特朗普总统似乎不太可能加入他们的行列，也不太可能将安格拉·默克尔作为他政治上的灵魂伴侣。

但这并不意味着德美关系将出现任何危机，在贸易和安全领域两国都有现实的共同利益，这些利益将它们联系在一起。总统和总理会换来换去，但这些利益仍然存在。不过，过去 10 年左右的趋势是德国政客将更多注意力放在了对欧洲的关注上，过去对华盛顿权势集团的熟悉正在消失。

如果俄罗斯直接攻击北约成员，情况将有所不同。在这种情况下，北约将成为磋商和采取行动的重点，美国将有望发挥其传统上的领导作用，德国政府将不建议欧盟独自应对危机。

同时，德国与美国在政府一级的关系上仍然是正常的，但不是亲切的。它们就像一对已婚多年的夫妇，在退休时发现彼此的共同点比以前想象的要少。没有分离的问题，仍然保持着紧密的联系。总体来说，它们默契地追求着平行的生活。

第六章　柏林的联盟法则

没有一个德国政客，即使是最热心的欧盟仰慕者，曾经提出在欧洲完全复制德国的建议。在德国国内，这样做将是政治自杀。

1. 欧洲正在复制德国

欧盟和欧元为德国带来了巨大的经济优势，欧盟的政治结构和优先事项反映了德国本身的政治结构和优先事项。欧盟使德国能够摆脱自己的过去，提供了能影响世界而又不带有民族主义色彩的框架，难怪德国的政治上层全心全意地支持它。人很容易爱屋及乌，因此，面对新的政治或经济挑战时，德国政客们本能地将欧盟视为寻求解决方案的潜在工具，也就不足为奇了。

然而令人奇怪的是，他们自称致力于实现更紧密的欧洲一体化的承诺，并不带有任何紧迫性。他们不愿阐明这种一体化最终意味着什么，不愿阐明他们对欧洲的看法与他们在欧洲内部的行为之间所存在的巨大鸿沟。

在正式场合，德国偏爱的是所谓的“政治联盟”。几十年来，这一直是历届德国政府的立场。这个术语在德国听上去是很不错的，其含糊不清的定义，足以让人不必担心其他成员国中有人对诸如“联邦”或“邦联”之类更精确的概念做出不良的反应。过去（尽管现在不那么多了），德国政客们常常会添加一个警告式的注解——在谈到“政治联盟”时，他们当然不是指成立一个欧洲的合众国，更不会去质疑欧洲国家的存在。

局外人试图嘲弄这种政治联盟性质，却总是不成功。1997 年，也就是约翰·梅杰担任英国首相的最后一年，当时的英国外交大臣马尔科姆·里夫金德试图从德国人那里寻得一个答复，用行话来说，什么是“欧洲项目”的最终目标。他进行了一次短暂的德国旅行，发表了多次演讲，听众主要是学生。他在讲话中提出必须进一步明确欧洲一体化建设的目标，而各国政府必须更加诚实地对待各自的局限性及机遇。他没有得到答复，因为听众对为什么必须了解欧洲的去向感到困惑，他们似乎满足于眼下的境况。德国政府则认为提出这样的问题是完全错误的。

科尔总理对此大为恼火。第二年我向他做大使述职时，这是他提出的第一个话题。他明确表示，英国大臣到德国来提此类问题是不礼貌的，并且是不可接受的。他用粗短的手指在桌子上戳了一下，以强调这点，而他的德语（在最好的时候也从来不是清晰可辨的）变得几乎不连贯了，这似乎就像是在礼拜场所里亵渎神灵。

这是一个很好的比喻——欧盟在某种程度上已经成了德国的国教。是的，德国有批评的自由，但在有教养的社会中，这是不受欢迎的举动。那些效忠欧盟的人，他们的敏感性似乎高于正常的公开讨论的习惯。

今天来访的部长如果尝试同样的事情，绝不会得到比马尔科姆·里夫金德更好的待遇。德国政府从未在官方文本或主题演讲中阐明政治联盟的性质，或解释哪些权利最终应在欧洲一级行使，哪些权利将交由各成员国自行掌握。

自然，德国媒体上有无数文章，德国政客们发表了无数关于欧洲的演讲，德国的许多基金会和智囊团会定期对这一主题进行赞美。正在进行的热烈辩论，涉及欧洲中央银行的政策、最终的银行联盟的性质、欧洲稳定机制的条件、希腊或西班牙应被纾困的条件、贸易政策或区域政策等。在所有这些领域中，都有深思熟虑和有争议的观点，而且各政党之间和政党内部都存在着分歧。

但是，当谈到欧盟未来应该采用什么样的制度这一基本问题时，德国的政客和知识分子阶层似乎集体采用了奥地利哲学家路德维希·维特根斯坦的方法——“我们不能说，我们有义务保持沉默”。

如果德国对欧盟的未来确实具有一个愿景，而这个愿景对大多数合作伙伴来说都过于宏大的话，那么这种沉默是可以理解的。如果限制过于严格，那也是可以理解的。但事实是德国对此根本没有愿景。一些模糊的迹象表明，德国希望欧盟获得一些新的权力，但它们大多在技术方面，旨在满足德国自身的利益：对国家预算进行更为集中的控制，以及更为统一的税收政策。但没有迹象表明欧盟将会发生根本性的转变。

支持现状和不愿改变并没有错，奇怪的是，这个欧洲最强大的国家认为，有必要将自己与进一步政治一体化的进程连接在一起，但同时又无法给出一个纲要来表明这样的整合可能会导致什么，甚至连英国脱欧的震撼都没能引出一个清晰的答案。人们一直在谈论，有必要对欧盟进行一次根本性的反思，到目前为止，还没有人提出这种反思的结果将是什么。

出于说明的目的，有可能从德国宪法中推断出以德国模式组织欧盟的轮廓。其基本原则是，那些直接影响个人的政策，是成员国的责任，必须平等对待所有的公民。而从集体行动中受益的政策，是欧盟中央的责任。

具体来说，这将意味着：

外交和国防政策将由对欧洲议会负责的欧盟委员会执行，成员国将不能发挥任何作用，正如德国各州在德国的外交和国防政策中不发挥任何作用一样。

移民和公民身份的规则将由成员国和欧洲议会以多数票通过的方式共同决定。

整个欧盟只有一种货币，只有欧盟中央政府才有权借款。

大多数税（所得税、增值税、消费税、公司税等）也将根据共同决策制定的共同规则征收。它们将由成员国管理，但收入应计入欧盟中央预算。成员国可以自由地增加税收来平衡自己的支出。

社会保障（失业、住房、养老金、医疗保健、残障津贴等）政策也将由共同决策制定。它由成员国根据共同的规则和福利保障条例来进行管理，并经由中央预算通过资源转移来提供资金。

大型基础设施项目将由欧盟中央资助，尽管成员国必须批准它们。

成员国持有特权的重要政策领域，仅限于教育、警务、地区的基础设施和文化等，成员国必须自己为这些领域筹措资金。

这样的欧洲愿景促使撒切尔夫人在1990年说出了“不，不，不！”在这样的欧洲里面，传统国家已不复存在，它们将被简化为欧洲联邦上层建筑的下属实体。

这是德国政府想通过政治联盟所表示的意图吗？它永远不会承认这一点。没有一个德国政客，即使是最热心的欧盟仰慕者，曾经提出在欧洲完全复制德国的建议。在德国国内，这样做将是政治自杀。这样一个欧盟的联邦预算，与其成员国相比将是巨大的，就像德国的联邦预算远远大于其各个州的一样，德国的纳税人将首当其冲。德国对这样规模的资源转移没有丝毫热情。

结果，在德国政界中没有关于欧盟选择这种联邦结构的讨论。无论采用何种形式的“政治联盟”，对德国人而言，都不意味着在德国筹集资金以造福他人。

同样，德国的政客们也没有讨论联邦欧洲的另一种含义，即德国作为一个国家，在未来将面对的后果。

在英国，执行国家外交政策的能力，尤其是决定武装部队进行军事行动的能力，被认为是国家主权不可或缺的特征。这就是为什么在历届英国政府中，与欧洲伙伴在国防和安全领域进行合作的条件是所有行动都应该是自愿的和政府间的，英国在国家范围内选择采取何种行动的权利是不容置疑的。

但这并不是有很多德国政客在谈论的问题。他们的出发点是联邦原则的逻辑：应该在能最大限度增加价值的平台上执行那项任务。在他们看来这是不言而喻的，在国防和安全领域共同行动的欧洲，将比单独行动的单个成员国取得更多的成就。在德国看来，外交政策远非只能谨慎和逐步取得进展的最敏感领域，而是在欧洲范围内汇集国家主权的最佳机会。

德国政客很少分析这样做可能带来的后果。德国政客也很少会被问到诸如主权汇集在实践中意味着什么的问题。即便被问起，他们通常也会答非所问，蒙混过关。只有一次，一位资深的德国政客承认了事实。在 2002 年联邦大选期间，巴伐利亚州议长埃德蒙・斯托伯挑战格哈德・施罗德的总理职位。用德国人的话来说，斯托伯是出了名的欧洲怀疑论者。他曾多次公开反对欧盟在不属于欧盟事务的问题上进行干涉，并且批评欧盟希望在欧洲层面上做更多事的心态，批评欧盟不顾及这样做是否能带来任何实际上的好处。

他的讲话呼应了时任英国外交大臣道格拉斯・赫德此前的评论，赫德指出欧盟委员会似乎想渗透到英国社会太多的角落和缝隙中去。一些英国保守党人认为他们在斯托伯那里找到了相同的看法。他们可能没有意识到，在许多情况下，斯托伯不接受欧盟干预的是竞争政策方面的问题：如何将巴伐利亚的公共合同招标、如何使用补贴吸引内向投资，以及巴伐利亚土地银行是否遵守欧盟的国家援助规则等，这不完全是自由市场人士所关心的问题。

斯托伯在一次新闻发布会上对他在竞选期间发表的立场做了回答，并在回答中阐明了他对欧盟未来的愿景。如果这个回答被英国保守党人听到，他们会更加失望。这个回答与德国政治体制的传统思想非常吻合，它包括全面整合欧洲外交政策、在联合国安理会拥有单一的欧洲席位，以及制定共同的欧洲防务政策。

斯托伯的与众不同之处在于，他愿意公开赞同这种方法的逻辑推论。一位在场的记者问他，他所提倡的做法是否意味着不会解散德国外交部并将德国国防军并入欧洲军队。大多数德国政客都会以某种方式将这个问题搁置一边，但是斯托伯的政治素质包含着坦率，他没有顾左右而言他。他说："是的，确实是那个意思，这不会在不久的将来发生。"他认为这是欧洲政治联盟长期存在的逻辑结果。

这是德国人自己真正想要的吗？他们是否希望自己的国家完全脱离国际舞台？如果前提是决策过程中将德国联邦议院排除在外，而欧洲议会中的所有德国议员都可能投了反对票，那么这时，他们是否能准备好将德国士兵送向战场？

几乎可以肯定这是不可能的，但从未有人这样问过他们。到目前为止，德国还没有对欧洲一体化的最终目的进行深入讨论。因此，政客们能够倡导前进的方向，并专注于进程的下一步，而不必解释进程的终点。

对于许多德国评论家来说，这样的沉默是一种美德。他们认为，欧洲联盟始终着眼于眼前的挑战并找到应对之道，而不是担心未来会发生什么。单一市场、取消边界控制、单一货币以及现在的银行联盟之所以会出现，是因为政府可以看到或至少认为它们是可以看到的当前的迫切需要，而不是因为它们是一个详细的长远计划的一部分。公众舆论会接受或可以接受这种一步步前进的做法，但是会对完整的长远计划产生负面反应。

这不是一个有争议的论点。在过去10年中，欧盟确实在逐步发展，以选择不参加、豁免、特殊安排和所谓的加强合作程序等形式表现出灵活性，考虑特定成员国（通常是但不限于英国）的特殊关切。直到英国决定离开，事情还是照这样进行。欧盟的创始成员也许是有远见的，但他们的继任者都是实用主义者。过去一次只能完成一个步骤，为什么在英国人离开之后，不继续这样呢？

很可能还会继续这样。也许在银行业联盟之后，欧元区将有一个涉及税收完全协调的财政联盟，那将非常适合德国。但是，除非德国的决策者们准备解决两个关键问题，否则在追求一体化方面要超越范围是有限的：德国需要向欧盟支付多少预算呢？德国在未来还会是一个主权国家吗？

到目前为止，还没有哪个决策者准备解决这两个问题。

当安格拉·默克尔呼吁建立政治联盟，并在2012年11月欧洲议会的讲话中预言欧盟委员会必将成为欧盟政府时，欧洲议会便成了民主问责制的源头，而成员国理事会也成了欧盟的上议院。大多数观察员认为她所设想的欧盟不仅将承担新政策的制定，还将承担重大的新的财务责任。但是到目前为止，她和所有德国资深政客都没说明这些责任可能是什么。

恰恰相反，在有关欧元区的未来，以及可能应用稳定机制条件的所有谈判中，德国政府的主要关注点是避开欧盟成员国的债务，或至少将其范围最小化。德国已经准备好在必要的情况下勉强接受希腊、爱尔兰、葡萄牙、西班牙和塞浦路斯的一揽子纾困方案，但德国不愿应允欧洲中央银行在债券购买中发挥有限作用。这些决定已经在德国进行了讨论并达成了共识。这并非因为它们在本质上是可取的，而是因为它们对欧元的生存是必要的。没有任何德国代表建议，这种发展将带来欧盟预算的大幅增长或让欧洲改革的决策过程更加集体化。

德国财政部部长沃尔夫冈·朔伊布勒于2013年1月12日在报纸上发表文章建议，应授予欧洲专员对成员国国家预算的个人否决权，互相竞争的专员将有能力控制超大型企业的合并、国家的财政补贴和国际卡特尔。他并非想鼓励欧洲对欧盟政策做出共同决定或共同承担责任，他想的只是要确保单个成员国无法摆脱《财政联盟条约》的约束。

德国政客只是把“政治联盟”一词作为口号来使用的吗？

是，也不是。之所以说“是”，是因为从某种意义上说，这不是一个充实的概念，没有针对性，不容易受到严格的审查。如果选民不知道一个政治联盟的权力有什么，不知道政治联盟将对具体的国家产生何种影响，就很难为是否支持这样的联盟做出理性的选择。例如，赞成在外交政策领域中享有更多主权的选民，将从根本上反对这样一种想法，即他们所支付的所得税额应由欧洲议会中的多数票来决定。除非他们对政治联盟的实际含义有了清楚的了解，否则从逻辑上讲，不能要求他们就是否参与其中来表达意见。

从另一个方面来看，即使“政治联盟”只作为前进的方向，也具有一定的意义，那会使人在某种程度上感到对未来有把握。在表达对政治联盟的支持时，安格拉·默克尔和她的同事们至少传达了一个潜意识的信息：他们不惧怕在欧洲层面上做出更多决策，并对欧盟机构的公平性和效率充满了信心。他们眼中的欧盟不是一个外来的官僚机构，而是德国国家本身自然而完美的延伸。

他们从未暗示这样的可能性：鉴于欧盟机构在很大程度上通过多数投票进行运作，因此其制定出的法律或做出的决定可能是德国政府反对的。这可能是因为他们对德国在欧洲的实力非常有信心，以至于他们认为没有一个伙伴真的敢在某个重要问题上推翻他们的决定。也可能是因为他们从来没有想过一个更完整的政治联盟该如何运作。

德国政客们应该能够摆脱对欧盟前途含糊不清的描述，因为直到最近，德国选民都允许他们这样做。如果以民意测验来衡量，德国公众舆论数十年来一直赞成德国成为欧盟和欧元成员国。欧洲从未在德国国内的政治中作为焦点问题存在。虽然不时会听到不满和抱怨，因为历届德国政府都不得不考虑到纳税人在外国人（包括欧洲人）身上缺乏花钱的热情。但是，直到 2013 年德国选择党出现前，德国政府都不必担心其欧洲政策的基本性质可能遭到德国选民本能的怀疑。

当然，部分是因为无须直接咨询选民。德国宪法是精心设计的制衡制度，但构成这些制衡制度的却是机构。的确，德国宪法第 20 条规定："国家所有的权力都来自人民。它应由人民通过选举和其他投票方式，并通过特定的立法、行政和司法机构来加以行使。"然而，宪法在此特别准许的唯一"其他投票方式"是针对单个问题的公投，即对联邦领土进行新的划界。

已经举行了两次这样的全民投票。1951 年时，符腾堡 - 霍亨索伦州、巴登州和符腾堡 - 巴登州的选民通过了一项提议，即将上述各州合并为新的巴登 - 符腾堡州。1996 年时，柏林和勃兰登堡的选民否决了他们两个州合并的提议（柏林投票赞成，勃兰登堡反对）。令人奇怪的是，1990 年国家统一时国土划界发生了最大的变化，但是没有举行全民公决。地方政界人士不时会就特定问题组织请愿，罗兰·科赫在 1999 年竞选成为黑森州议长时曾就移民和公民身份问题这样做，并因此赢得了选票，扭转了原先的选情预测。2011 年，斯图加特市组织了关于是否新建火车站的咨询投票。但是，大多数法学专家都同意，在全国范围内进行具有法律约束力甚至只是法律权威的全民投票，将意味着对宪法进行修正。

2．全欧洲投票，选出欧洲领导者

尽管德国舆论对欧盟普遍持积极态度，也从来没有像现在这样狂热。人们对欧盟是宽容的，但这不是爱。这是生活中的现实，但不是普通德国人为德国宪法和施政体制感到骄傲的那种现实。那些提倡更多欧洲一体化的德国政客们，清楚地知道这一点。

事实上在德国的政治辩论中，有很多填补所谓“欧盟民主赤字”的计划。有两名德国政客特别对此进行了认真思考，并公开提出了有关如何加强欧盟与其公民之间联系的想法。他们是约施卡·菲舍尔和沃尔夫冈·朔伊布勒，虽然他们来自政治领域的两端，但他们的结论非常相似。

菲舍尔是现代德国最有意思的政客之一。他的政治生涯起点是1968 年的学生革命运动（他自己从未上过大学，高中毕业后就成了按时上下班的出租车司机）和 20 世纪 70 年代的街头政治和示威游行。当时他的一些伙伴参加了恐怖组织红军旅——那是继巴德尔·迈因霍夫团伙之后的另一个恐怖组织。菲舍尔本人则选择了传统的政治。

他是 1980 年绿党的创始成员之一，于 1983 年当选联邦议院议员，并于 1985 年成为黑森州政府的部长。1994—1998 年，他担任联邦议院绿党议员的党团联合主席。1998 年出任外交部部长兼副总理。当格哈德·施罗德的“红绿联盟”在 2005 年联邦大选中失败后，菲舍尔和施罗德一样，辞去了联邦议院的职务，并退出了政治舞台。现在，他是一名评论家，偶尔还在大学讲课。

在担任外交部部长期间和之后，菲舍尔对欧洲政治产生了特别的兴趣。他是参加 2004 年欧盟在布鲁塞尔举行的首脑会议的德国政府代表，那次大会起草了命运不济的《欧盟宪法条约》的初稿。他于 2000 年在洪堡大学发表的演讲，仍然是理解德国与思考欧盟未来的参考点之一。

沃尔夫冈·朔伊布勒是一位更传统的政客。他是来自巴登－符腾堡州的一名律师，出生于 1942 年，于 1972 年成为联邦议院议员，并于 1984 年成为德国联邦特别任务部部长。他曾担任德国国内事务部部长，后又在赫尔穆特·科尔的领导下担任内政部部长，在争取德国统一的谈判中他是代表联邦德国的主要对话者。在 1990 年的联邦大选期间，他遭到一名精神错乱男子的开枪暗杀，结果余生都必须坐在轮椅上。他恢复了自己的政治生涯，并于 1991—2000 年担任基民盟议会的党团主席，于 1998—2000 年担任基民盟的党主席。

人们认为 1991 年朔伊布勒在联邦议院关于将首都迁往柏林还是留在波恩的辩论中的讲话，对最终的决策具有决定性的影响。来自德国南部的基民盟国会议员，大多数都赞成留在波恩，而朔伊布勒满怀激情地指出，那将是错误的选择，只有迁往柏林才能真正实现国家的统一。作为在统一问题上进行过细节谈判工作的人，作为来自德国南部的人，人们带着尊重的态度听取了他的意见。

几年后，我问朔伊布勒，他是否意识到自己的演讲会有如此影响力。他告诉我说，他不认为是这样。他根本没打算介入辩论，所以没有做任何准备就开口了。那几乎是枪杀事件发生后他第一次回到联邦议院，他感到很轻松。但是，当他听到许多同事在争论是否留在波恩的时候，他认为自己必须提醒人们留在波恩所面临的危险。

他当然是正确的。当 1999 年夏天德国将首都迁到柏林时，所有的人，甚至那些在8年前主张将首都留在波恩的人，都承认这是一个正确的决定。

人们推测，如果基民盟重新获胜的话，朔伊布勒将成为总理，而且肯定会做得很好。然而，由于1999年爆发的一次政党融资丑闻，他不得不辞去党的职务。与赫尔穆特·科尔相比，朔伊布勒在党内的影响是微不足道的，他承认接受了党的捐款且没有予以适时公布（没有证据显示他曾以任何方式从中获利）。同时，党内普遍认为该党需要有一个崭新的开始。

他与安格拉·默克尔的关系起初很酷，安格拉·默克尔接任他成为基民盟的党主席。但是，令大多数观察家感到惊讶的是，默克尔任命朔伊布勒为2005年大选后建立的大联盟政府的内政部部长，2009年后又任命他为财政部部长，2013年后他继续担任财政部部长。

对于朔伊布勒来说，政治就是他的生命，残疾似乎只会增强他的政治胃口和斗志。他在年轻的时候就被誉为“政治斗犬”，在联邦议院辩论或其他公共场合贬低对手。但他同时还是德国政客中最有思想和最有才智的人之一，他谈论最多的一个问题就是欧盟的民主治理。当英国作家拉里·西登托普的《欧洲民主》一书在德国出版时，朔伊布勒主持了这本书的发行，他显然对西登托普的观点着了迷。

菲舍尔和朔伊布勒都要求欧盟引入某种正式的可调整系统，他们即所谓的“加强合作”学说的早期倡导者。根据这一学说，欧盟内部的一些国家可以在欧盟的名义下，利用欧盟的资源来追求某一项政策，但并非所有成员国都将参与其中。

的确，朔伊布勒可以公正地宣称自己是这个想法的创始人。他在1994年与时任基民盟外交政策发言人的卡尔·拉莫斯合写了一篇名为《对欧洲政策的思考》的文章，呼吁在欧盟内部建立一个基于联邦国家模式的新实体，这个欧洲核心将以法国和德国为中心。人们并不清楚其成员资格将是自选的，还是与引入欧元区时的欧元区成员身份相同（1994 年时这个问题似乎非常不确定）。然而理所当然的是，他们不希望或不认为英国有资格在最初的阶段参加。

约施卡·菲舍尔在洪堡大学的演讲中也谈到了“欧洲核心”这个主题，他也主张在欧盟内部为那些愿意进一步或更快整合的国家建立一个联邦。但是他猜测这个联邦政府不一定是欧盟委员会，相反他暗示集体行动的成员国也许能够以某种方式担当这一角色。菲舍尔和朔伊布勒都认识到，如果欧盟按照他们提议的方式发展，欧盟的公民将需要更加服从于它，并更多地参与它的治理。因此，两人最近都主张将通过直接民选来决定欧盟委员会主席或欧洲理事会主席。他们似乎都没有发现在欧洲层面上采用直接选举的政治机制有任何怪异之处，尽管德国自己的宪法对此并没有规定。

这种直接选举的想法听起来很吸引人。如果欧洲存在着民主赤字或合法性的问题，还有什么比赋予人们选举欧洲主要政治人物的投票权更好的解决方案呢？

提议让欧盟各个国家的选民各自投票选举自己的专员，可能会带来一些好处。当然，欧洲议会将憎恶这样的做法，因为如果专员们拥有了自己的直接选举授权，就不会再依赖议会的支持了。但这肯定是一种使公民能够以他们理解的方式直接参与欧盟治理的方法。

这个想法对整个欧洲来说是不可行的，因为欧洲不是一个单一的选区。为了实现民主运作，必须要有一群人作为一个民主国家的政治单元，人们彼此之间要有足够的联系，以便能够通过多数投票共同决定如何治理他们的事务。即使个人可能有不同的意见，他们仍将接受这些决定的有效性。选民们还需要有足够程度的共识，以使他们能够对参加竞选的人或政党做出明智的判断。

在欧洲的层面上情况并非如此，或者至少在某种程度上不容许实行通用于欧盟各成员国的民主规则。因此，许多欧盟政府不愿将合格多数投票进一步扩展到目前适用的领域之外。

如果欧盟人民认为自己的主要身份是欧洲人，那么他们接受现有的决策结构不会有任何困难，该结构为将民意转入政治治理提供了一个非常有效的工具。但是欧盟人民并不是这样想的，即使修补程序也无济于事。如果人们没有本能的团结或共同归属感，他们将不会承认集体做出的决定的合法性。也正是出于这个原因，在英国内部，正常的民主规则——多数投票决定——在北爱尔兰是不适用的。

德国人的民族身份感特别强调血统，这对欧洲政治单元的出现尤其不利。到目前为止，还没有一个德国政客愿意承认这一点。

当涉及直接选举时，还有一个更大的问题：除了有限类别的候选人之外，大多数人缺乏广泛的知名度。足球运动员和摇滚歌手在各个国家和地区都广为人知，但很少有其他职业的人能做到这一点。只有在所有选民都相当了解候选人的情况下，直接选举欧盟委员会或欧洲理事会主席才具有真正的意义。例如，克里斯蒂亚诺·罗纳尔多和米克·贾格尔之间的竞争将是一件有趣的事情。直接选举的狂热拥护者们可能不会想到出现这样的竞选场面。

在过去，沃尔夫冈·朔伊布勒似乎至少接受在没有欧洲政治单元的情况下，民主政治在欧洲层面的运作范围会受到限制。最近，他和约施卡·菲舍尔都重新提出了这样的观念：可以通过让公民更直接地参与选择领导人的过程来解决欧洲的治理问题。但是，他们没有提供任何可能会参加此类选举的人的例子，也没有解释如何让爱沙尼亚的选民有兴趣在德国和意大利候选人之间做出选择。

当然，在德国的政治思想中，应对不合作的选民并不是什么新问题。德国诗人布莱希特在 1953 年东柏林工人起义遭遇镇压后，发表诗作《解决方案》，曾讽刺地建议，与其指责人民抛弃了对政府的信任，不如让政府解散人民并重选另一个："那不是更简单吗？政府解散了人民，并重选了另一个。"

3．德国利益至上

德国人对欧洲的共识有多强？德国的政客们是否会继续无限期地争取更多的一体化，而不必阐明这到底意味着什么？德国的选民即使不热心，是否愿意一直沿着更加紧密的联盟之路走下去？

几十年来从未出现怀疑这些的迹象。2013 年之前，在联邦议院的 5 个政党（基督教民主联盟、社会民主党、绿党、自由民主党和左翼党）中，只有左翼党对欧盟时有抱怨，但它不主张德国退出欧盟，它要求欧盟更加社会主义化。所有其他人都赞同这样的想法，即应该在欧盟的层面上进行更多合作，应该赋予欧盟更多权力。而安排欧盟决策过程，应该为贯彻这样的想法做出调整。

这些政党中，没有任何人提出过不同的方法。迄今为止，在传统的德国政党中，没有任何一位显赫人物会将自己描述为欧洲怀疑论者。即使是在地方的政治层面上，也很少或没有与传统相悖的观点。

在最近的一段时间里，偶尔会有一个德国民族主义团体冒出来，提出政治纲领，暗示一个以德国为中心的世界。它可能会在某个州的议会中获得席位，但是在一个任期之后就从人们的视野中消失了。甚至类似"英国地方税纳税人协会"的松散组织"自由选民运动"，有时也会在德国大选中表现抢眼，它对立法和规定的负担感到不满，但也从未主张对德国与欧盟关系做任何根本性改变。

令人好奇的是，尽管德国政客自称热爱欧洲的发展，但迄今为止，鲜有雄心勃勃的德国政客真的主动选择去欧盟工作。欧盟委员会第一任主席沃尔特·霍尔斯坦是德国外交部部长，自他以后，唯一拥有过内阁职位的德国专员是自由民主党人马丁·邦格曼，他在1984—1988年曾担任德国经济部部长。基民盟和社民党是德国的两个主要政党，它们从未派过重要政治人物到布鲁塞尔去。它们派去的专员是州一级的政客、工会领袖或政党的工作人员，其中的许多人完全是有能力的，并在委员会中担任了重要的职务，但是没有一个人在德国的政治生活中取得更进一步的成功。

欧洲议会议员的境况也差不多。有一两个前欧洲议会议员转入了德国的政治舞台，邦格曼在成为经济部部长之前曾是欧洲议会自由党的领导人，而彼得·阿尔特迈尔在斯特拉斯堡开始了他的政治生涯，之后当选为联邦议院议员，并于2012年担任了环境部部长。马丁·舒尔茨是欧洲议会前主席，他是2017年德国社会民主党的总理候选人，是第一位具有欧洲背景的德国政客，他渴望作为资深政客在德国国家政治中发挥真正的作用。总体而言，德国的欧洲议会议员认为，欧洲政治本身就是他们的终极目标。

下萨克森州前州长、基民盟的真正重量级人物戴维·麦卡利斯特能否在这两个政坛上都脱颖而出还有待观察。麦卡利斯特在2013年大选后辞职，他选择不再继续担任德国反对派的领导人，也不再参选联邦议院议员，取而代之的是被列为基民盟欧洲议会候选人名单的首位。目前尚不清楚他是否仍然有重返德国国内政治的野心，他仍然很年轻，能够继续干下去。迄今为止，他在欧洲议会内仅被选为担任中等职位，而他的许多同胞都在欧盟有过显眼的表现。

在欧洲议会政治中，德国人即便发挥的不是主导作用，也是非常有影响力的。欧洲议会中有两个主要政治集团，社会主义者和欧洲人民党，分别对应着德国的两个最大政党，而德国通常向这两个集团提供着最大的国家分遣队。

结果，德国人在欧洲议会中获得的资深职位比任何其他国家的人都多。在过去 20 年任职的议会议长中，有 5 位是德国人。德国人通常是两个主要政治集团之一的主席，在 2014 年当选的议会中，欧洲议会的议长和最大的政治集团欧洲人民党的主席都是德国人。担任欧盟委员会主席的德国人，也比任何其他国家的人都多。在委员会会议主持人这一关键职位上，德国人的比例也非常高。

有些人对这种状况持有异议，但只有少数几位在德国有知名度。德国人对正在欧洲议会所在地斯特拉斯堡和欧盟总部所在地布鲁塞尔发生的事情的认知，可能并不比英国人好多少。德国和欧洲政治的两个世界，存在于各自高度封闭的泡沫之中。就像他们的许多英国同行一样，德国的欧洲议会议员兴高采烈地投票赞成增加欧洲预算，而他们在德国的同事则对此表示坚决反对。

从长远来看，代表同一群选民的议员们在不同场合显现出了巨大分歧，这绝不是一种健康的表现。德国选民或是希望增加欧盟支出，或是不愿意增加欧盟支出。他们在柏林以一种方式表述观点，而在布鲁塞尔和斯特拉斯堡则以另一种方式表述观点，这是极为怪异的。

2013 年，事情首次出现了发生变化的迹象。德国选择党和自由民主党在 2013 年的联邦大选和 2014 年的欧洲大选中的成功，无疑反映了德国公众对欧洲情绪的变化。德国人对欧盟完全没有敌意，即便德国选择党也没有提出德国应退出欧盟。但是，人们对欧元产生了疑虑，而德国选择党成功地利用了这一点。人们开始倾向质疑过去的口头禅，将“让欧盟发挥更多的作用”作为每个问题的答案。

很难预测这样的情绪是持续下去，增长起来，还是慢慢消失。传统政党最初将德国选择党描绘为极端主义者，它们排除与该组织进行任何形式合作的可能，并希望它很快消失。移民危机很快就使这一希望破灭了。因此，德国国内对欧盟的政策提出了进一步的质疑。一方面，各种政治力量都要求欧盟寻求解决问题的办法；另一方面，有人呼吁德国中止《申根协定》并关闭其边界。结果，基督教民主联盟和社会民主党在谈论有关欧盟未来时，所使用的语言更加谨慎了。当他们主张在欧洲层面采取行动时，所使用的词语也比过去更加精确。他们甚至偶尔承认某些权力应该退还给成员国。比如，沃尔夫冈·朔伊布勒承认，让希腊离开欧元区可能是比协商一个更大的纾困方案更好的出路。而一位资深的德国部长首次承认欧元区的成员资格并非是不可逆转的。

但是到目前为止，德国政府中没有人提出过这样一个根本性问题：进一步实施欧洲一体化与健全的货币体制能相容吗？

正是这样一种困境将最终决定德国欧盟政策漫长进程的命运。对于大多数德国人来说，欧元必须理所当然地像以前的德国马克一样坚挺。他们不愿考虑合并欧元区的债务或欧元债券等其他计划，并不仅仅是缺乏慷慨，还因为担心沿着这条路走下去，最终必须承认欧元不是一种健康的货币。如果欧元区的某些政府没有能力来偿还债务而必须依靠其他国家信用的话，那么大多数德国人会认为欧元不是德国马克这样的货币。如果欧洲央行有义务采取诸如购买债券之类的措施，而这些措施与维持低通货膨胀率无关，那么它就是与德国央行不同的另一种机构。

评论家们可能声称，的确，很多事情确实就是如此。一直以来一个明显事实是，只有在德国愿意为其提供信用的情况下，欧元才能繁盛，这是德国人在享受欧盟带给他们的利益时应该准备付出的代价。法国人毫不掩饰这样一个事实，那就是能从德国马克的实力中受益是他们追求单一货币目标的首要原因。他们想要的绝不仅仅是将交易成本降至最低。

但德国人不是这样看的。大多数德国人认为，为了使其他国家受益于德国资助的团结机制，他们需要执行类似于德国本身的财政政策。他们认为必须团结，而这意味着低负债、低借贷和低赤字。

当然，自相矛盾的是，如果欧元区的每个成员国都严格遵守公共财政的纪律，就不需要纾困措施、欧元债券或稳定机制了。小国甚至穷国完全有可能享受极低的借贷成本，市场感兴趣的是其还款能力，而不是其经济规模或性质。2012 年商定的《财政联盟条约》的整体诉求，是为了能够从欧洲稳定的金融体制中受益，成员国必须表明它们已按计划达到债务、借贷和赤字的某些特定标准。假设在几年的时间里所有这些标准都达到了令人满意的水平，那么对稳定金融的要求就会消失。

届时，关于加强欧洲一体化的讨论，应从逻辑上着眼于特定政策欧洲化的内在需求，而不是挽救或维持欧元的需要。财政纪律和更好的银行业监管，显然与欧元的未来直接相关，但在这样的讨论中引出的其他一些问题可能与此无关。

一个明显的例子是税收协调。德国政府长期以来一直在为它争辩，似乎它是单一货币的必然伴随物。它清楚地表明一个完备的联合财务体制至少应该为企业税和增值税建立统一的税率。

然而，它的动机与维护欧元的健康无关，它要的是增强德国自身的经济竞争力。德国政府不希望德国消费者在价格更便宜的其他欧盟国家购物，也不希望德国公司将总部迁往公司税较低的国家。

一个成员国寻求机会推动实施对自己有利的欧盟政策，是完全合理合法的。法国已经在农业领域这样做了许多年，而英国习惯于过度的自由贸易。争论说在国家利益的背后有着更为广泛的欧洲共同利益，这并没有错。但德国以这种方式应用欧盟议程的不同之处在于，它的大部分努力旨在降低其他国家公司的竞争力，而不是增强德国本身公司的竞争力。

这在欧盟的社会和环境议程中体现得更为清晰。在这两个领域里，欧盟委员会和欧洲议会中的德国代表都主张在欧盟中引入与德国法规相似的法规。在诸如工人权利、工作时间、工会的作用或污染标准等问题上，德国在制定欧洲立法方面发挥了重要作用，而这些立法，让那些无法像德国公司那样负得起代价的公司增加了成本。

詹姆斯·戴森是一位发明家、真空吸尘器的制造商和著名的英国脱欧鼓吹者，他痛苦地抱怨德国公司如何主导欧盟在这一领域制定标准。德国公司部分通过游说，部分通过召唤在欧盟委员会中的德国官员人脉网络或欧洲议会中的德国议员鸣锣开道。

在为德国提出的欧盟社会或环境领域的立法提案辩护时，德国政客会使用欧洲关于社会进步和负责任的环境管理那样冠冕堂皇的言论。但实际上，他们希望确保德国的竞争对手无法从应用于德国的宽松规则中受益。他们认识到，要使整个欧盟的工资达到德国的水平是难以企及的，但他们希望至少设法确保在涉及非工资成本时，让差距尽可能小。

因此，“利己”在德国的欧盟议程中起着主导作用。德国政府 2012 年在对欧洲宇航防务集团（European Aeronautic Defence and Space company，简称 EADS）与国防制造商 BAE 系统公司计划合并一事的处置中，表现得尤为明显。尽管严格来讲那并不是欧盟的政策之一，却与欧洲关键工业的未来直接相关。

在BAE系统公司与德国航空航天公司DASA的合并谈判破裂之后，EADS于2000年成立。当时，BAE和DASA都在空中客车公司中占有25%的股份，空中客车公司是世界上两个最大的民用飞机制造商之一（另一个是波音）。如果BAE和DASA合并的话，新实体将在空中客车联盟占有一半的股份，这将改变权力的平衡。

合并谈判破裂的主要原因是BAE的首席执行官迪克·埃文斯在最后一刻改变了主意，决定竞标英国国防公司马可尼。他的动机似乎是反竞争的，是为了防止马可尼落入BAE的竞争对手之一的手中，而不是马可尼本身的内在吸引力（事实上，马可尼后来被证明是BAE的负担，因为它的许多项目都遇到了重大的技术或财政困难）。在消化马可尼的同时与DASA进行合并将是困难的，而马可尼的加入将大大增加BAE的规模，从而扩大BAE和DASA在新公司的持股比例。因此，预期的合并失败了。

BAE的高级管理层当时声称，几年后DASA将重返BAE的谈判桌旁。我们从英国大使馆发出警告说，这是一个错误的假设，DASA更有可能与法国达成协议，这将对欧洲航空航天业产生深远的影响。我们还建议，因为此事涉及英国国家利益，政府不应该将决定权留给BAE的管理层。结果，我被召到唐宁街参加托尼·布莱尔主持的一次奇怪的会议。没有人为会议准备任何文件，负责航空航天部门的贸易和工业部没有派代表参加，国防部也没有派代表来。

取而代之的是来了一群唐宁街10号的政治顾问和一些局外人，大家反复讨论了这一问题，会议上明显有一种对BAE的决定感到不安的气氛。但是最终没有采纳明确警告不要收购马可尼的建议，也没有采取任何后续行动，更没有发布任何会议记录。就像巴特勒勋爵和约翰·奇尔科特爵士在关于伊拉克战争的报告中所批评的那种“沙发政府”。

此后事情的发展完全与我们的预期吻合。DASA 与法国国家航空宇航公司合并，诞生了 EADS。在随后的几年中，BAE 剥离了其空中客车公司的控股权和其他民用飞机的制造能力，希望成为一家跨大西洋的国防承包商。但是到 2012 年时，因为英美两国的国防预算紧缩，以及所有非美国公司在渗透美国国防市场方面所面临的困难，促使 BAE 希望将其业务带回民用领域。在 BAE 董事会看来，与 EADS 的合并具有商业意义。

EADS 的管理层非常热情，尤其是它的德国董事长汤姆·恩德斯，他曾在 10 年前与 BAE 进行的失败合并中担任 DASA 的主要谈判代表。他和他的同事们还认为，这笔交易是稀释法国和德国政府在 EADS 中所占股份的一种方式。

有人认为，最有可能反对 BAE 与 EADS 合并的人，来自英国和（或）法国政府，前者担忧英国获得美国国防技术的影响，后者考虑到法国在新集团中影响力的损失。相比之下，大多数评论员认为德国政府倾向于支持该交易，毕竟，它象征了德国的两项关键政策：建立能够与美国竞争的欧洲国防和航空业的必要性，以及私营部门公司管理层有决定符合自己商业利益的权利。

结果，相反的事情发生了。英法两国政府最终都准备接受合并，但德国总理默克尔否决了合并的议案，她从未明确解释这样做的原因。表面上看她似乎是担心，在一个倾向于国防工业的团体中，法国和英国的观点可能比德国的观点更有影响力，德国的国家利益将因此受到损害。

如果没有默克尔女士的否决，BAE 与 EADS 的合并是否会获得成功是值得商榷的。这一事件的关键教训是，在欧洲层面与德国国家利益之间进行选择，德国政府优先考虑的并不是欧洲层面。

因此，在考虑以德国为首的欧洲将会如何发展时，最好不要理会德国政客的言论，而应专注于他们所做的事情。重要的不是德国人对政治联盟的谈论，而是德国的国家利益，以及德国政府可能会以何种方式对它们加以解释。

在经济领域，过往的业绩是很明确的。正如德国政客们所认为的那样，德国的国家经济利益迄今为止基本上包括以下方面：

欧元区能在现有的大多数（如果不是全部的话）成员国中继续生存下去；

在欧元区的所有国家里进一步发展并执行维护财政纪律的机制；

在欧元区建立银行业联盟；

一个基于稳健货币和低通胀率的欧元；

采取统一的税收措施，以限制欧元区的其他国家吸引德国企业外流的能力；

避免以任何形式共同承担欧元区国家的债务或借款的能力；

反对任何将欧盟或欧元区转变为“资源转移联盟”的行为；

一个旨在进一步实现国际自由化的欧盟的对外贸易政策；

有限度地开放欧盟内部服务市场，以确保大型德国公司可以利用在其他成员国中出现的机会，同时保护德国国内市场中的小型企业免受竞争；

在环境和社会领域中对欧盟的进一步立法加以限制，仅限于通过那些不需要改变德国自身做法的措施。

多年来，基民盟和社民党领导的政府一直在追求这些目标，并试图根据以上所列的目标推进或避开欧盟的政策。在这样做的时候，它们似乎在欧洲层面上采取了更多的行动。它们呼吁加强欧盟的经济治理，并要求欧盟机构拥有更多的权力。它们认为，这对欧元的繁盛至关重要。

然而，它们主张的所有事情并非都与欧元的信誉有关。成员国的财政纪律和建立银行业联盟确实与此有关，而德国欧盟经济议程的其他部分只是以促进德国自身的国家经济利益为目标。通常，这意味着提倡某些措施以阻止其他成员国与德国竞争。

在税收协调这个问题上情况尤其如此，德国一直试图以强制性的方式迫使爱尔兰改变其公司税收制度，并以此作为爱尔兰获得欧盟纾困资金的条件，但这一尝试并未成功。这也适用于社会和环境政策，德国试图将单一市场扩展到服务领域里去。在社会领域中，德国的目标始终是确保其他成员国企业的非工资成本尽可能接近德国企业的水平。但是，德国从未支持过任何更改德国本身做法的欧盟倡议。

与环境政策相似，在要求欧盟采取行动以制定高标准的国家中，德国总是站在最前面。但是德国政府也总是抵制任何可能对德国自身工业利益产生负面影响的事情。2013 年夏天，德国总理为减少汽车新排放法规的影响而进行的台面下的游说，便证明了这一点。当德国制造商抱怨说，一些处罚柴油车的规则将对德国汽车业造成极大的不利影响时，安格拉·默克尔竭尽全力确保欧盟委员会修改提案。

后续的事实很明显地说明，德国制造商是有理由感到担心的。2015 年 9 月，大众汽车公司承认曾在数百万辆汽车中修改软件，以确保在测试时它们的性能优于在路段上行驶时的状况。德国媒体一片哗然，大众汽车公司的首席执行官不得不辞职。但是，在所有关于此事的分析中，令人好奇的是几乎没有人追问欧盟的测试制度，以及为什么在这么长的时间里没有发现大众汽车公司（也许还有其他公司）的问题。

同样，当有人提出释放服务市场的建议时，对由大公司主导的那些行业，德国在传统上一直主张实行自由化。德国的两大公用事业公司意昂集团和莱茵集团是国家能源市场开放的主要受益者，而广告和会计领域的大型国际公司也都已在德国扎根。

当涉及小型企业和工匠时，情况就不同了。水管工、电工、美发师等商人在德国受到严格监管，其市场也受到严格保护。一切都必须获得许可，非德国居民不可能获得从事这些工作所需的资格。德国专业机构以确保质量并保护消费者为理由来捍卫自己的垄断地位，实际上，这是阻止国外人士进入德国市场的一种手段。德国政府从未接待过关注此问题并为此游说的团体，在欧洲层面上也抵制了所有类似的尝试。

德国所描绘的欧洲经济蓝图很简单：欧盟应尽可能接近德国，迫使那些可能被引诱逃避德国财政纪律约束的成员国遵守条款规定，迫使那些试图争取较低税率或法规标准的成员国遵循德国的规范。

4．移民问题中的德国：从知足的追随者到规则的制定者

在欧盟一直负责的领域——经济、社会和环境政策方面，德国的优先事项是很容易确定的。讨论和谈判的历史很长，然而无论政治倾向如何，历届德国政府所采取的立场非常一致。因此，有充分的理由相信，未来德国政府将会以同样的方式阐述德国国家利益。

但是在欧盟那些最近才负起责任的领域，德国的表现难以预测。

在内部安全领域，即《欧盟条约》中所称的司法和内政领域，德国迄今都是一个知足的追随者，而不是领导者。德国与其他 9 个国家

有共同边界，其中 8 个是欧盟成员国，因此，跨国犯罪极为常见。德国直接受益于为应对犯罪而采取的各项措施，所以德国一直支持旨在加强警察合作、促进数据交换等方面的举措。

德国也签署了《欧洲逮捕令》，过程并非一帆风顺。因为在过去，对德国宪法的解释排除了从德国领土引渡德国公民的可能性。但是通过在《欧洲逮捕令》上附加相应的条款，限定德国公民只能因犯有某种严重罪行才能被引渡之后，这个问题就解决了。

德国也不会因主权受到有限入侵而感到为难，邻国的警察部队将拥有跨越边界的追逐权，或某种形式的泛欧警察实体将对涉及欧盟机构或跨国犯罪的案件进行调查。在这些领域里，务实的自身利益克服了对德国公民遭到外国人逮捕或调查所采取的保留意见。

目前没有任何公开迹象表明，德国在内部安全领域的态度，符合德国对欧盟总体态度。没有哪个德国政客认为，因为欧洲警察部队体现了比国家警察（或德国州一级）更高的理想境界，因此它本身就是一件好事。也没有因为欧盟从本质上来说能更好地在这些领域里进行立法，就将所有的民事或刑事司法问题责任都转移到布鲁塞尔去。这与社会保障领域的问题不同，要考虑的并不是国家的经济成本。相反，它反映了德国政治阶层意识到德国选民愿意在日常生活中接受强加给他们的“欧洲待遇”的程度是有限的。尽管这样的限制可能比英国人的反应更为灵活一些，但依然是存在的。

在移民和政治庇护的问题上，德国在 2015 年夏季之前一直是一个知足的追随者。当成千上万的难民开始在德国出现，而德国的政策制定变得异常混乱时，情况发生了变化。欧盟的移民和庇护政策是基于取消欧盟内部边界管制的《申根协定》的一项职能。这个协议原本是欧盟条约框架之外的，仅涉及 5 个国家（比利时、卢森堡、荷兰、法国和德国），但后来被纳入欧盟并应用于 24 个国家，其中包括挪威和冰岛这两个不属于欧盟的国家。英国和爱尔兰都没有参与《申根协定》。

这个协定给相关国家的公民带来了巨大的实际利益。个人和企业能够不受阻碍地享用新的自由，迅速地跨越边界。当统一货币投入使用后，《申根协定》提供的机会就更多了。在边境地区到相邻国家逛街购物或上餐馆用餐都变得很普遍。

然而欧盟境内的无国界旅行不仅使欧盟公民受益，还让外国人也能不受阻碍地旅行，这又从逻辑上导致了建立关于谁能从外部进入欧盟的共同规则。结果是申根国家引入了自己的签证制度和处理移民事务的程序。对于合法的商务旅客和游客来说，这具有很大的吸引力。现在只需一次签证，便可以进入整个申根地区。而这也增加了欧盟对非法移民、寻求政治庇护者或只是寻求经济机会的人的吸引力。因为一旦穿越了外部边界，他们就可以分散到申根地区内的任何地方。

因此，欧盟建立了通用规则来处理这些情况。这一规则的关键要素是所谓的《都柏林条约》，该条约规定，寻求庇护者只能在一个成员国要求庇护，通常是他们到达的第一个欧盟国家。而一旦他们提供了指纹，且要求被登记，即使在庇护申请处理中离开了那个成员国，也还可以在事后返回那个成员国去。

这个系统从来没有正常运行过。像希腊、意大利和西班牙那样拥有数千公里海岸线的国家无法阻止来自非洲和亚洲的移民无声无息地潜入，而其中许多人继续向北行走，德国是大多数人的最终目的地。2014 年时，约有 20 万人申请了德国的庇护，这一数字超过了欧盟所有其他国家的总和。他们中的大多数人都是通过陆路进入德国的，从理论上讲，他们应该在到达德国领土之前先在其他地方提出申请。

这导致德国人开始抱怨那么大数量的移民没有在到达德国之前申请庇护就出现在了德国，并抱怨意大利当局有时鼓励他们继续前进，而不是当场对他们进行登记。但是，尽管欧盟的避难政策在接缝处嘎吱作响，在德国或其他地方人们并未达成“欧盟政策根本没用”的共识。

到 2015 年夏天时，所有这些都变了。水闸打开了，规则被忽略，系统崩溃了。开始是从利比亚到西西里岛和意大利其他岛屿的移民，但不久跨越土耳其进入希腊的人数就超过了他们。其中一些人为逃离叙利亚战争而来，一些人则来自中东其他地方，比如阿富汗和巴基斯坦，甚至有人来自更远的非洲。寻求政治庇护者与经济移民的区别迅速消失了。

意大利和希腊当局应对涌入人群的能力也是如此。每天都有成千上万的人涌上他们的海岸，官员们无法按顺序对他们进行登记和处理。可以理解的是，他们将重点放在挽救生命并为这些人提供食物和住所上，收集指纹和检查身份证被排在优先级里较低的那头。

在任何情况下，都不可能让所有移民在其抵达的第一个欧盟国家等待该国对其个人庇护申请进行评估，他们的人数太多了。因此，一些政府将他们运送到意大利和希腊大陆，让他们从那里乘公共汽车、火车甚至是步行前往欧洲北部。整个欧洲的电视屏幕上都是在炎热且尘土飞扬的道路上蜿蜒而行的人群的图像。有很多带孩子的家庭，但其中大多数是健康的年轻人。

他们中的大多数人想去德国或瑞典，这意味着途中要越过几条边境线，其中一些是欧盟国家的，一些是非欧盟国家的。非欧盟国家的政府，例如塞尔维亚和马其顿，并没有让移民们进入的法律义务，只是在确信能够将移民迅速转送到下一个国家的情况下才这样做。而对于欧盟国家的政府来说，法律的要求就有所不同了。它们应根据《都柏林条约》的规定，对移民进行登记，并在审查其身份的同时为其提供住宿。但是除了一个国家以外，它们都没有这样做，它们只是让移民继续前进。

这个例外的国家是匈牙利。匈牙利政府完全按照原先规定的去做，在移民到达匈牙利后立即对他们进行登记，结果引起了一系列小型骚乱。移民们因为担心登记会阻止他们在其他地方获得庇护，因而拒绝在匈牙利登记。匈牙利政府的回应是将他们集中起来，并把他们限制在布达佩斯中央火车站的场地内。为此，匈牙利总理维克多·奥尔班，一个具有强烈民族主义情结的人，在许多德国媒体和其他欧洲媒体上受到抨击。他回应要在匈牙利的边界上修建围墙，首先是在与克罗地亚交界的边界上，然后是在与塞尔维亚交界的边界上，以阻止匈牙利不想要的移民们进入匈牙利。

如果比照欧元危机中的行为来进行预判，德国政府将会敦促其在申根区的合作伙伴们尊重商定的处理移民潮的规则和程序。但事实恰恰相反，让包括她自己内阁同事在内的每个人都感到惊讶的是，安格拉·默克尔没有与其他政府进行任何磋商，单独宣布正在发生的事情是一场人道主义悲剧，其规模如此之大，需要采取特殊措施，所以德国将为来自叙利亚的所有移民提供庇护。

结果是情况更加混乱。每个叙利亚难民都前往德国，许多非叙利亚人撕毁了他们拥有的文件并声称自己有叙利亚国籍。组织了爱琴海危险航行的土耳其人口走私贩子，看到自己的贸易量在进一步增加。前往土耳其的沿线国家更加关注出现在其边境地区的人数，并决心更快地将难民运送出境。

为什么德国总理会宣布给予叙利亚难民如此慷慨的政策，原因尚不清楚。从某种意义上说，她只是认识到了其必然性。他们中的大多数人都将前往德国，而所有人都可能获得庇护。但是，以如此戏剧性的方式来突出拉动因素是一次一反常态的大胆行动。

关于她心理动机的猜测，诸如1945年时中欧和东欧驱逐德国人的民间记忆，她的基督徒成长经历，或者为德国对希腊的强硬态度感到内疚，希望成为下一任联合国秘书长的愿望等，似乎没有一个是特别让人信服的。也许答案非常简单：在考虑了一段时间后，她得出结论认为，这是最好的选择。

这使许多德国人对自己和自己的国家感觉良好。但是，随着移民人数的增加，国内的反对情绪也随之高涨起来。一旦明确表示除非中东局势得到改善，否则德国将在2015年接收约100万移民，而2016年接收的人数可能更多时，民意开始转变了。那些以前从未见过外国人的村庄，现在发现有1000个移民定居在当地社区，原居民对伊斯兰极端主义的恐惧开始增加。不久之后，政治气氛恶化了。

大多数难民都是通过巴伐利亚进入德国的，那里的州长霍斯特·西霍弗率先呼吁限制难民人数。他争辩说，德国在任何一年中最多只能接受20万名寻求庇护者，他还公开批评了联邦政府的政策。

安格拉·默克尔要求德国的欧盟伙伴承担更多的负担。欧盟委员会据此提出了一项建议，在申根区成员中强制分配12万名难民。根据《欧盟条约》确定的决策程序，该提案只需多数票就以可以获得通过。

欧盟中的大多数中欧和东欧成员国，都坚决反对被迫接受在其领土上安置特定数量寻求庇护者的想法。匈牙利总理据理力争，指出匈牙利是一个基督教国家，没有穆斯林移民的经验，也不希望接收任何穆斯林。他的斯洛伐克同僚也同样大声疾呼，威胁说如果欧盟决定违反斯洛伐克的意愿，那它将无视这一决定。

但这一切都无济于事。欧盟委员会在德国的压力下保留了提案，并将其付诸表决。波兰政府屈服并投了赞成票，事后解释说事情无论如何都会发生。但是匈牙利、捷克共和国、斯洛伐克和罗马尼亚投票反对。德国内政部部长托马斯·德迈齐埃对这一结果表示满意。他继续建议，将拒绝让未接收难民的国家分享欧盟的结构性资金，因为团结义务的影响是双向的。他和默克尔总理都没有对以多数表决强行通过这种决定提出质疑。德国在这个问题上具有直接的国家利益，德国决心强硬推行自己的意志。

目前尚不清楚强制性的重新分配计划是否会真的发生。即使真的这样做了，它对难民总数的影响也是很小的。在德国，公众的不满情绪仍在继续，2015 年底的事件进一步推动了这种不满。在科隆和其他几个大城市的除夕夜发生了多起性骚扰事件，包括由看似有非洲北部或阿拉伯外表的年轻人所组成的帮派成员，强奸一名参加狂欢的女性，事后警察被指控明显失职。

目前尚不清楚这些犯罪的人是否真的是从叙利亚难民的开放政策中受益的新来者，但对于那些要求更严厉举措的人来说，重要的是限制允许入境的人数，并驱逐那些被定罪的难民。安格拉·默克尔的立即反应是，建议采取更严厉的行动或实施严厉的法律，将这类罪犯驱逐出境。

同时，《申根协定》继续受到侵蚀。12 月时，瑞典对从丹麦越过厄勒海峡大桥的人流实施了边境管制，丹麦政府对丹麦与德国的边境实施了类似的管制。在这两种情况下，管制的动机都是阻止到达德国的难民继续向北行进，甚至德国本身也对包括与奥地利边界在内的部分边界实行了据说是暂时的管制。

欧盟还试图说服土耳其切断流向希腊的难民流。根据 2016 年 3

月达成的临时协议，土耳其将从希腊带回所有未申请庇护或庇护申请被拒绝的非法移民。作为回报，欧盟将接收与从希腊返回土耳其的人数相当的叙利亚难民。土耳其将获得前往申根地区的免签证旅行，并加快其成为申根国家的谈判进程，欧盟还将提供60亿欧元的款项以帮助土耳其境内的难民。

这个协议是安格拉·默克尔与土耳其总统雷杰普·塔伊普·埃尔多安直接谈判达成的，这让欧盟理事会主席唐纳德·图斯克感到非常恼火，他认为自己有责任与土耳其人就此问题打交道，但默克尔总理认为他的努力不够充分。尽管实际上确实减少了难民流量，至少在最初是这样，但是各国很快又陷入困境。在欧洲，公众舆论显然反对放宽土耳其人的签证，更不用说任何让土耳其提早加入欧盟的前景了。从人权角度看，将难民强行遣返土耳其，也存在着法律上的挑战，似乎不太可能实现。2016年土耳其政变失败后，埃尔多安总统的威权主义日益加剧，气氛进一步恶化了。

移民问题将在德国政治中持续存在下去。德国有两个主要利益：以某种方式阻止移民进入德国；保留或恢复《申根协定》的职能。根据该协定，与9个国家接壤的德国是主要的受益者。这两个目标不容易调和。除了放弃申根，并在德国周围建立永久性的围墙和边境管制外，一旦难民进入欧盟，德国几乎无法阻止他们抵达德国的领土。即使采取进一步的强制性再分配措施也无法解决问题。只要获得了在斯洛伐克或波兰的庇护或居留权，任何难民都可以越过边界进入德国。

因此，德国可能会寻求措施来从源头遏制难民流动。从长远来看，这意味着找到相关推动解决难民潮的方案：叙利亚和其他地区的战争与动荡，贫困的普遍存在和治理不善。这些问题的解决方案并不在德国或欧盟的权力之内，因此德国将寻求减少欧盟外部边界的漏洞。

根据欧盟法律，成员国应负责监督和控制外部边界。但是在 2004 年，欧盟外部边境管理局成立，用以促进合作和提供支持。最初，它专注于风险分析和培训，但后来扩大了活动范围，包括提供可以部署到特定压力点的边防警卫队。2015 年时，它为希腊和意大利应对地中海移民提供了帮助。

在当时的情况下，欧盟外部边境管理局提供的帮助主要是人道主义救援。如果要对进入欧盟的移民进行有效控制，则需要有采取更多强制性措施的意愿，例如防止船只停靠在欧盟领土上。这反过来可能意味着在欧盟以外（例如在土耳其或突尼斯）建立处理中心，就地处理庇护申请。

2015 年 12 月，欧盟委员会提议建立欧洲边境和海岸警卫局以取代欧盟外部边境管理局。它将具有执法而不只是支持作用，甚至有权在未经成员国同意的情况下进行干预。德国欢迎该提案，而英国在当时确实也表示欢迎该提案。这是一种具有实际意义的集体行动。如果单个欧盟国家不满上岸的移民人数，为什么不让欧盟承担这项工作并为其提供财力和物力支持呢？

尚不清楚欧洲边境和海岸警卫局是否真会成立，也不清楚它的确切规模、作用以及运作所依据的规则①。但是在一年之内必须接纳 100 万以上的难民，并且面对下一年很可能涌入相同数量难民的现实，德国头痛不已。德国人将力促欧盟采取行动阻止难民潮。

德国人将准备付款，只要其他人也愿意付。他们愿意凭借自己的

① 2016 年 9 月，欧盟颁布《欧洲边境和海岸警卫条例》。该条例将 2004 年成立的“欧盟外部边境管理局”正式更名为“欧洲边境和海岸警卫局”。——编者注

政治和经济力量走自己的路。那些不履行难民配额义务的成员国将失去获得欧盟结构性资金的建议，并没有得到跟进，但它表明德国未来可能使用这样的手段推行其意愿。

目前尚不清楚的是，德国人是否愿意对欧盟的移民政策采取严格的措施。将犯有严重罪行的寻求庇护者从德国驱逐出境是一回事，而且肯定会受到德国主流舆论的欢迎。但是，在电视上看到一艘由德国船员操控的欧盟拖船拖着一艘满载苦恼的妇女和儿童的驳船，驶离充满希望的欧盟领土，强行将其交还给土耳其或利比亚，这样的场景将会给人留下难以忍受的回忆。

德国政治机构还没有对需要使用武力的措施做好充分的准备，对于任何强迫非法入境者出境，或拒绝其入境的政策，都是如此。但是，它能更直接地适用于所有构建欧盟外交和安全政策的尝试。这是德国对欧盟的言论与实际表现脱节的另一大领域，也是决定德国声称想建立的政治联盟性质的关键因素。

第七章　柏林的军事法则

在大多数政策领域中，无论英国是否脱欧，在德国领导下的欧盟各国都有可能以与德国相同的方式不断发展，外交与防卫的政策领域是唯一的例外。现在既然英国已决定离开，那些主张采用更加一体化方法行事的人，尤其是在德国的人，将不能再责备由于英国的阻挠而无法追求进一步的一体化了。是时候了，要么去干，要么闭嘴。

1. 从外交合作到军事联盟

1957 年的《罗马条约》没有提及外交政策，但是在 1970 年，欧洲经济共同体的成员国开始实行当时被称为“欧洲政治合作”的措施。

这样的合作是在《罗马条约》本身框架之外政府间自愿的基础上进行的。欧盟委员会仅以观察员身份出席了会议，欧洲议会和欧洲法院没有在其中发挥任何作用。成员国没有共同行动的官方义务，但是，它们选择就所有人都具有共同利益的问题进行磋商，并设法达成协议。

有人声称，有英国加入的欧盟是一个纯粹的经济机构，直到后来，欧盟才进入政治领域。就条约本身而言，这是正确的。但是 1973 年英国加入欧盟时，外交政策合作已经是欧盟活动的一部分了。

实际上，英国在正式加入欧盟之前就已经介入了欧盟的政治事务。英国、爱尔兰、丹麦以及直到完成了全民投票的挪威，在 1972 年 1 月签署但尚未被批准加入条约时，就已经立即开始参加欧洲政治合作了。英国参加的第一次欧盟会议于当月晚些时候举行。这是一个处理欧洲安全与合作的低级小组委员会，是一个遏制苏联及华沙条约组织扩张的项目。比利时主席在议事开始时指出，它还没有对在法国进行的政治合作讨论做过解释，但随着委员会成员的增加，可能需要审查这样的做法。英国代表团的团长是外交部的一名中级官员，具有非同寻常的多种语言能力。他回答说，如果他的同事们觉得更方便的话，他将非常高兴继续使用法语或者英语，甚至是德语或意大利语来沟通。

1992 年的《马斯特里赫特条约》正式确立外交政策作为欧盟活动

一部分的地位。共同外交和安全政策的概念被确立为欧盟机构的所谓“三个支柱”之一。但是，与处理司法和内政的其他新支柱一样，组织的结构形式仍然是政府间的。部长会议是其中的主导机构，决策是一致通过的。因此，只有在每个国家都同意的情况下才能实现共同立场，如果有国家缺席，缺席的成员国仍然可以自由采取行动。

1997 年签署的《阿姆斯特丹条约》设立了欧盟共同外交与安全政策高级代表的职位，这个职位旨在给外部世界一个代表欧盟的面孔（北约前秘书长、西班牙人哈维尔·索拉纳是第一位担任该职务的人），并为决策引入了一些灵活性。尽管必须一致同意共同确定的战略，但在某些条件下，必须在实施过程中进行多数表决，并规定建设性弃权的做法，即成员国可以拒绝支持欧盟的政策，但不能阻止其采取行动。

根据 2007 年《里斯本条约》，一个欧盟外部行动的服务机构创建了，并将欧盟共同外交与安全政策高级代表的职位与欧洲委员会副主席的职位合并，同时授权担任这个职务的人负责主持欧盟成员国的外交部部长们讨论外交政策的会议。

尽管有了这些变化，欧盟的共同外交与安全政策本质上仍然是政府间的。它在每个人都同意的问题上发挥作用，但不能阻止每个成员国在自己认为必要时采取行动。欧洲议会在政策的制定或执行中没有正式的作用，只是有权知道已做出的决定。

到目前为止，欧盟在外交政策领域所取得的成就还很少。它发表了许多宣言，并制定了与邻国关系的无数战略。它是发展援助的主要提供者，多年来支撑了巴勒斯坦的经济。但是，它从未在政治层面上复制它在外贸领域的影响力。在最近几年的所有重大国际问题上，例如对伊拉克的入侵或对利比亚的轰炸，欧盟内部都出现了意见分歧，各个成员国都做出了自己的决定。

毫不奇怪，也许欧盟最重要的外交政策成就，就是在政治和贸易重叠的地区实行制裁。在与伊朗和俄罗斯有关的问题上，欧盟一直有效地把经济压力作为实现其外交政策目标的工具。

欧盟对国防领域的介入还是最近的事。自 20 世纪 40 年代以来，就有一个欧洲的国防组织西欧联盟（Western European Union，简称 WEU），但这只是一个纸上组织，实际上什么也没做。在整个冷战期间，北约为欧洲的安全提供了保障，并且是欧洲国防合作的唯一论坛。

到了 20 世纪 90 年代，情况开始发生变化。事实证明，冷战后的秩序比许多人所预想的要脆弱得多。前南斯拉夫的内战提醒人们，欧洲本身也不能幸免于不稳定和暴力。国防政策的制定者们开始对各种形式的维和行动产生兴趣，因为那将成为他们的武装部队扮演的角色。同时，美国也明确表示，尽管北约做出的致力于保卫欧洲免受外部攻击的承诺仍然有效，但它希望北约的欧洲成员为自己所在地区的其他形式的安全挑战承担更多责任。

因此在 1992 年，西欧联盟的各个政府（当时是欧洲在国防领域内唯一的组织）达成了一系列旨在共同执行普通军事任务的协议。该协议之所以被称为“彼得斯堡任务”，是因为达成共识的会议是在波恩郊外的彼得斯堡酒店举行的，协议所列出的任务全都在低强度的军事领域。西欧联盟随后被关闭了，欧盟接管了其职能。1999 年科索沃战争爆发后，欧盟各国政府首脑在赫尔辛基达成了下列共识：

> 联盟必须具有在可靠的军事力量支持下自主采取行动的能力，拥有决定使用它们的方法以及愿意这样做的能力，以便在不损害北约采取行动的情况下应对国际危机。

他们还将“共同外交与安全政策”更名为“共同安全与防卫政策”，并提出了一些所谓的“总体目标”，以确保欧盟在快速部署军事力量方面拥有最低限度的能力。这些行动很大程度上受到了英国首相托尼·布莱尔和法国总统雅克·希拉克1998年在法国共同发表的《圣马洛宣言》的启发。其他成员国默契地认识到，如果欧盟要发展自己在国防领域的能力，那么在欧洲拥有最重要军事能力的两国达成谅解，是至关重要的。

自1999年以来，欧盟在其共同安全与防卫政策的框架内承担了30次任务，大多数任务主要涉及平民，到目前为止，还没有以欧盟的名义开过枪。其中一些涉及部署军事单位，比较突出的是派往刚果民主共和国的维和部队和在索马里附近展开的反海盗行动。

一直存在分歧的问题是，为了指挥和控制此类特派部队，欧盟是否应建立自己的常设军事总部。欧盟在布鲁塞尔设有军事委员会，与负责欧盟共同外交与防卫政策的政治委员会同时运作。但是到目前为止，所有欧盟军事任务都是由国家总部指挥的。索马里海域的反海盗行动由设在诺斯伍德的英国常设联合总部指挥。

在工党和保守党领导下的英国政府，坚决反对建立任何这种常设欧盟机构。2011年，其他5个主要成员国（法国、德国、意大利、波兰和西班牙）的政府提出了一个联合提案，并得到了欧盟负责外交事务与防卫政策的高级代表凯瑟琳·阿什顿的支持。但是，英国外交大臣威廉·黑格重申了他的反对意见，他的同事们选择了终止这个项目。

2. 现在需要一支欧洲军队

几乎每一个试图说服别人的德国政客，都表示支持完全成熟的欧盟共同外交政策，这个政策与“欧洲经济共同体共同农业政策”一样，将包含各个成员国的政策。会有一个单一的欧盟外交部门，一个在联合国安理会上的欧盟席位，以及一个在其他国际组织中的欧盟代表。

德国政客中的大多数人，对长远的发展而不是立即实施的结果表示支持。他们很少详细介绍欧盟共同外交政策在实践中的工作方式。埃德蒙·斯托伯在 2002 年承认，如此共同的外交政策将意味着德国外交部的消失（逻辑上是会如此），后来再未重复这样的说法。这个概念似乎引起了德国公众舆论的共鸣，重要的是外交比较便宜，不需要花很多钱。

然而，德国并未采取任何行动使这一设想成为现实。《里斯本条约》的规定在理论上包括创建一个强有力的职务作为欧盟外交与防卫政策的高级代表，这位代表将拥有一个全球性的办事处网络，并有能力让欧盟预算的全部资源来承担欧盟外交与防卫政策所需要的支出。

但是，自从建立了高级代表的职务以后，两任代表都被闲置在欧洲外交的边缘。第一任高级代表凯瑟琳·阿什顿参与了有关伊朗核计划的谈判，但只是作为法国、德国和英国外交部部长的陪同人员。她的继任者费德里卡·莫格里尼在乌克兰危机方面几乎没有扮演任何角色，安格拉·默克尔和弗朗索瓦·奥朗德在明斯克会见普京总统和波罗申科总统时，也没有邀请她参与。

可以说，阿什顿女士和莫格里尼女士虽然完全称职，但都不是重量级的政治人物，根本没有能力在国际舞台上表现自己的影响力。然而正是由于这个原因，她们才被任命。法国、英国和德国都不想与表现出强烈个性的人掺和在一起。

法国或英国可能会警惕给予欧盟高级代表过多的外交政策权力，这不足为奇。不过令人惊讶的是，无论是在 2009 年还是在 2014 年的任命中，德国都没有将提高高级代表的地位作为优先事项。对两次担任总理的安格拉·默克尔来说，这样做是很容易的。有很多德国政客，例如前外交部部长或国防部部长约施卡·菲舍尔、福尔克尔·吕厄或弗兰克－瓦尔特·施泰因迈尔，本可以干得出色并发挥权威作用。如果默克尔总理提名他们中的一位，那这个人肯定会得到这个职务。但是她没有这么做，而是选择了一位基民盟的中级同僚和一位欧盟委员会的中级官员来任职。

2012 年，时任德国外交部部长的吉多·韦斯特韦勒召集了 11 名欧盟同事（英国没有被邀请参加）来讨论加强欧盟外交与防卫政策的范围应包括哪些方面。结果报告显示，参与者的分歧多于一致意见，并且没有形成足够的政治共鸣，而默克尔总理也未对此发表公开评论。因此，与欧盟的其他活动一样，德国政客在外交政策方面说什么和做什么形成了鲜明的对比。

在国防方面更是如此。德国于 2013 年组建新一届政府时，政治联盟的协议包含了以下句子："我们将努力建立更紧密的欧洲军队网络，以发展成为由议会控制的欧洲军队。"该表述并未具体说明这种议会控制应如何或由谁领导，但隐含的意味是欧洲议会将对此负责。

2015 年 3 月，欧盟委员会主席让－克洛德·容克在接受德国记者采访时建议，需要一支欧洲军队以打动普京总统，并为真正的欧盟共同外交与防卫政策提供激励。德国国防部部长乌尔苏拉·冯德莱恩立即声明支持该项提议，而德国联邦议院外交事务委员会主席诺伯特·罗特根也发表了类似的声明。

随后有一年多的时间，欧盟没有采取应有的行动。德国政府的立场似乎是，尽管建立一支欧盟军队是个好主意，但要由其他人来出面实现它。最后，在 2016 年 7 月英国举行全民公投后不久，德国政府发布了一份白皮书，标题为《德国安全政策与德国联邦国防军的未来》。它在出版之前就受到关注，英国的欧洲怀疑论者们抨击它，指责它提倡组建欧洲军队，从而削弱北约。

事实上完全不是这么回事。白皮书的大部分内容都是分析性的，并以与英国在2015年发布的《国家安全与国防评论》非常相似的方式，描述了德国面临的安全挑战。北约被赋予了应有的地位，而白皮书中大部分与之相关的内容都是如何提高北约的能力。德国政府意识到自己需要做得更多，并重申对北约的承诺——让国防支出达到占国内生产总值2%的水平，但没有明确德国何时才能达到这一水平。

关于欧盟，白皮书指出："德国正在努力实现欧洲共同安全与防卫联盟的长期目标。"这是通过使用《里斯本条约》创造的所有选择来实现的，例如实现永久的结构化合作，发展欧盟成员国之间的双边和多边关系网络，以及扩大欧洲国家在北约的能力等多项举措。

它还包含了几个具体的想法。其中之一是建立永久的欧盟"民间-军队"计划和指挥与控制能力，另一个是举行由国防部部长组成的外交事务委员会例会。人们也普遍希望能更好地协调欧洲国防采购，但没有说明为什么这方面的努力在未来会比过去更为成功。

更重要的是它没包含的内容。没有出现"欧洲军队"一词，没有迹象表明欧盟有共同的国防预算，也没有建议应该以国家为基础来指挥武装部队，整个指导精神是政府之间的自愿合作。尽管在政治上承诺进行更多合作，但北约在过去的60年中一直是以此为基础开展活动的，从未被指控具有超越国家的野心。白皮书没有提及欧盟委员会和欧洲议会，也没有提及英国退出欧盟的决定。

白皮书在德国受到普遍欢迎，大多数评论家们都强调，政府已意识到德国需要为全球安全承担更多的责任。可以预见的是，没有人问到仅仅一年前德国国防部部长曾满怀热情谈起的欧洲军队现在究竟怎么样了。在这一点上，就像在其他欧盟政策领域一样，德国政客说的话像是在谈论一项新的计划，但从没有人去质疑这些话的实际含义或计划实施的时间表。他们就好像国教的大祭司一样，没有人要求他们透露自己的奥秘。

欧盟军队的前景是英国全民公决运动中“支持离开”的一方使用的论点之一。他们认为那将削弱北约（尽管他们从未解释过退出欧盟将如何阻止削弱北约）。但是，如果对德国白皮书进行理性分析就可以得出这样的结论，如果白皮书中所说的就是“欧盟军队”的含义，那么对远不是一个联邦，而是由28个国家政府组成的欧盟，可能会、也可能不会选择在临时组合的基础上进行联合行动。

当然可以说，德国之所以在过去未能推动共同的欧盟外交政策或实现组建欧洲军队的想法，只是基于现实的考虑。英国和法国都决心保留其在外交政策方面的行动自由和在联合国安理会的常任理事国席位。英国强烈反对欧盟在国防领域中扮演任何严肃的角色，而大多数中欧和东欧成员国对此也没有热情。那么，为什么德国要浪费时间和精力去干那些可能毫无结果的事情呢？

现在英国即将离开了，德国政府将承受压力，被要求讲清楚其对欧盟外交政策和国防领域中所起作用的真正想法，和真正准备去做的事情。

3．当危机来临，德国人会在当天到达现场吗？

德国政府从未期望在欧盟的外交政策和国防领域里享有与在欧盟内部治理中同样的主导地位。部分原因是德国对行使国际权力犹豫不决。因为与法国和英国不同，德国不是联合国安理会的常任理事国。

联合国安理会的改革已经进行了数十年了。它目前的组成反映的是1945年国际权力的现实，而不是今天的现实。但是，改革它的努力一直没有成功。改变现有常任理事国的组成，在国际上得到了广泛的认可，但是到目前为止，关于新常任理事国应该是谁，以及现有的常任理事国是否需要放弃其席位尚未达成共识。

自 20 世纪 90 年代以来，德国一直要求成为安理会常任理事国，同时强调从长远来看欧盟应该拥有自己的常任理事国席位。但是在德国，并未就欧盟将如何在安理会内开展工作进行过讨论。例如，谁将代表欧盟？如何来决定代表将如何投票？

与政治联盟的概念一样，“欧盟应成为安理会成员”的口号在德国得到了广泛的共鸣。政客们不觉得自己有义务来说明这一口号的实际含义，他们也没有做任何事情来帮助实现这一目标。

如果将安理会常任理事国扩大为包括印度、日本和南非等国家的话，那么德国肯定会要求加入其中。这将使德国政府更难辩称它并不真正希望自己成为安理会的常任理事国，而只是在欧盟没有席位的情况下成为候选人。因此，目前在这个问题上的僵局非常适合德国的需要。

事实上，更广泛的欧盟外交政策活动的结构也有这样的需要。一个领导力量微弱，基于共识的共同外交与防卫政策，为德国提供了两全其美的优势。欧盟没有制定不符合德国利益，或会造成德国国内政治困难的政策（例如对俄罗斯采取强硬路线）的风险。德国可以自己采取行动，也可以与法国一起采取行动，就像在乌克兰问题上出现的情况一样，但这不会总被所有欧盟伙伴欢迎。

总体而言，外交政策不会花费很多钱。但是，国防确实需要很多钱。发展欧盟国防合作的最大问题是财务。除英国和法国外，很少有欧盟国家愿意为军事能力花费足够的资金。那些也属于北约的欧盟成员国，已经认可了将其国内生产总值的 2% 用于国防的原则（在冷战期间，其指导方针是 3%），但很少有人会在未来实现这一目标。当然，除非特朗普总统实践他的竞选诺言，威胁要对那些未能实现 2%

承诺的北约成员国保留美国的军事支持。

德国仅花费了约1.3%用于国防，就足以确保德国联邦国防军是一支装备精良的部队，但还不足以赋予其全方位的能力使其能够在欧洲进行高强度作战，并在世界其他地方进行远征作战。

但是，德国确实参与了比任何其他欧洲国家更为广泛的军事合作关系。它与9个邻国中的6个都拥有联合军事部队。第一个是成立于1987年的法德旅。这是一支由4000人组成的机械化编队，部分驻扎在阿尔萨斯，部分驻在巴登-符腾堡，它构成了1992年成立的欧洲军团级单位的核心。它最初是一个法德合作项目，后来向其他欧洲国家开放。比利时、卢森堡和西班牙已加入成为永久成员，波兰也于2017年加入成为永久成员，其他国家则具有准成员的资格。

欧洲军团可以自行部署，也可用于欧盟或北约的部署。到目前为止，它已经参与了北约在波斯尼亚、科索沃和阿富汗的行动。英国在斯特拉斯堡总部设有联络官，但从未向欧洲军团司令部派过兵。

德国还是“德国-波兰-丹麦”三国集团的成员，其总部位于波兰城市什切青。德国-荷兰军团的总部位于威斯特伐利亚的明斯特。从德国的角度来看，这种联合部队的建立将赋予欧洲军队的观念一个具体的存在。

这类联合军事单位的控制权仍牢牢掌握在参加国的政府手中。每次都需要联邦议院批准其部署。因此，对于德国的欧洲伙伴来说，在考虑进一步加强军事合作形式时，有一个很简单的关键问题：如果危机来临，德国人会在当天到达现场吗？

在直接防御欧洲领土方面，德国的承诺是毫无疑问的。自1954年以来，德国一直是北约的忠实会员国，北约对德国政府在北约领导下部署德国联邦国防军以支持其盟国的意愿，从未有过任何疑问。当然，多年来，德国政府一直特别关注北约理论和政策，例如在可能使用短程核导弹方面。但是，当遇到北约在冷战时期必须面对的最困难的决定时，即为应对苏联部署 SS20 弹道导弹和逆火式轰炸机，美国在欧洲领土上部署了巡航导弹和潘兴导弹，德国政府的态度是十分坚定的。

里根总统在执行所谓双轨政策方面的坚韧不拔，确实应当给予高度评价，它导致了 1987 年达成的禁止中程导弹的协议，而那个协议反过来又促使了冷战的结束和苏联的解体。然而，如果没有当时的德国总理赫尔穆特・科尔的支持，双轨政策是不可能付诸实施的。

在与欧洲自身安全间接相关的军事决定和部署方面，德国的记录是好坏参半。冷战结束后，德国的欧洲盟国很快就参与了北约盟国领土以外的一系列军事行动，这些军事行动遍及伊拉克、波斯尼亚、科索沃和阿富汗。对于德国而言，参与此类行动在法律和政治上都是有问题的。根据宪法法院的解释，德国宪法排除了未经联合国或北约授权的所有德国军事活动，而且德国公众舆论对除直接保护德国本身以外所有使用德国联邦国防军的意图都是不满意的。

在 1998—2005 年执政的"红绿联盟"政府表现出了政治勇气，试图解决那些限制并反对德国军队参加北约边界外活动的想法，包括在其自身队伍中的反对意见。结果，德国联邦国防军参加了北约在塞尔维亚进行的轰炸行动，以及随后在科索沃进行的维和行动。它还在北约的阿富汗行动中发挥了作用，德国的作用与英国不同，它只限于支持阿富汗北部的重建项目。

德国总理格哈德・施罗德和外交部部长约施卡・菲舍尔因其在说服德国接受这种国际军事角色方面所表现出来的领导作用，而受到高度赞扬。他们的政府必须在联邦议院对该问题进行的信任投票中生存下来，他们只获得了胜出两人的多数票。他们后来拒绝支持或参加

2003年对伊拉克的入侵，事后看来，这进一步证明了他们良好的政治判断力，尽管当时他们受到乔治·W.布什和托尼·布莱尔的巨大压力。

在2002—2006年的“基民盟-自由民主党”联盟政府的领导之下，德国开始撤退了。德军仍留在阿富汗，但德国政府对如何使用、何时何地使用它们的限制变得更加严格了，德国没有任何胃口进行进一步的军事冒险。

这一点在2011年的利比亚内战中表现得尤为明显。德国当时是安理会成员，与俄罗斯和中国一起对授权使用武力保护利比亚平民人口的重要决议弃权。美国、法国和英国等都投票赞成，决议获得通过，为北约随后领导的空袭军事行动开辟了道路。

为什么德国会选择以这种方式投票仍然是一个谜。在安理会投票赞成一项决议并不意味着有任何义务部署武装部队。通过投弃权票，德国明显与其三个主要军事盟友作对。在德国，许多人为此不舒服，但政府没有因此受到任何实际压力。

国内的政治考量可能在这一决定中起了作用。当时，绿党和德国左翼党在民意测验中都表现良好，政府对公众的情绪有些恐慌。在日本福岛核事故发生后不久，德国迅速改变了核能政策，并选择加快减少德国的核电站（这一决定使人们对德国未来实现气候变化目标的能力，或实际上确保其电力供应的能力产生怀疑），而公众舆论当然不赞成加入利比亚战争。华盛顿、巴黎和伦敦都认为德国的选择是愚蠢的。

但是，德国公众对使用德国联邦国防军的态度正在发生变化。它在科索沃的部署是一个突破，一位德国将军第一次指挥了北约的军事行动，德国飞机首次向军事目标发射了实弹，一个重要的分水岭被跨越了。在阿富汗，尽管发生了一起被广泛报道的涉及平民伤亡的事件，但德国的贡献仍然被肯定，这是因为德国人明智地将其活动限制在阿富汗的北部和能胜任的任务中。

德国避免了像伊拉克那样冒险的军事承诺，那种承诺影响了英国武装部队的士气和地位。关于使用德国联邦国防军的政策已逐步改变，并得到了国内舆论的认可。没有发生在英国的那种曝光国外军事行动的反弹。现在，大多数德国人都接受这样的看法——他们的安全受到欧洲以外事件的影响，德国联邦国防军可以在更广阔的世界内发挥作用。

对于进攻性地使用武力，及造成或遭受伤亡的看法，仍存在一定的怪诞之处，但就安全而言，今天的德国是一个更加“正常”的国家。“德国人会在一天之内到达吗？”问题的答案是，如果军事行动很合理，而且关键盟友也参与其中，那么德国人几乎肯定会这么做。

的确，当北约在阿富汗的战斗任务结束后，现在在那里参加训练和支持活动的德国部队人数超过了英国。德国还在与 ISIS 的战斗中向库尔德人部队提供军事装备和训练，这反映了德国总统约阿希姆·高克在 2014 年慕尼黑安全会议上发表的深思熟虑的讲话中所传达的信息，即德国应该愿意承担更多、更广泛地促进世界安全的责任，并且不应该以过去为理由而放弃责任。因此，在未来几年中，德国在参加与北约领土防御没有直接关系的军事任务时可能会更加理直气壮，其中也可能会包括以欧盟名义执行的任务。

只要欧盟许多成员国在安全方面关注的仍是普京总统领导下的俄罗斯，北约就仍然是欧洲国防合作的主要论坛。对于波兰、波罗的海国家、罗马尼亚和保加利亚等国家和地区而言，俄罗斯对克里米亚的吞并清楚地揭示了欧洲的安全现实。有人建议，欧盟对马里或厄立特里亚的使命将被视为杂耍。然而，对于南欧国家而言，地中海乃至整个世界的动荡是更为直接的威胁。对于它们来说，采取欧盟整体行动以试图稳定一些难民原籍国局势的想法，可能看起来是很有吸引力的。

参与欧盟行动是自愿的。如果选择不参与，没有人能强迫任何成员国参加。但这反过来也意味着，如果实际上有相当多的成员国赞成，任何成员国都无法阻止行动的进行。

欧盟军事任务的增加，并不意味着欧洲国防的“共同化”。尽管他们全力支持欧洲军队的构想，但实际上很少有德国政客希望欧盟委员会或欧洲议会对掌控军事行动负有任何重大的责任。他们中的许多人都倾向于这样的想法，赋予议会某种权利来象征性地做原则上的批准。

4．要么去干，要么闭嘴

自冷战结束以来，德国在外交政策方面的成就令人印象深刻。当然，德国统一本身是由于科尔总理在与米哈伊尔·戈尔巴乔夫，以及当时的波兰和捷克斯洛伐克新兴政治领导人打交道时，所展现的谈判技巧。欧盟和北约迅速扩张，将中欧和东欧国家包括进来，也是德国大力支持的。但没有一个德国政客会为此自傲，以这种说法来描绘德国的欧洲政策，然而不可否认，今天欧洲的政治形态正是德国领导能力的产物。

在更为广阔的世界舞台上，德国总体上也做出了正确的选择。它曾参与北约在波斯尼亚、科索沃和阿富汗北部的行动，但未参加在阿富汗赫尔曼德省和伊拉克的行动。英国有许多人希望自己的政府也能做出类似的选择。

当然记录并不完美。在南斯拉夫危机爆发之初，德国政府曾过于仓促地呼吁克罗地亚和斯洛文尼亚独立，没有考虑对波斯尼亚的后果。在利比亚，安格拉·默克尔政府不愿做格哈德·施罗德曾经在科索沃和阿富汗做过的事情：压制自己在党内的反对派，并授权采取军事行动。德国在联合国安理会与俄罗斯并肩投票反对英国、法国和美国的场面，对德国以及全世界的许多人来说都是令人不快的。

至少在许多欧盟伙伴看来，德国在外交政策领域行使领导能力的关键考验是俄罗斯。德国非常依赖俄罗斯提供能源，主要是天然气，而且德国公司已在俄罗斯进行了大规模投资。最值得注意的是，德国和俄罗斯已经合作建设了北溪管道，那是一条从维堡到萨斯尼茨的穿越波罗的海的海底管道，无须穿过任何其他国家的领土。

建造北溪管道的决定在波兰遭到了严厉批评。表面上，波兰人是出于环境保护反对它，但真正的原因是，这剥夺了波兰人使用乌克兰以前使用过的那种潜在的杠杆作用。2006 年，乌克兰与俄罗斯因为乌克兰要支付的天然气供应价格而发生争议，从而阻止了俄罗斯向中欧和东欧国家运送天然气。兴建北溪管道不言而喻的好处之一，就是确保波兰人将来无法做到这一点。

时任德国总理格哈德·施罗德协助谈定北溪管道的建设协议。离开政坛后不久，他就成了运营公司的董事长。在任职期间，施罗德还与弗拉基米尔·普京建立了密切的私人关系，后者安排了一些特殊的途径，以便让施罗德收养一个俄罗斯女孩。随后，施罗德就一直是普京的辩护人，他曾公开称普京为“透明的民主人士”。

安格拉·默克尔对普京的幻想比她的前任要少，并且在与普京的交往中非常灵活。尽管如此，两位领导人似乎已经建立起了令人满意的工作关系。她是普京保持定期交往的唯一国际人物，也似乎是让普京以各种形式表示尊重的唯一国际人物。毫无疑问，语言是有所帮助的：默克尔女士能讲得体的俄语（她在学校时曾赢得过大奖），普京的德语也很好（归功于他在德累斯顿克格勃的工作经历）。她避免对普京进行人身攻击，也对此有所帮助。

但在具体问题上，默克尔是很坚定的。她促成了明斯克的《乌克兰停火协议》约定的交易，且未忽视俄罗斯在协议随即失败后应负的责任。尽管德国有经济利益，她仍坚持维持欧盟对俄罗斯的制裁，这一制裁比许多人的预想更为强硬。

她与施罗德在对待俄罗斯方面的共同点，也是德国企业界的关注点，是确保德国能够做出自己的决定，而不受制于过于严格的欧盟政策框架。因此，尽管欧盟外交政策机制已经发表了大量有关欧盟与俄罗斯关系的概念性文件并进行了分析，但直到俄罗斯占领克里米亚之前，欧盟国家采取的共同行动很少。

因此，认为在默克尔的领导下德国奉行了重商主义外交政策，是不完全正确的。不过，她无疑会利用自己的政治影响力来促进德国的商业利益。当她前往中国或其他新兴市场时，通常会带着一个由德国商界领袖组成的强大代表团。这不仅让她可以代表商界人士进行游说（她很乐意这样做），也提醒接待国家，许多全球领先的工业企业都将总部设在德国，而这将增强她想传递的政治信息的分量。

利用经济实力取得政治影响的能力使德国在欧洲处于领导地位，在更广阔的世界舞台上，德国也越来越多地这样做。即使没有安理会常任理事国的席位，甚至德国武装部队也没有重要的干预能力，德国的声音仍然在国际舞台上受到了关注和尊重。

德国在欧盟外交和安全领域的领导方式，并不像在处理欧盟内部事务时所做的那样，而是变得越来越少地陷于分歧，越来越有主见。

在大多数政策领域中，无论英国是否脱欧，在德国领导下的欧盟各国都有可能以与德国相同的方式不断发展，外交和安全政策领域是唯一的例外。现在既然英国已决定离开，那些主张采用更加一体化方法行事的人，尤其是在德国的人，将不能再责备由于英国的阻挠而无法追求进一步的一体化。是时候了，要么去干，要么闭嘴。

传统的看法，特别是在英国的欧洲怀疑论者中间，认为欧盟没有了英国，外交政策会受到致命的削弱，声誉也会受损。他们认为，世界上谁会在意一个其领导成员之一，同时也是安理会常任理事国的国家刚刚离开的组织？

这是一个诱惑人的论点，而且并非没有道理。包括德国在内的大多数欧盟国家，确实将外交和安全政策视为英国拥有的独特资产，整个欧盟都可以从中受益。但是这并不意味着英国离开后欧盟会放弃原有的政策，欧盟将继续像以前一样行事，只是成效稍小。

还有在英国公投中被忽略的另一种可能发生的情况（就英国的利益而言，其后果可能远比移民或进入欧盟单一市场更为严重），欧盟有可能在摆脱了英国的否决权以后，以德国政界人士长期主张的方式向前发展，最终在国际事务中成为一个单一的外交政策参与者，并获得自己的自主防卫能力。

这意味着在20年的时间里，欧盟将在联合国安理会中占有一个席位，欧盟使馆将取代成员国的国家使馆，而不只是对国家使馆进行补充。一个欧盟在世界舞台上的声音，和一个被称为“欧盟军队”的集体军事实体（无论组织形式如何），甚至可能意味着欧盟将自行加入北约组织。

对于英国来说，这将成为一场噩梦。与一个经济大国生活在一起将是一场挑战。在政治和军事方面以加拿大毗邻美国那样的方式生活在一起，意味着英国在世界上的地位将发生根本性变化。当鲍里斯·约翰逊以加拿大为例证，谈论英国该如何与欧盟谈判贸易协定时，他可能没有想到这层关系。

这会发生吗？这是德国政客们在英国离开以后，想要推动欧盟前进的方向吗？

这并非完全不可思议。毫无疑问，通常那些鼓吹欧盟一体化的人

（尤其是在欧盟委员会和欧洲议会中的那些人）都会呼吁在这方面采取主动行动。在英国脱欧所产生的激烈氛围中，不仅仅是欧盟的机构内部，还有一些欧盟国家，将找机会来证明英国的欧洲怀疑论者是错误的。他们将声称，欧盟的外交与防卫政策不会因英国的脱离而遭受致命的破坏，它将重生并获得振兴。

然而这是不可能的。因为迄今为止，德国并没有显示出任何将其对欧洲外交和国防政策的言论转化为现实的迹象。其他成员国也将对把自己外交和国防领域的控制权移交给欧盟进而失去国家主权，感到担忧。

同时这也并不意味着一旦英国出走，一切仍将保持不变。为欧盟制定更协调的外交政策，不需要对条约进行任何更改。欧盟已经拥有在世界上发挥更大政治作用所需的所有权力，问题是它是否真有这样做的意愿。

德国和法国将是决定这点的两个主要参与者。在没有英国的情况下，它们不一定需要像在英国仍是成员时那样，在欧盟内发出相同的呼吁。对于这两个国家来说，英国的脱离既带来了机遇，也带来了失望。更加协调一致的欧盟外交政策，将不可避免地意味着将权力移交给欧盟机构，但没有一届法国政府愿意这样做。到目前为止，从安格拉·默克尔的态度上看，她也不认为这是欧盟前进的最佳方向。

法国和德国可能试图将法德领导力的概念重新引入外交政策领域，它们在欧盟其他领域中已经实践了数十年。换句话说，它们将共同协商并制定联合立场，然后寻求其他成员国的认可。

在欧盟内部问题上，实际操作是通过正常的立法或行政程序进行的，这涉及各个委员会和欧洲议会。但是，外交政策通常不需要立法（除非涉及制裁），这使一个或两个国家更容易以欧盟的名义明示或暗示地采取行动。

这样的法德联合，不一定会让欧盟高级代表发挥作用。正如阿什顿男爵夫人在有关伊朗核计划的谈判中发挥的作用那样，这个高级代表的角色将发挥支持性的作用，而不是采取主动。遵循这样的方针进一步发展下去，可能会满足德国对欧盟在外交政策和安全领域进一步一体化的渴望，也有可能对欧盟在安理会中的代表权产生影响。

目前，欧盟以观察员身份出席联合国大会及其附属机构的会议，并且是某些专门机构（如粮食及农业组织）的成员。担任安理会常任理事国或非常任理事国的任何欧盟国家，都有义务考虑欧盟的共同外交政策立场，并要求在适当的时候让欧盟高级代表在安理会中讲话。其他组织（如阿拉伯联盟）的代表也是这样安排的。但在目前，欧盟在联合国的参与仅此而已。

现在英国即将离开欧盟，情况可能会发生变化。由于英国的离开，法国可以提出在安理会中正式代表欧盟，并尽可能以欧盟的名义发言。可以想象会有一个由法国大使率领的代表团，其中包括欧盟外部行动服务机构的代表，除了欧盟的名义之外，将代表欧盟自行在安理会中发言和投票。这不需要对欧盟有关条约或安理会本身的规则进行任何修改。

从法国的观点来看，这种安排是符合法国利益的。这将使法国能够在一个重要的国际平台上充当欧盟的发言人，从而使法国拥有更大的影响力。但是，这不会使法国陷入欧盟专属的外交政策的限制，因为那将使法国总统丧失捍卫法国自身重要国际利益的能力。

这也符合德国的利益，它可以被描述为实现长期以来德国人希望的欧盟单一安理会席位目标的奠基石。这将使法国和德国在外交政策领域享有事实上的优势，在安理会提出的国际和平与安全的重大问题上，法国可以代表欧盟出头，而德国可以在诸如与俄罗斯的关系这样的问题上发挥作用。

其他成员国可能会对这样的事态发展感到怀疑，但不一定会努力阻止它的发展。法德在欧盟外交政策上的领导地位，仍将允许欧盟高级代表发挥作用，并且能创立出很多特别使节的职位让其他成员国的国民担任。

不管怎么说，它们可能别无选择。乌克兰的先例表明，德国不赞成只能通过欧盟的正式机制来实施其欧洲外交政策的想法。如果其他成员国对德国和法国以欧盟名义或代表欧盟行事的想法过于挑剔的话，那它们可能不得不面对这样的前景，即两国都将按照自己选择的方案去做。

因此，英国的脱离可能是欧盟外交政策更加协调一致的催化剂，而不是使其崩溃的原因。毫无疑问，说得太多、做得太少将仍然是一个趋势。在某些问题上，成员国仍存在紧张关系。例如，应该对俄罗斯采取多严厉的路线方针，或是否应承认巴勒斯坦国。对于德国来说，与法国合作仍是进一步发挥领导作用的机会。鉴于英国即将脱欧，以法国和德国为首的欧盟外交政策已成定局，至少在纸面上是这样的。

5．明确前进方向比确定目的地更为重要

同样也在纸面上的还有所谓的“欧盟军队”，尽管这有些误导。在外交政策领域，英国制止了欧盟的野心，但并未试图完全挫败它们。在国防政策方面，英国几乎否决了所有具有象征意义的事情。英国不仅阻止了为欧盟建立永久性的军事总部，而且对已经批准的欧盟的行动贡献也很小。

没有了英国，欧盟愿意走多远？并非只有英国对欧盟自主防御能力的发展感到担忧，在丹麦选民拒绝接受1992年《马斯特里赫特条约》之后，丹麦获准退出欧盟内部所有形式的军事计划或合作项目。对于同时也是北约成员的21个欧盟成员国中的大多数国家而言，北约被视

为与欧洲伙伴进行合作的主要工具。

更重要的是，当前所有欧盟成员国的预算都面临着财政压力，这意味着谁也没有增加国防开支的胃口。因此，将不会有任何新的资源可用于任何拟议中的欧盟防御计划。

这并不意味着欧盟的防御能力问题将因英国的消失而消失。它可能不具备欧元或移民问题那样的吸引力，但不会完全从议程中消失。欧洲的某些国家，尤其是欧洲议会和委员会中的某些国家，将继续敦促采取行动。如果参照过去的先例，它们将永远不会明确采取何种形式的行动。

法国和德国将做出决定，尽管可能不会按照它们早期的优先顺序来处理，但在未来 20 年的某个时候，几乎可以肯定它们将采取某种联合行动。欧洲军团很可能会更名为某种形式的欧盟军事部队，并邀请所有其他欧盟国家为其提供兵力，当然已经有几个欧盟国家这样做了。重塑后的欧洲军团将被定性为可自动用于欧盟的军事任务，并因此成为某种形式的欧盟军队核心。它不需要欧盟预算提供任何资金，也不需要欧盟委员会或欧洲议会的任何参与。

欧洲军团不会增加欧洲军事能力的总量，但是对于那些渴望在国防领域提高欧盟知名度的人们来说，就像许多德国人一样，它具有一定的象征意义。它的军事能力将是有限的，但并非微不足道。英国将离开欧盟这一事实，并不意味着其他成员国无力将欧盟可能考虑的那种低强度行动所需的武装力量组合在一起。

在未来几年中，可能会有更多的具有军事组成部分的欧盟特遣部队。难民危机的教训是，欧洲边界附近任何地区的动荡都会迅速对欧洲本身产生直接影响。因此，有人呼吁欧盟进行预防性外交措施以避免危机的发生。

伊拉克和叙利亚的经验，将使许多政府在开始任何形式的军事干预之前先停一下。但是法国在马里的行动（就像早期英国在塞拉利昂的行动一样）表明它有时可以奏效。毫无疑问，欧盟行动最初的重点是在有关国家和地区，例如中非和北非，培养当地的军事能力。但是，训练任务有时会演变成作战支援。

因此，很有可能在20年后，欧盟将开展一系列旨在帮助促进地中海另一端稳定的行动，其中包括戴有欧盟徽章的军事单位，届时几乎肯定还会有一个欧盟常设军事总部。在英国不再反对的情况下，欧盟可以提出一个明智的理由。即便是训练任务，也需要一些机构来进行组织和协调，而小的指挥控制中心并不一定要花很多钱。英国将无法从欧盟外部阻止它，而最终可能派遣联络官加入。

对于德国而言，戴有欧盟徽章的联合军事部队，与德国联邦国防军已经参加的众多跨国编队没有什么不同。与北约或联合国一样，它也将提供一个法律框架，使联邦议院更容易批准其行动。

欧盟外交与防卫政策中的此类发展，不会标志着任何重大变化。它们也不会暗示挑战北约的至高无上的地位，因为它是投射硬实力的工具，或是欧洲进行直接防御的工具。

当然，这在很大程度上还取决于特朗普总统的政策：他是否积极鼓励欧洲人发展自主的防御能力，以及他如何处理与俄罗斯的关系。但是，如果这确实是德国在未来几年中寻求塑造欧盟外交和国防活动的方向的话，那德国不一定会事先声明。历届德国政府首脑都提出了欧盟外交政策或某种形式的欧盟军队的主张，他们不愿承认自己的野心如此温和。退一步说，这将标志着欧盟可实现的目标的极限。

尽管可能会受到限制，但这样的议程仍标志着某种进展。就德国的欧盟政策总体而言，德国的纳税人无须补贴其他国家。这将非常符合德国传统的欧盟发展模式，前进方向比确定目的地更为重要。

第八章　柏林的欧盟未来法则

20年后德国领导的欧洲会是什么样子？

只在单一层面上尝试回答这个问题，注定徒劳无功。这在很大程度上取决于曾经的英国首相哈罗德·麦克米伦曾反复抱怨的全球经济的趋势，以及成员国国内政治的发展。在20世纪80年代之前，有谁能预测到欧盟将拥有20多个成员国？1990年时，又有谁能预见2010年的欧元危机？预见英国会脱离欧盟？预见唐纳德·特朗普会当选美国总统？

1. 欧盟的未来，取决于德国的领导方向

在2014年欧洲大选前夕举行的一场电视辩论中，英国自由民主党领袖尼克·克莱格在被问及欧盟10年后的状况时回答说，他认为“那将与现在非常相似”。据《星期日邮报》援引他朋友的说法，克莱格后来对这一回答感到后悔，因为这让他听上去根本不想进行改革。现在，每位欧洲政客都应该提倡进行欧盟改革。

当然，改革对不同的人意味着不同的结果。对某些人来说，这意味着将权力移交给成员国。对某些国家而言，这是放松预算紧缩制度的一种方式。英国的脱欧以及民粹主义运动或欧洲怀疑主义运动的兴起，在欧盟内部引起了广泛的反省。但是到目前为止，向什么方向变化尚无共识。

这在德国尤其如此。安格拉·默克尔本人对改革欧盟体制没什么兴趣，她满意该系统的现状，也从未暗示过欧盟的结构或决策安排需要做任何根本性改变。她曾说过，欧盟的政策应着重于提高欧洲的竞争力，在没有迫不得已的理由的情况下，较少地干预其成员国的内政。她经常引用的统计数据是欧洲占世界人口的8%、全球国民生产总值的25%和社会保障支出的50%。

因此，以前受到英国保守党主流青睐的那种欧盟议题（更多的自由贸易和更少的监管），应该对她有吸引力。情况确实如此，但程度有限。她没兴趣建立真正的内部服务市场，对欧盟应该避免在社会领域立法，并应由成员国自行决定如何组织劳动力市场的观点，也几乎毫无热情。

在自由贸易和更少的监管方面，德国的国家利益都指向保护主义方向。德国不想面对来自其他成员国的建筑师、水管工、保险销售员或葬礼主持人的竞争，它希望限制其他成员国的公司基于较低劳动力成本提供较低价格的能力。像她的前任一样，安格拉·默克尔的政策以德国的国家利益为基础，而不是任何先入为主的意识形态学说。

她的联盟伙伴社会民主党也同样关注德国的国家利益，但它对欧盟机构的未来抱有更大的野心。马丁·舒尔茨对欧盟政策产生了重大影响，他们已成为欧洲联邦的坚定支持者，尽管他们没有解释这意味着什么。但是，即使是社会民主党人，也反对将德国纳税人的钱用于更广泛的欧洲政策。因此，他们偏爱欧洲联邦制，却不赞成庞大的联邦预算。

德国的两个主要政党都支持最初的《罗马条约》所体现的欧洲人民之间日益紧密的联盟这一概念。2014 年 6 月 27 日，欧盟峰会结束后，安格拉·默克尔曾宣布成员国实现这一目标的速度可能会有所不同。在英国重新谈判的背景下，她将高兴地接受这样的现实——并非所有的成员国都应被迫签署这个协议。

到目前为止，她和任何其他的主流德国政客们都不准备承认，欧洲一体化进程可能会达到任何自然终点。

即使在英国脱离之后，德国在所有公开辩论中都认为欧盟需要继续前进，至少在某些领域需要“更多的欧洲”。失去英国之后，德国选择党在德国的成功，以及欧洲怀疑主义的广泛流传，无疑引起了一定程度的反思。现在，人们越来越关注“更多的欧洲”对公众舆论的影响，而关于一体化本身的讨论却很少。即便如此，仍没有一个德国政客主张欧盟应该停滞不前。

20 年后德国领导的欧洲会是什么样子？

试图只在一个层面上回答这个问题，注定徒劳无功。这在很大程度上取决于曾经的英国首相哈罗德·麦克米伦曾反复抱怨的全球经济的趋势，以及成员国国内政治的发展。在 20 世纪 80 年代之前，有谁能预测到欧盟将拥有 20 多个成员国？1990 年时又有谁能预见 2010 年的欧元危机？预见英国会脱离欧盟？预见唐纳德·特朗普会当选美国总统？

然而，对决策者来说，不回答清楚这个问题，是有风险的。长期以来，欧盟一直满足于日复一日地做出决定，做出会带来长期后果的决定，但在做决定时没有考虑这些后果可能是什么。

1979 年，欧盟决定用直接选举产生的议会替代分区选举产生的国民议会，就是这样一种情况。而在 1986 年的《单一欧洲法案》中，欧盟决定扩大多数表决的范围，以及 2007 年欧盟决定继续执行《里斯本条约》时也是如此，尽管当时在法国和荷兰举行的全民公投拒绝了宪法条款的条约。在上述各种情况下，当时盛行的主流政治观念都占了上风，没有人试图分析这些变化在 10 年或 20 年后可能产生的影响。即使他们这样做了分析，也可能无法做出准确的预测。对欧洲的许多人来说，事情的结果正是他们所希望的。

但是对英国来说，情况当然不是这样的。欧盟从来都不是英国能够轻松适应的组织，甚至在决定脱欧之前，英国也只是一个半独立的成员国：不在欧元区中，不在申根区中，仅有限地参与了欧盟的司法和内政政策，并且对欧洲议会合法性的欧盟主流观点持反对意见。

英国现在必须从外部与欧盟谈判建立新的、基本上是贸易方面的关系。无论这种关系最终以何种形式出现，英国的利益都将被欧盟的发展影响。因此，需要思考的是德国的领导方向。

2. 欧盟的未来，拒绝大国的加入

关于欧盟的未来，有两个关键问题：欧盟将包括哪些国家，以及欧盟将做什么。

欧盟在2017年时有28个成员国，最近的一个是2013年加入的克罗地亚。欧盟正在与其他许多申请国家进行谈判，但它们中的任何一个都不太可能在5年之内完成谈判。此后，西巴尔干地区其余的一个或所有国家——塞尔维亚、黑山、马其顿、阿尔巴尼亚和科索沃——很可能都会加入。它们是否会加入，部分取决于其经济表现，部分取决于特定的政治问题解决方案：例如科索沃的地位和马其顿的名称。但是，没有根本的原因能将它们排斥在可接受的候选人名单之外。它们如果加入，并不会改变欧盟本身的性质。

如果一个独立的苏格兰申请成为成员，情况也是如此，这会带来政治上的麻烦。西班牙由于担心助长加泰罗尼亚的分裂而不愿达成协议。协调苏格兰的加入与英国的退出，在时间上和实质上都将面临巨大的困难。但假设苏格兰加入了，它也不会改变欧盟本身。

在所有情况下，决策和投票安排自然都必须有所变化。可能增加的6个新成员，全部都是小国，而且大多数是穷国。这样的前景，会促使人们对当前的欧盟系统进行重新思考。例如，是否仍认为每个成员国都应有自己的专员（已经有28个成员国了，所以不可能设置足够的委员会专员职务）？与较大的国家相比，人口稀少的国家在欧洲议会和欧盟委员会的投票安排中，是否仍有如此严重过度的权重？

这些问题尽管在政治上有争议，但还是能够在不质疑欧盟整体和谐的情况下得到解决。渴望成为成员的两个欧洲大国，即土耳其和乌克兰，加入后将产生更加棘手的问题。在这两种情况下，都将由德国来决定它们是否加入欧盟。

土耳其自 1963 年以来一直是欧盟的准成员。它于 1987 年申请正式加入欧盟，并于 2005 年开始谈判。由于开放这样的谈判，其他成员国也就接受了土耳其是有权考虑加入欧盟的欧洲国家这样一个现实。但谈判从一开始就显示出旷日持久的态势，在可预见的将来是不可能完成的。

之所以会这样的主要原因，是德国对土耳其移民的担忧。没有一个德国政府能在政治上承受这样的想法——让 8000 万土耳其人有权自由移居德国，加入已经在德国居住的 300 万同胞中去。无论自由流动的权利在多久的过渡期后才生效，土耳其作为欧盟成员的逻辑结果是总有一天会到来。由于拒绝赋予英国任何对自由流动规则的豁免，德国也就无法为其本身要求这种权利了。

与英国相比，德国政府多年来对它在土耳其加入欧盟问题上的担忧，始终是坦诚相告的。德国被告知，说“永不”将是一个战略性错误，对这个忠告可以勉强接受，但它一直明确表示，谈判开始，并不意味着一定保证谈判成功。

相比之下，英国的立场是十分虚伪的。历届英国政府高层都以土耳其的关键战略地位及其作为北约盟友的重要性为由，大力支持土耳其加入欧盟。但是，它们从来没有准备讨论欧盟人口增加所带来的后果，那些人来自如此贫穷的国家，具有如此不同的社会和文化传统。即使在 2014—2015 年度，欧盟仍在主张对欧盟内的移民实行更严格的控制时，英国政府高层和大多数英国政客仍然声称支持土耳其加入欧盟。

我曾经参加过一个英德会议，会上讨论了这个问题。一位英国前外交大臣雄辩地谈到了土耳其的战略重要性，它在北约中的重要作用，在中东的关键地位。他认为，毫无疑问，将土耳其锚定在欧盟的理由是压倒性的。德国为什么要拖延？其他英国参与者们都明智地点着头。他们当中似乎没有人对下面的问题有兴趣：给予 8000 万穆斯林自由进入英国的权利是一个好主意吗？英国的公众舆论会接受吗？

只要土耳其的成员国问题最多只是一个长期的愿景，英国政府就可以避免在这个问题上的立场可能带来的尴尬。但是在脱欧全民公投的高峰时段，这个问题突然又冒了出来。著名的“脱欧”鼓吹者们，其中的许多人以前都曾支持土耳其加入欧盟，却声称这事即将发生，并将增加移民负担。戴维·卡梅伦和其他人回应说，这并不是遥不可及的，但 100 年之内不会发生。毫不奇怪，将英国视为欧盟中最好朋友的土耳其人非常生气。

直到 2015 年夏天，土耳其与欧盟之间的谈判似乎一直处于停滞状态。尽管人们努力推进，但进展缓慢。土耳其本身正在变得更加专制。它的司法薄弱，其公民社会处于压力之下，它的总统和他所领导的多数党似乎正在朝着更加教义化的伊斯兰国家迈进，它对叙利亚的政策也是带有土耳其特色的。

然后出现了难民危机。土耳其是逃离叙利亚战争的难民人群的主要过境国家，而这些真正的寻求庇护者与来自阿富汗、巴基斯坦和中东其他地区的难民汇合在一起。土耳其的中间商和走私贩子安排了短暂的穿越地中海进入希腊的通道，难民在那里涌入欧洲其他地区。

显然，如果没有土耳其的帮助，就不可能控制难民的流量。而土耳其政府则明确表示，任何此类帮助都将与更广泛的土耳其与欧盟的关系问题联系在一起。因此，由安格拉·默克尔促成的交易，包括了土耳其将采取限制难民的措施以换取土耳其公民在申根地区的免签证旅行。同时，此交易也有利于加速有关土耳其加入欧盟的谈判。

未来 20 年内，土耳其的局势可能会发生变化。埃尔多安总统离任以后，世俗主义有可能会重新抬头，更加自由的民主风气将会蓬勃发展（尽管出现过去的军事接管形式也很有可能）。但是，无论土耳其内部的政治环境如何，潜在的移民问题仍然存在。

对于德国而言，人员的自由流动是欧盟的主要原则之一，对这一原则几乎不可能达成任何妥协。所以任何德国政府都认为，土耳其加入欧盟很可能带来问题。因此，德国可能愿意提供的最多是一种特殊关系，给予部分而不是全部的正式成员国资格。

土耳其是否会接受这种地位值得怀疑，但是考虑到这一问题对德国的重要性，以及其他成员国对土耳其热情有限且在下降的事实，土耳其似乎不可能在不久的将来加入欧盟。

移民也是德国考虑乌克兰加入欧盟的一个因素。在这里，更重要的是俄罗斯的影响。在 2013 年的乌克兰革命和 2014 年的克里米亚危机发生之前，大多数德国人将乌克兰视为历史上的欧洲的一部分，并且是欧盟的潜在成员，即便这将是很久以后的事情。乌克兰西部的大部分地区曾经是奥匈帝国的一部分，乌克兰西部的主要城市利沃夫曾有过德语的名字伦贝格，它在历史上和文化上曾属于德语的世界。

第二次世界大战期间，当德国国防军占领了乌克兰以后，许多乌克兰人与纳粹合作。有乌克兰人组成的党卫队营与红军作战，乌克兰人是集中营和灭绝营中最残忍的警卫。纳粹没有给予乌克兰像他们给予斯洛伐克和克罗地亚的那种自治权，但他们当然试图利用许多乌克兰人对苏联领导层的仇恨。

战后，乌克兰加入了苏联，但与白俄罗斯一起，在联合国享有作为概念上独立国家的地位。苏联解体以后，乌克兰宣布独立，许多德国人都把它看成有一天可以成为欧盟成员的可靠候选国家。人们希望它逐渐脱离苏联的影响，并能以其西方邻国波兰迅速采取的方式，接受自由民主的价值观。

但事情没有这样发展。独立后的20年中，乌克兰陷入了腐败和犯罪之中。虽然有选举，但选举出的领导人几乎都不是民主美德的典范。最重要的是，乌克兰西部和东部地区存在着持续的，似乎是无法逾越的政治鸿沟：西部的人想要与欧盟和北约建立更紧密的联系，而东部的人仍然认为自己与俄罗斯脐带相通。

2010年当选的总统维克多·亚努科维奇首先尝试脚踏两只船。他的上台被普遍认为是相当自由和公正的，这不是因为他个人受到欢迎，而是因为人们视他为“橙色革命”①造成的腐败、无能和混乱政权的替代者——亚努科维奇是2004年失败的候选人。

亚努科维奇最初的大部分支持者来自乌克兰说俄语的东部地区，他与俄罗斯领导人保持着良好的关系。他迅速与俄罗斯达成一项协议，以延长俄罗斯在克里米亚军事基地的长期租约作为交换，获取了急需的天然气供应。正如他可能认为的那样，在确保了该方面的平衡后，他与欧盟签署了一项关联协议，给予乌克兰进入欧盟市场的优惠机会，并规定了在其他领域的广泛合作。

但他误判了俄罗斯的反应。普京总统向他明确表示，如果与欧盟的协议生效，乌克兰将被排除在与俄罗斯以及俄罗斯人试图建立的欧亚贸易集团之间的贸易之外，天然气供应也将被切断。亚努科维奇感到恐慌，随即取消了与欧盟的协议，结果引发了民众起义，导致亚努科维奇逃离乌克兰。被激怒的俄罗斯军事占领了克里米

① 2004年的乌克兰总统大选中，因涉及贪污、选举舞弊等问题，乌克兰全国发生了一系列抗议和政治事件，称为“橙色革命”。——编者注

亚，引发了乌克兰内战。

在乌克兰危机的初期，德国政府尽力进行调解。德国外交部部长弗兰克－瓦尔特·施泰因迈尔与法国和波兰的同僚们积极寻求解决方案，试图在对亚努科维奇总统示威的同时，在基辅逐步实现和平过渡。在接下来的几个月中，默克尔总理一直致力于坚持向普京总统开放对话的渠道。

当 2014—2015 年冬季，危机演变成一场全面战争时，默克尔开始集中精力寻求政治解决方案。她与奥朗德总统于 2015 年 2 月促成了在明斯克签署的停火协议，这是在他们两人与波罗申科总统和普京总统之间进行了通宵讨论之后才达成的。

在向公众宣示这项协议时，默克尔是非常谨慎的，她说协议只是提供了“一线希望”。没有迹象显示她是一个胜利者，也没有提到德国在其中所发挥的领导作用。但是她的处理方式肯定显示出了相当的技巧。一方面，她坚决反对向乌克兰政府提供武器，尽管奥巴马总统已经明确表示他不排除这一选择；另一方面，她始终向普京总统明确表示，如果俄罗斯不遵守停火条件，并且继续向分离主义者提供军事支持的话，将会受到进一步且更严厉的制裁措施。

安格拉·默克尔对俄罗斯联邦总统普京的态度，比以前所有的德国总理都更为苛刻。但是，即便如此，她也不愿意做任何可能造成俄罗斯与欧盟之间永久性对抗的事情。因此，她将意识到，乌克兰加入欧盟或朝那个方向采取的任何初步步骤，可能会带来哪些风险。

塞浦路斯的经验表明，接纳一个国家的政府，而那个国家的政府不能控制它声称拥有主权的所有领土，这将对欧盟构成危险。就塞浦路斯而言，至少已经实现了停火和也许可行的政治进程。但到目前为止，乌克兰什么都没有。

因此，无论是默克尔还是她的继任者，可能都不想仓促做出任何关于乌克兰成为欧盟成员国的承诺。即使乌克兰的治理和经济表现有所改善，尽管目前没有什么迹象，但政治上的阴影仍将笼罩在德国人的心头。可能与土耳其一样，有关乌克兰成员资格的谈判将在未来 20 年内开始，但不可能取得任何结果。

还有其他一些渴望加入欧盟的国家，例如显然是欧洲一部分的摩尔多瓦，和欧洲地理属性值得怀疑的格鲁吉亚。这两个国家都与俄罗斯或与俄罗斯支持的分离代理人国家有着未解决的领土争端，两个国家在政治和经济上都是脆弱的。从德国的角度看，如果可以解决德涅斯特的政治地位问题，摩尔多瓦可能会成为欧盟的候选国。在 2016 年伊戈尔·多东当选总统后，摩尔多瓦表示希望加入欧盟。但是目前这个问题没有紧迫感，情况也不是很清楚。

因此，就会员国而言，20 年后的欧盟看上去很可能与今天的现状非常相似，只是减少了英国。由于加入了一些小国可能变得更大，但不会有任何新的大国。

3．核心和外围：分裂的未来欧盟

数字并不能囊括一切。就欧盟里将有哪些国家的问题，一个附属的问题是所有成员国是否将具有相同的地位。欧盟是一个非常灵活的组织，它有每个国家都必须遵守的一定数量的关键政策，例如单一市场和人员自由流动。但其他事务——包括通用货币、边境管制、司法和国防等——仅由少数几个成员国家承担。目前，这种灵活性是根据需要临时增加上去的。随着某些政策的出台，个别成员国可以选择不参加那项政策，或被判断为不准备接受相关的限制。

目前尚不清楚的是，将来是否会继续如此，还是会出现一些更正式的类型区分。

直到最近，在传统的欧盟联邦主义者和英国的欧洲怀疑论者之间仍存在着这样的区分概念。之所以共享这一点，并不是因为他们都赞成相同的目标，而是因为某种发展历程将使他们双方都能确保各自的目标。

在这种区分概念下，以欧元区为中心的欧盟国家核心集团，将继续推进进一步的一体化进程，将越来越多的能力转移到欧洲层面上，直到某个时候欧盟具有了联邦制国家的大部分属性。此外，欧盟将有一个成员国的外围构成，它们将保持国家的独立性，但仍将是欧盟单一市场的一部分，并且可能会参加其他某些欧盟政策。在那些政策中，共同行动的好处是显而易见的，而对主权丧失的担忧也将减少。

按照这种模式，处于外围的成员，不会试图阻止欧盟的核心成员在它们选择的任何领域进一步融合。核心成员在所有国家共有的那些领域的决策中，将尊重外围成员的平等权利。融合团体和独立团体这两个国家集群，“核心成员”和“外围成员”将很高兴地在一个框架内共存，但它们的愿景是各不相同的。

这是一个诱人的食谱，似乎可以满足每个人的利益。英国保守党领导人迈克尔·霍华德曾积极鼓励这样的看法，这也构成了他的继任者戴维·卡梅伦进入欧盟的基础。然而支持者们从来没有阐明过这样一个双重的欧盟将如何运作的确切细节。例如，欧盟的机构——委员会、议会和法院——能根据所属的国家集群而赋予不同的成员资格或扮演不同的角色吗？尽管这些问题仍未得到解答，但那个模型在一段时间内似乎被认为是可行的方法。

这个模型甚至为英国在欧盟内部行使某种形式的领导提供了一定的空间。正如德国将领导以欧元区为中心的核心成员一样，英国评论家中一些打着如意算盘的思想家，也曾梦想着英国将成为外围成员的自然领袖。而且，如果像许多英国的欧洲怀疑论者所认为的那样，欧元迟早会陷入困境，那么英国将能够以“我们早就告诉过你了”的口号来帮助欧盟恢复到其原始的形态——主要是欧洲经济共同体。

甚至在英国决定离开之前，《财政联盟条约》的经验就已经表明，欧盟不会整齐地分为两类成员。实际上，将有一个以欧元为中心的核心成员群单独开会，有时可能会审议通过一些规则或义务，而这些规则或义务仅适用于使用单一货币的国家。但是，对外围成员的区分从未与共同的政治目标统一协调过。

除了英国和丹麦，所有欧盟成员国在法律上都有义务在某个阶段加入欧元区。即使在大多数情况下，出于经济或政治原因，早期加入并不是两国所希望的，但两国都对可能被排除加入欧元区的特殊地位不感兴趣，甚至丹麦人都不认为自己是永久的外围成员。丹麦首相赫勒·托宁-施密特在2014年的BBC电视台采访中就表示，她相信丹麦迟早会加入欧元区。

所有这些国家（捷克人除外，他们最初拒绝签署，但在政府换届之后就签署了）都成了《财政联盟条约》的缔约国，没有一个国家对基于欧盟两类成员的制度安排表现出任何兴趣，它们更不认为英国能代表它们行使任何领导或代理人的角色。

不在欧元区内的国家确实对决策过程有着共同的担忧。它们都认为，欧元区单独开会时可能会做出决定或采取立场，然后试图将其强加给更广范围的欧盟成员国，这是一种风险。英国特别担心银行业中出现这种可能性，其他国家也看到了潜在的问题。

因此，2012 年 12 月的决定，引入了针对欧洲银行业管理局的特殊决策系统。为了使管理局能够采取行动，必须将欧元区和非欧元区中的多数国家区分开来。这也是 2016 年 2 月 19 日达成的关于英国将来退出欧盟的谈判协议中的关键问题之一。该协议具体规定了当欧元区作出决定时，确保维护非欧元区国家利益的条款。

但是，所有非欧元区国家并没有分享共同利益的领域，它们在任何意义上都不是一个同质的群体。一些国家，例如瑞典和丹麦，也分享英国对自由贸易和预算纪律的承诺。其他国家，例如波兰、保加利亚和罗马尼亚，则赞成增加欧盟预算，并增加欧盟对农业的支持。它们都不反对欧盟的社会立法，它们都对《申根协定》没有保留意见。

因此，既然英国正在离去，那么正式的双重欧盟构想就不会吸引任何人。这并不意味着将来不会有更多的灵活性或选择退出的例子，而是将继续根据具体情况进行谈判。没有一个欧盟政府首脑对欧盟内部的特殊地位表现出任何兴趣。戴维・卡梅伦的重新谈判表明，不可能在对整个欧盟结构进行更广泛的改革时，将改变英国的地位纳入其中。根本就没有人对它有胃口，英国也没有政治力量来迫使就这个问题进行讨论。

在欧盟中，将欧元区国家与非欧元区国家区分对待的情况，仍将持续一段时间。丹麦有永久性退出的选择权，瑞典和波兰在理论上有义务加入，但它们都不希望很快就加入，而罗马尼亚和保加利亚等国家在经济上还没有为此做好准备。

欧元区国家是否将继续举行单独的会议，仍有待观察。欧元区在经济和政治上主导欧盟的作用如此之大，以至于假装它是一个无关的实体是毫无意义的。欧盟很可能会根据议程项目的性质，以不同的投票安排，让欧元区作为一个单一的机构开会。

4．欧元的未来，取决于德国的财政政策

德国的意见对决定谁将在今后的 20 年间进入欧盟至关重要，对它们在欧盟做什么，也将起到决定性的作用。

审视欧盟未来在这一方面有何作为的起点，必然是欧元。与当前的德国政府一样，这也将是所有未来德国政府的核心任务。欧元作为一种强大而稳定的货币继续生存下去，对德国具有生死攸关的意义。因此，德国在其欧洲政策中的主要目标，是巩固由 2013 年《财政联盟条约》发起的欧元稳定制度。与这一基本要求相比，欧洲议程上的任何其他事情都是次要的。

德国将继续坚持严格遵守《财政联盟条约》的规定。德国还将寻求增加现有的财政纪律条款，以加强欧盟对欧元区国家预算政策以及与经济竞争力有关的其他政策的监督。在德国看来，欧盟稳定机制未来的所有支出，在很大程度上都应取决于接受者是否接受欧盟委员会对其经济事务处理方式进行更深入的监督。

欧元区的大多数政府都支持这样的做法。像芬兰和荷兰这样的国家，因为它们很可能是稳定机制的净资助者，而不是稳定机制的受益者；其他国家诸如西班牙和爱尔兰，则因为自己曾经受过痛苦，所以不愿意让别的国家轻松过关。

并非所有国家都支持这样的做法，至少法国和意大利主张采用不同的方法。尽管它们接受了《财政联盟条约》，而且还是那项条约的签署国，但它们声称需要更多时间来执行其中的各项规定，并且在解释那些规定时能有更多的灵活性。

因此，德国政府对皮埃尔·莫斯科维奇在 2014 年被任命为负责

经济和金融事务的欧盟委员会专员表示关注。在此之前，莫斯科维奇曾担任法国政府的财政部部长达两年之久。在那段时期，法国显然没有按照委员会的意见将赤字在2015年之前减少到GDP的3%。一位负责监督《财政联盟条约》的高级代表来自一个欧元“罪人”国家，在柏林引起了负面评论。财政部部长沃尔夫冈·朔伊布勒和经济部部长西格玛·加布里埃尔都指责了这一选择，理由是让一个处于困境的国家的人来负责这样重要的职务，将发出错误的信号。令人松一口气的是，前芬兰总理于尔基·卡泰宁被任命为委员会的副专员，其职责包括了经济政策领域，从而限制了莫斯科维奇的职权自由。

只要法国和意大利在实现其《财政联盟条约》的目标方面有困难，德国对欧元的担忧就仍将持续。不过，从长远来看，这似乎不太可能引起欧盟政策的任何变化。一些国家对某些国家要求的调整速度存在争议，毫无疑问在计算赤字时，一定会要求减少某些类型的公共支出。欧盟委员会或欧洲中央银行可能做出裁决，而德国的财政鹰派可能会有不同意见。欧洲中央银行可能会不时采取措施，例如在2014年夏季采取量化宽松政策，而这将受到货币纯粹主义者的批评。但是，总的来说，未来20年间欧元的管理，大致会按照德国制定的路线进行。

这不仅仅是因为德国在欧盟内部行使权力，也因为德国的处理方法既反映了欧盟的法律，也反映了欧盟的文化。《财政联盟条约》明确规定了预算纪律的规则，而负责监督和执行欧元规则的欧盟委员会和欧洲中央银行，在历史上一直致力于以严格的方式照章办事。

希腊的特殊情况提出了特别的挑战。尽管已在2015年达成和解，但目前仍不清楚希腊是否会留在欧元区内，以及如果留在欧元区将遵循哪些条件。希腊面临的问题是从过去继承来的，那时没有对预算或赤字的外部控制，没有对银行的适当监督，也没有对国家统计数据的核查。

在《财政联盟条约》的制度规范下，所有这些原则上都没有改变，银行资本和监管的状态将变得更好。各国政府有义务开放其财务记录，最重要的是，政府承诺将量入为出，有一个稳定的机制来应对面临问题的银行或政府。向“德国式正派人”的幸福状态过渡是很困难的，而且要花费比最初设想的更长的时间。但是除希腊外，欧元区的每个成员国都走在正确的道路上。一旦达到目标（即当每个国家的债务和赤字都在规定的限制之内时），那么在原则上只要保持巡航速度就行了。

这样就再也不会出错了吗？如果又出错了，德国领导的欧盟将如何应对呢？

在欧洲没有什么是不可能的。政治和人的个性都在变化，突发危机可能会持续。然而，既然法律制度已经到位，那些无法或不愿遵守该法律的欧元区国家将面临一个严峻的选择。如果它们未能实现自己的目标，就将面临高达其国内生产总值1%的制裁，甚至在万不得已时被完全从欧元区赶出去。在后一种情况下，它们将发现自己不得不以高得离谱的利率在市场上贷款。

欧盟委员会是否真的有胆识在这种情况下执行法律条款？

如果面对的是一个小国，它们可能会这样做。以这种方式失去像希腊或葡萄牙这样的成员国，可能会损害欧元的声望，但不会损害其市场信誉。德国会对这样的事态发展感到遗憾，但如果委员会提出这一建议的话，几乎可以肯定德国将同意这样的做法。

对法国、西班牙或意大利这样的国家而言情况会有所不同。法国在减少赤字的计划中已经落后了，委员会没有对此采取任何行动。当被问及为什么允许法国逃脱规则管辖时，欧盟委员会主席让－克洛德·容克只是耸了耸肩说道："因为这是法国。"但是，如果一个大国持续藐视规则，结果陷入了财务困境需要纾困时，情况可能又会不同。

德国会如何应对，将取决于危机的情况以及具体涉及的德国利益，例如德国银行暴露的程度。1992 年时，德国政府准备接受英国和意大利退出欧洲汇率机制，因为德国不愿为减轻它们的货币压力而做出任何财政牺牲。其后果在政治上是不受欢迎的，但并未损害德国自身的经济利益。

2011 年时，德国确实同意为希腊、葡萄牙和爱尔兰提供纾困，让这几个国家能继续留在欧元区内。这是因为替代方案（违约或债务重组）会对德国本身造成经济损失。这 3 个国家曾不计后果地借钱，而同样不计后果地借钱给它们的是德国银行（法国银行借得较少些）。这些银行中有许多是中小型的州级地区性银行，在某些情况下其部分是公共所有。

德国政府优先的政治考虑是确保这些银行不会遭受财务打击。因此，德国没有选择免除这 3 个国家的任何债务，从而有机会实行不带严重限制、能偿还债务的经济政策。德国选择了与严格的紧缩计划相连的纾困机制。

这是否是明智的选择存在争议。即使在德国也有评论者认为，德国政府以这种方式给予德国银行某种特权是短视的，应该要求它们至少也花一点钱作为不负责任的代价。相反，政府却将让银行免受所有损失视为保护国家利益的手段。

从理论上讲，欧盟现在可以避免再次出现 2008 年的银行危机。新的监管规定已经到位，并对银行的流动性和储备以及操作的某些方面提出了严格要求。结合《财政联盟条约》关于成员国债务和赤字的规定，这些规则应能确保避免不负责任的借贷行为，或能确认这样的行为以便及时采取纠正措施。

当然，规则和承诺的存在并不能保证它们会得到遵守或兑现。在引入欧元的一两年之内，包括德国在内的几个成员国都违反了原本应适用于其成员国预算的3%赤字限额。法国在2014年时曾承诺在2015年将赤字降至3%，但后来宣布至少还要再等一年才能做到。欧盟委员会和德国对此表示失望，但没有提出太强烈的抗议。

忽略时间表中的一小部分延误，与接受政策的根本改变是不同的。在涉及法国或意大利的地方，德国将比对葡萄牙或希腊表现出更多的理解。但是，它不会为它们重写《财政联盟条约》，因为德国的公众舆论不允许这样做。

德国可能不会永远在基民盟或基民盟领导的政府管治之下。过去，社会民主党曾从看似恒久减少的民众支持中恢复了过来，并且很可能会再次恢复。与德国左翼党合作的禁忌，可能不会永远持续下去。安格拉·默克尔在德国政治中的个人主导地位往往掩盖了这样一个事实，即在过去的10多年中，德国的总体政治平衡更向左，而不是向右倾斜了。

德国选择党的兴起，意味着没有任何德国政府可以忽略德国公众舆论的现实。德国选择党的选民对欧元和欧盟立法介入性的担忧，在德国得到了更为广泛的认同。无论德国选择党本身会怎样，这些担忧都不会消失。

德国将来不会同意对无法或不愿在《财政联盟条约》约束范围内生存的国家进行债务减免或纾困。希腊的纾困可能是延长还款时间，而不是减免债务，在短期内德国很可能需要去应付希腊过去所继承的债务负担。但今后，德国政府再也不会愿意向另一位藐视规则并陷入困境的欧元区成员国提供纾困或债务减免了。德国政府还将带着极度怀疑的眼光，审视采取如欧洲债券那样的信贷共享形式的呼吁，因为那将使德国对其他国家的借款负有间接责任。

最重要的是，德国不会以任何有实际意义的方式来扩大欧盟预算的规模。“无转移联盟”的口头禅将继续下去，关于欧盟设立新的资金来帮助成员国应对失业或基础设施投资的想法，将在最短的时间内烟消云散。

欧盟在 2014—2020 年总体财务水平的设定，与之前相比没有实质性的变化。英国首相戴维·卡梅伦在 2013 年讨论时就明确表示，在任何情况下他都不会同意增加预算。由于需要一致同意才能增加欧盟的收入，因此他的意见不能被推翻。令欧洲议会沮丧的是，安格拉·默克尔也大力支持他。过去，德国政府在这种情况下是躲在英国和其他预算鹰派国家的后面，敦促需要达成某种妥协。这次有所不同，安格拉·默克尔明确表示，她支持英国的立场（荷兰、瑞典和芬兰政府也是如此）。就德国而言，欧盟必须依据其现有能力生存下去。

德国在 2020 年之前的做法不太可能有任何不同。根据目前的预算安排，在没有英国的情况下，德国将成为比现在更大的净资助国。公众舆论的压力会减少这一贡献，而不是增加它。对于是否应由其他成员国的补偿性补充费用来弥补由英国撤离造成的缺口，还是应减少整个预算的整体规模，存在着争议。无论委员会或议会会提出何种要求，德国似乎都不可能同意增加自己的开支。

因此，很有可能在今后的 20 年间，欧盟的预算规模实际上与今天的规模非常相似。目前，它约占欧盟 GDP 的 1%。相比之下，美国的联邦预算约为 20%。

即使是 GDP 的 1%，也代表了巨大的财富，约有 1400 亿欧元。它允许在某些政策领域进行重大的财政干预（欧盟是世界上最大的发展援助单一提供组织）。但是，这与成为任何一类超级大国所需的临界质量相去甚远。

有限的欧盟预算也将限制其活动内容，支配各个成员国支出的政策领域，例如社会保障、医疗保健、教育或国防根本不会或仅略微出现在其中。农业可能仍将是最大的支出项目，这不是因为其内在的重要性，而是因为它将仍然是唯一专门或至少主要在欧洲层面上实施的重要支出政策。这并不是说欧盟的花钱方式根本不会改变。有一个强有力的理智型案例，那就是调整区域基金的分配方式，使只有较贫穷的成员国才能从中受益。文化科技研究和基础设施项目的支出重点也可能转移，甚至有一天农业领域也可能要进行认真的改革。

但是预算不会成为具有重大宏观经济影响的工具。

毫无疑问，这仍然会引起政治争议。欧洲议会的多数成员会将其机构的重要性与其所花费的金钱数量联系起来，将继续为所有的事情要钱。净资助者和净受益者之间的争论，每 5 年就会爆发一次，因为那是到了该谈判下一个财务框架的时候了。

即使这样，合理的假设不会发生重大的变化：预算大约占欧盟 GDP 的 1%；杂乱无章的支出领域没有一个是相同的；农业是支出最大的单一项目；德国是最大的净资助国，而意大利是一个始终抱怨的国家。

德国可能坚决反对扩大欧盟预算，但它确实希望欧盟在欧元区国家预算方面拥有更大的权力。德国财政部部长沃尔夫冈·朔伊布勒认为应该赋予委员会权力，以执行竞争法的方式强制执行《财政联盟条约》。这意味着（大概是）未经委员会批准的国家预算将不能合法生效。

这样的变化需要对现有的欧盟条约之一进行修订，或者是《欧盟条约》本身，或者是《财政联盟条约》（假设在英国脱离后它们仍是分开的）。德国的合作伙伴们对此似乎没有太大的兴趣。当民选政府有义务将其预算提交欧盟委员会征求意见时，已经出现了政治上的不满情绪。在《财政联盟条约》生效之前的 2012 年，比利时社会事务大臣洛莱特·翁克林克斯曾问道："谁是奥利·雷恩？"当时她的国家预算被欧盟委员会批评，她想知道为什么不是民选的经济事务专员有权对向国民议会负责的国民政府的决定做出裁决。

这正是单一货币的逻辑。一年后，当法国财政部部长皮埃尔·莫斯科维奇访问委员会总部提交下一年的预算草案时，欧洲央行利率制定委员会委员奥利·雷恩表示："这是真正的欧洲层面上的治理精神。"

尽管这可能是合乎逻辑的，但赋予委员会更多的权力来告知国家政府和议会在制定预算时可以做什么和不能做什么的想法，与公众舆论并不完全一致。在某些成员国中，对《欧盟条约》的修正将需要全民公决。

这样的宪法要求是否适用于《财政联盟条约》的修正尚不清楚，但在法国和荷兰等国家里（2005 年全民公决中，两个国家的选民都拒绝了宪法条约），将会面对巨大的政治压力。很少有政府愿意冒险忽视或屈从于公众舆论，英国公投的经验产生了令人不寒而栗的效果。

因此，也许 20 年后的欧盟仍将局限于已经存在的大国。

当然，这些权力是否足以保护欧元是另一个问题。在技术层面上，它们有能力这样做。如果欧元区的每个成员国都遵守《财政联盟条约》规定的纪律，并且这种纪律得到了执行，那就有理由相信，欧元应该维持其具有德国马克过去曾有的那种强大而可信的货币地位。

社会代价将继续是巨大的。经济状况不如德国的国家，将继续被迫紧缩并削减借贷和公共支出。希腊、西班牙和葡萄牙的失业率将很高，法国和意大利将面临巨大的政治挑战。英国脱离所带来的不确定性将使情况更加恶化。

但是，没有迹象表明德国政府认为需要重新考虑。德国政界中一直议论说英国即将离开，有必要“重新启动”欧盟，但这种“重新启动”涉及的内容可能并不确定。当然，没有迹象表明德国政府愿意考虑改变当前的欧元政策。许多严肃的经济学家预测除非发生这样的变化，否则欧元注定会崩溃（例如，英格兰银行前行长金勋爵的观点）。正如经济学家通常所做的那样，预测可能是错误的，但是德国政府只是拒绝正视这个问题。

德国对遭受其坚持的政策后果之苦的其他成员国的人民，没有任何安抚。这意味着要由那些国家的政府来维持国家的秩序，德国不会承担任何责任。当然，德国也有其公众舆论，这并没有给德国政府很大的回旋余地。尽管如此，它所采取的立场还是有一些不足之处的。如果德国赞成欧盟是宽松的国家联盟，那拒绝所有共同的财务责任是很自然的，很难通过倡导政治联盟来对此进行调和。

5．欧盟立法的未来，没有承诺，也没有理想

即使欧盟没有获得任何新的权力，它在已经存在的体制中仍然可以做很多事情。在内部市场、社会和环境政策等领域，有许多因素直接影响着欧盟公民的日常生活。欧盟在这些领域的立法方式一直是使欧盟民众支持减少的主要因素。戴维·卡梅伦表达的观点即使不是普遍的，也被广泛接受，那就是欧盟干涉过多。甚至在德国，“欧盟应该少做但要做得更好”的口号，也立即得到了反响。

但是，这没有在欧盟委员会或欧洲议会中得到反响。一些委员和

一些欧盟议员偶尔在演讲中承认欧盟已经立法过度，但他们很少确认哪些是应废除的指令。近年来，只有一个案例——关于在餐厅中如何使用橄榄油的拟议指令，由于公众的强烈要求，认为完全没有必要，委员会才撤回了立法提案。

欧盟委员会并没有对监管过度喜爱而备受批评浑然不觉。2007 年时，委员会主席巴罗佐任命了一个工作小组，由长期对欧盟过度激进主义持批评态度的前巴伐利亚州州长埃德蒙·斯托伯担任主席，以研究如何减少欧盟法律所带来的经济负担，尤其是对中小企业的影响。斯托伯为这个课题工作了 7 年时间，他就监管的性质提出了一些总体性的建议，并指出在许多情况下，是成员国将欧盟法律移入国内时的方式引起了问题。当他在 2014 年卸任时，他声称欧盟的思维方式已经取得了某种突破。

但是斯托伯没有确定哪些是根本不需要欧盟监管的领域。他没有挑战，也没有调查诸如“工作时间指令”之类的社会措施的经济后果。他也没有对欧洲法院的行为进行审查，而欧洲法院的裁决通常总是以比颁布之初所预期的更为宽泛的方式去解释欧盟法律的。

欧盟委员会拒绝了斯托伯工作小组的主要建议之一。他提议，每一项立法草案都应在委员会批准之前先经独立和公正的机构进行经济影响评估。英国首相也拥护这一想法，但让 - 克洛德·容克坚决反对，认为委员会本身有能力进行这样的评估。

也许委员会有能力进行这样的评估，但实际情况并非如此。委员会本应该为每一项立法提供这样的评估，但一直未能做到。例如，它从不尝试检查诸如产假、陪产假或休假权之类的措施对就业或中小企业生存的影响；它也没有提供关于在欧盟内部实施统一标准的措施，是否会影响欧盟企业在更广阔的世界市场中的竞争力的判断。委员会不愿意将其提案提交独立审查的原因很明显，在许多情况下，一个公正的机构可能会注意到委员会的建议对经济运营商成本的影响：不仅是对欧盟整体的影响，而且是对每个成员国的影响。

在市场自由化方面，委员会善于提请公众注意其建议的好处。它不太热衷讨论实施更高的社会或环境标准所必须付出的代价。允许外部的委员会或组织这样做，将严重阻碍委员会的自由行动。没有迹象表明容克领导下的欧盟委员会在这方面比其前任更加开放。

容克所做的是任命前荷兰外交大臣弗兰斯·蒂默曼斯为委员会副主席，负责把监管搞得更好，有些人称赞这是情况已经有所改变的迹象。蒂默曼斯在其新工作中做的第一件事是要求全体同僚提出一份尚未通过的指令提案清单，并注明清单上的哪些提案是可以撤销的。

这项审查反映在新的委员会2015年的工作计划之中。委员会强调了所谓的不连续性原则，即新成立的委员会有必要审查仍在讨论中的所有立法提案，并就那些提案是否应继续提交审议提出自己的意见。在此基础上，委员会确定撤回其中的80项提案。乍一看，这个数字似乎令人印象深刻。但是在大多数情况下，撤回拟议中提案的原因，要么是其他立法已经使该项法律变得多余，要么是由于明显的成员国反对而没有通过该项法律的可能性。在某些情况下，委员会会表示在撤回一项提案后，将提交另一份旨在实现相同结果的提案。委员会从未在被审议的提案中发现所涉及的有关问题不是需要在欧洲层面上解决的，也从未发现实施一项拟议法律的经济负担过大。迄今为止，没有任何迹象表明委员会正在考虑废除已经生效的任何指令。

话虽如此，委员会最初工作计划的基调，标志着与以往相比已有所变化。它承认欧洲公民希望减少欧盟对他们日常生活的干预，因此欧盟应集中精力解决诸如失业和提高竞争力之类重大的社会和经济问题。它还承诺在规划欧盟未来时提高其透明度。没有宏伟的承诺，也没有崇高的理想：确实没有太多东西可让欧洲怀疑论者们挑剔的。

可能是在英国离开以后，欧盟委员会对提议可能引起争议的新立法更加谨慎。委员会也许会将注意力更多地集中在刺激经济增长的措施，而不是增加经济成本的措施上。看上去似乎不太可能对欧盟的宗旨进行任何根本性的重新思考。

甚至弗兰斯·蒂默曼斯都没有要求那样去做。让－克洛德·容克的委员会有雄心壮志，希望将来的立法能做得更好。然而，它没有显示出任何意愿会将权力移交给成员国，或放弃其在任何特定领域的权威。它的 28 名成员保留了先前委员会专员的所有位置。在欧洲议会的听证会或其他公共论坛上，没有一个人建议减少他或她的权力。

因此，一个合理的假设将是在 20 年后，当前有效的所有法规和指令将继续有效。关键的问题是还将添加多少个新的。

6. 注定遥遥无期的欧盟统一税收

从德国的角度来看，现有条约框架内新的欧盟立法的主要候选项目是税收协调。历届德国政府都争辩说，欧盟需要统一的基准和最低水平的公司税。他们有时还建议统一的增值税率也是可取的。

有理由以效率为基础来协调公司税的结构。如果在整个欧盟范围内开展业务的公司只有一套提交纳税申报表的规则，而不是必须使用 28 个单独的模块，运作将变得更加容易。但令人惊讶的是，德国企业界虽然承认这样的变更将使运作更方便，但从未将其列为优先事项。

这表明在公司税统一问题上所表现出来的热情背后，德国真正关心的是这种税的税率，而不是结构。德国反对的是爱尔兰和卢森堡等国家通过提供低税率或零税率的公司税来吸引商业投资，使外国公司将公司总部或生产和分销设施设置在它们的国家里。

这不算不合理的问题。在权力下放的新安排中，英国政府于 2015 年同意授予北爱尔兰设定自己公司税水平的权利，此前政界人士多年来一直抱怨说爱尔兰共和国较低的公司税水平正在威胁北爱尔兰的经济竞争力。

问题在于根据当前的《欧盟条约》，税收问题是全体国家一致决定的。这意味着只有在所有成员国都认为这样做符合其利益时，才能通过立法。它们很少能这样做。例如，爱尔兰、荷兰和卢森堡一直拒绝改变它们所采用的低公司税率。客观分析，英国可能会从这个领域更大程度的实践惯例中受益，但英国坚决反对欧盟在这个领域中所有直接税收的措施。

随着英国的离开，统一税收的反对者将更加暴露，但他们不太可能软化立场。当然，德国将寻求在这一领域使用所谓的加强合作程序，意味着将授权数量有限的一组成员国在欧盟框架内采取仅适用于自身的措施。

金融交易税是这方面已经存在的一个先例，尽管从德国的角度来看，这不是一件令人鼓舞的好事情。对金融机构之间的交易征税的想法已经存在一段时间了。最初，顶着“托宾税”[①] 的昵称，金融交易税被认为是在全球范围内增加国际发展资源的一种手段。在银行危机之后，它在许多方面被视为惩罚银行和（或）强迫银行偿还银行从政府那里获得的众多财政支持的手段。

如果真的在全球范围内应用，金融交易税将有许多吸引力。但是

① 托宾税：Tobin Tax，是指对现货外汇交易征收全球统一的交易税，旨在减少纯粹的投机性交易。——编者注

八国集团和二十国集团国家的讨论迅速表明，这是不可能的，特别是美国对这一想法怀有明显的敌意。

然而，部分是在法国和德国的压力下，欧盟委员会于 2011 年提议在欧盟内部引入这个税种。欧洲理事会的意见有分歧。英国作为欧洲银行业最大的国家，拒绝支持此项措施，因为那将使英国的银行机构与世界其他地区相比处于竞争劣势。因此，委员会在 2013 年建议通过加强合作的机制引入这一税收。在欧盟当时的 27 个成员国中，有 11 个国家同意在此基础上继续前进。这种机制的缺陷很快就变得显而易见了，潜在参与国的银行对可能遭受的趋向欧盟其他地方，尤其是伦敦金融中心的业务流失，表示出了担忧。

尚不清楚金融交易税是否真会生效，以及生效的条款是什么（宣布生效已被推迟了数次），但人们普遍认为这条路是走不通的。

在这样的基础上，统一公司税更成问题。目前利率低的国家不会有任何动机想要参与，结果会凸显出整个欧盟内部的差异。可以理解的是，德国从未对这样的想法表现出任何兴趣。

在 2010 年爱尔兰纾困的背景下，德国在统一公司税的领域里曾有过一次寻求改变的绝佳机会。德国最初试图坚持作为获得欧盟财政支持的条件，爱尔兰应该同意提高公司注册的税率。但爱尔兰政府拒绝了，没有得到任何其他国家支持的德国最终放弃了这个主意。

因此，很难预见德国将如何实现统一公司税率（也许还有其他形式的税率）的目标。当前对此有太多的反对意见。如果将其与更广泛的政治项目结合在一起，就会涉及更大范围的欧盟预算，和更大范围的资源转移，那么就有机会在统一公司税上有所进展。但是到目前为止，还没有迹象表明德国愿意走这条路。

英国脱离之后，欧盟有了更多的机会，可以以动作较小的形式进行公司税收协调。但是，看起来最有可能实现的是，在共同税基和（可能非常低的）最低税率上达成协议，这是目前适用于增值税的一种统一措施。这可能会消除卢森堡目前实行的最糟糕的过度管制，并仍将允许每个成员国采取行动，自由制定自己的税率。

“财政联盟”就像“政治联盟”一样，是一个容易从德国政客嘴里跳出来的短语。而他们很少受到质询，被要求说清实践中这个短语到底意味着什么。如果要建立一个欧盟，其大部分税收按照一定的税率，而税收的结构对所有参与者来说都是一样的，那么根据当前的政治现实，20 年后财政联盟将会消失。

7. 欧盟未来的自由贸易，取决于德国的国家利益

新立法不一定意味着新的负担或新的成本。现有的许多指令和法规是打开市场、消除贸易保护主义壁垒或建立跨境贸易蓬勃发展条件的工具。通用标准常常因带有不必要的规定而被嘲笑，但正因为通用标准的存在，才允许一个欧盟成员国的商品或服务在另一成员国中出售。

因此，很自然地，随着新型产品的问世，委员会对单一市场所负的那部分责任，就是努力确保这些新型产品可以自由公平地进行交易。这可能意味着要使用新的协调形式，或将竞争法应用于新的领域。总的来说，欧盟委员会最近几年在规范新的商业形式方面的记录是令人鼓舞的。例如，它推动了电信规则的自由化，同时又敦促有关公司放弃对消费者造成不合理的不利影响的做法。欧盟委员会在降低在其注册国家或地区以外使用移动电话的漫游费中所起的作用，正是公众舆论希望看到的。

数字经济可能是委员会将来会进行更多干预的领域之一。随着越来越多的商品和服务在网上购买，以及越来越多的数字化产品出现在市场上，需要有关此类交易如何运作的通用规则。确保有效的单一市场和数字领域的自由公平竞争，将是一项重大挑战。

最初负责处理这个问题的专员是德国人。金特·厄廷格于 2010 年被任命为委员会的成员。他是基民盟的中层政治人物，此前曾在巴登－符腾堡州担任部长 5 年。厄廷格在委员会任职的头五年中展示出了能力，人们认为他表现出色，即使没有任何天赋。他主要倡导的是设法减少欧盟成员国对俄罗斯供应的天然气的依赖，但成效有限。他倡导的主要项目，即从土耳其到奥地利的纳布科天然气管道，现在看来似乎不太可能实现了。

2014 年，厄廷格被重新任命为委员会成员，并被指定负责数字经济方面的事务。他的连任以及他的新职责范围，使不少德国人感到意外，但他作为一个在德国政治地位不高的人，在布鲁塞尔出任委员会的职务，可能很合安格拉·默克尔的胃口。除了非常笼统的说法之外，厄廷格并没有说明他的优先事项是什么，或者他打算如何去实现那些优先事项。2016 年，他被调任委员会的另一职位。不过在 2014 年支持任命厄廷格承担新的责任时，安格拉·默克尔肯定会考虑数字经济增长给德国带来的机遇和风险。

德国不仅是全球最大的企业计算机软件提供商思爱普（SAP）的所在地，而且还是越来越多的小型企业和初创企业的所在地，它们都将从开放的数字商务规则中受益。

德国的普遍情绪将更加谨慎。消费者保护游说组织非常强大，其消费者保护的概念不是基于选择自由，而是基于严格的条件。任何新的商业形式，无论是商店或工厂直销店更长的营业时间，还是在线提供汽车保险，都将引来一定的怀疑。

因此，德国政客的本能是试图控制和规范数字贸易。考虑到交易本身的性质，这当然会很困难，即使假设厄廷格的继任者会着手打破所有障碍，这种想法也是不明智的。

期望在更广泛的服务供应方面取得迅速进展，也是不明智的。类似的疑虑也出现在向德国提供跨境服务的领域里。德国不欢迎波兰的管道工——甚至不欢迎德国以外任何地方的管道工。如果这些管道工居住在德国，已获得德国的相关资格并支付德国税款和社会保障金，那他们将被接受。德国将坚决抵制任何让管道工从波兰小镇兹戈热莱茨跨过奈塞河大桥，到德国城市格尔利茨工作的建议。

在反对服务自由的欧盟中，德国并不是孤独的。2004 年，当时的欧盟内部市场专员弗里茨·博尔克斯泰因提议了一项指令，在一定程度上限制了成员国在服务领域施加限制性措施的能力，但遭到了许多成员国中工会、利益团体、自由职业者和政府的反对。在柏林，有 4 万人参加了游行示威，其中大多数人是由工会用大客车从各地运来的。

博尔克斯泰因被指控试图鼓励社会倾销，因为他提倡的那项指令允许来自社会保障待遇较低和社会保障缴费率较低国家的公司与收益、收费较高的公司竞争。在欧洲理事会或欧洲议会的辩论中，没有人敢指出这是单一市场的逻辑结论。

最终，博尔克斯泰因的提案被简化为与以往相比几乎没有变化的方案，并于 2006 年被采用。在有了抵御批评意见的失败经历之后，博尔克斯泰因和他的同事们有了前车之鉴。再冒这样的政治风险前，委员们会反复考虑斟酌。

短期内对委员会的进一步限制，将是其对确保《跨大西洋贸易与投资伙伴关系协定》生效的承诺。那个协议的缩写是 TTIP，它是一个为消除欧洲和美国之间贸易壁垒的雄心勃勃的尝试。发起 TTIP 的动机来自世界贸易组织于 2001 年在多哈举行的全球贸易谈判的失败，或者说至少是一次暂时的失败。

如果能实现的话，TTIP 将覆盖全球约 46%的 GDP，而根据其支持者的见解，它将大大促进美国和欧盟的经济增长。由于传统的关税和配额问题已经基本消失，因此它将关注其他形式的贸易壁垒，例如互不兼容的监管和法律条款。

欧盟部长会议一致同意授权委员会为这一协议谈判（与加拿大达成一个平行的协议），因此，所有欧盟国家的政府都将致力于这一原则。但是它在几个方面存在着政治上的争议。它的反对者们声称，这一协议将鼓励私营部门在欧盟国家政府不允许私人公司竞争的领域（例如卫生保健）中发挥作用；它将降低社会和环境标准；它对解决争端的规定将赋予自治法庭（而不是国家法院）过多的权力。

在经历了最后一刻的摇摆之后，欧盟与加拿大的条约于 2016 年 11 月签署。当时，比利时瓦隆地区的议会表示反对，但这些障碍最终被克服了。这些经验表明，现代国际贸易协定中涉及的一些问题会变得多么敏感。

特朗普总统对《亚太贸易协定》的反感，可能意味着他也将中止 TTIP 的谈判。即使是面对一个贸易保护主义程度较低的美国总统，欧盟委员会在未来几年内完成谈判并确保批准条约（这需要欧洲议会和 27 个国家议会的同意）也将极具挑战。涉及的许多敏感问题与欧盟内部服务自由化所产生的敏感问题是相似的，欧盟委员会可能不想在两条战线上同时进行战斗。

多年来，德国政府和英国政府一样，一直支持自由贸易的原则。安格拉·默克尔也一直坚定不移地支持 TTIP，而她的联盟伙伴社会民主党人的立场则与之矛盾。由于受到德国工会运动的影响，社会民主党反对 TTIP，这一点令许多评论家感到惊讶。

这使当时的社会民主党主席西格玛·加布里埃尔陷入了困境。作为经济部部长，他负责阐明政府的政策，并在适当时候负责让联邦议院批准相应的法案。不过他知道，党内的意见是至少应该采取谨慎的态度。因此，他划定了一些与使用独立仲裁程序有关的红线。他声称，如果德国最终同意这一交易，则不得跨越相关的红线。

不管工会和其他人士对 TTIP 有什么疑虑，德国都将继续支持开放的国际贸易体系。它的原则已根植于绝大多数德国工商业者的思想之中。但是，随着贸易议程从传统的商品关税问题转移到服务和监管问题等领域，德国的热情可能会有所下降。

来自其他国家工业产品的竞争，对德国制造商来说从来就不是问题。他们能够依靠质量和技术创新方面的改进来应对挑战，并且在总体上是成功的。但是，如果允许外国公司参与竞标运输、医疗或保险行业的合同，德国的利益也许就不再能得到最大的满足了。这并不意味着德国将放弃自由贸易，相反，进一步推进自由贸易可能不再被视为对德国经济至关重要了。

8．当德国成为多种族社会

当然，欧盟不只涉及预算和市场。它的其他大部分议程，例如社会事务、环境问题、移民、犯罪和司法正义等，都被批评者们指责干预过多。民意调查显示，这些也是惹恼欧盟公民最多的地方。

德国对在上述任何一个领域取消所谓的“社区收购”都毫无兴趣。目前生效的所有立法，都满足德国的需要。这是不足为奇的，因为其中大部分内容都复制了德国的惯例。

德国对新的重大进展没有热情，没有要求在欧洲范围内推行新形式的社会保护或社会权利。除了绿党以外，也没有人支持更为严格的环境标准提案。部分因为大多数德国政客现在都意识到，保持德国公司的竞争力比让它们增加新的负担更为重要。而另一部分原因是欧盟在这些领域的立法越多，要求欧盟预算承担部分费用的风险就越大。

到目前为止，这还不是德国政府必须认真对待的问题。欧盟迄今为止制定的所有社会和环境立法，都要求由每个企业或每单个成员国政府负责实施。

这样的安排在将来可能会发生改变。2014 年，法国财政部主办的研究期刊《财政经济》发表的一篇文章主张引入欧元区失业保险计划，该计划旨在为遭受劳动力市场周期性冲击的国家提供欧盟预算的支持。法国政府并未采纳这一想法，但这个计划的前景，将使大多数德国经济政策制定者们望而却步，因为这将是潜在的非常昂贵的系统中的薄弱环节。如果要确立一项原则，即欧盟预算将承担欧盟社会或环境立法后果所带来的财务冲击的话，那么欧盟将成为某种形式的资产转移联盟，而绝大多数德国政客都将从根本上对此加以反对。

因此，德国可能不会推动欧盟在这些领域里采取更多行动，但这并不意味着什么都不会发生。近期一直在抱怨欧盟新法规匮乏的欧洲议会，无疑将继续鼓动“更多的欧洲”。负责社会和环境事务的专员们，无疑将承受来自其他官员的压力，因为他们职位的存在，完全依赖于不断提出新的提案。但是，如果德国对涉及成本的任何事情都保持谨慎，那么整个委员会很可能会不让自己的手臂伸得太长。

在接下来的 20 年中，欧盟肯定会在一个领域里进行改变，这与移民和内部边界制度的运作有关。这项变化始于 2015 年，它是由欧盟几乎或完全没法控制的事件推动的，《申根协定》和《都柏林条约》的结合已不再可行。如果移民大量涌入欧盟的外围地区，那么假设他们实际上都被留在欧盟外围并就地登记，是不现实的。如果他们继续向前走，让他们自己选择定居的地方，在政治上是不现实的，特别是他们中很多人将会选择留在德国。

这种困境在 2015 年夏天变得更加明显了。到那年年底时，申根系统陷于半崩溃的状态，欧盟内部的许多边界控制系统，重新恢复了运作，许多对外部边界的控制措施也在不断加强。在包括德国在内的几个欧盟国家中，移民已成为一个负面的政治话题。在德国的公开辩论中，人道主义的慷慨呼吁，已被谈论驱逐和加强海岸警卫队的行动所取代。

问题本身看起来非常棘手，很难预测德国领导的欧盟将如何解决这个问题，以及能否取得成功。但是，由于涉及德国的直接利益，因此德国政府可能准备在这一领域为欧盟投入大量新的资金。

结果，可能会建立由欧盟资助的土耳其、北非以及希腊和意大利的难民收容中心，以及欧盟资助的海岸警卫队，其处置规则允许将难民船只转回原处。还将对阿尔巴尼亚、阿尔及利亚和摩洛哥等国家施加政治压力，并伴随着减少欧盟援助计划资金的威胁，以要求这几个国家接收那些被拒绝的寻求庇护者。

很难预见，德国是否坚持执行某些具有法律约束力的方案，对那些无法返回原籍的欧洲难民在申根地区进行重新分配，或者能否让申根恢复原状，即在其内部边界上没有任何形式的人流控制。

不管结果如何，德国本身都会发生深刻的变化。现在已无法逆转 2015 年 100 万移民到来的现实。德国政客们会说，当难民们的祖国条件改善时，难民们需要返回自己的祖国。但是无论他们怎么说，哪怕只有一小部分难民这样做，那也只是一个幻想。

20 年后的德国很可能是一个多种族的社会，虽然可能不是多元文化的社会，但在大城市中可以看到与英国或法国一样多的多样化种族的面孔。这将对德国的社会和经济凝聚力构成挑战。过去，德国人展示出自己有能力比欧洲任何其他国家更好地应对这种挑战，他们没有理由不能再次这样做。